암베드카르 평전

AMBEDKAR
Towards an Enlightened India

Copyright ⓒ 2004 by Gail Omvedt
All right reserved

Korean translation copyright ⓒ 2005 by Philmac Publishing Co.

이 책의 한국어판 저작권은 필맥이 소유합니다.
저작권법에 의하여 한국 내에서 보호를 받는 저작물이므로
무단전재와 복제를 금합니다.

암베드카르 평전
- 간디와 맞선 인도 민중의 대부

지은이 | 게일 옴베트
옮긴이 | 이상수

1판1쇄 펴낸날 | 2005년 7월 1일
1판4쇄 펴낸날 | 2016년 8월 20일

펴낸이 | 이주명
편집 | 이성원
표지디자인 | 민진기 디자인
본문디자인 | 예티
출력 | 문형사
종이 | 화인페이퍼
인쇄 | 한영문화사
제본 | 한영제책사

펴낸곳 | 필맥
출판등록 | 제2003-63호
주소 | 서울시 서대문구 경기대로 58 (충정로2가) 경기빌딩 606호
홈페이지 | www.philmac.co.kr
전화 | 02-392-4491
팩스 | 02-392-4492

ISBN | 89-91071-19-8(03990)

* 잘못된 책은 바꾸어 드립니다.
* 값은 뒤표지에 있습니다.

이 도서의 국립중앙도서관 출판시도서목록(CIP)은 e-CIP 홈페이지(http://www.nl.go.kr/cip.php)에서
이용하실 수 있습니다.(CIP제어번호: CIP2005001187)

암베드카르 평전

― 간디와 맞선 인도 민중의 대부 ―

Ambedkar

게일 옴베트 지음 ― 이상수 옮김

필맥

차례

옮긴이의 머리말 · 7
들어가는 글 · 25

1장 | 교육과 불가촉민으로서의 자각 — 31
"교육이 없으면 수드라는 황폐하게 된다"

2장 | 달리트의 인권을 위한 투쟁에 나서다 — 55
"우리는 브라만에 반대하는 게 아니라 브라만주의에 반대한다"

3장 | 민족주의자들의 양면성에 대한 대응 — 77
"간디 씨, 나는 조국이 없습니다"

4장 | 개종 문제 및 간디와의 대결 — 101
"나는 힌두교도로 죽지는 않을 것이다"

5장 | 계급적 급진주의의 시기 — 123
"인도 노동자들에게는 자본주의와 브라만주의라는 두 개의 적이 있다"

6장 | 전쟁과 평화, 그리고 파키스탄 문제 — 147
"우리는 하나의 국민이 될 수 있다. 다만……"

7장 | 독립 인도의 건설 — 167
"그는 마누의 법을 마하르의 법으로 바꾸었다"

8장 | 독립 이후의 시기 — 191
"똥 더미 위에 궁궐을 지으려는가"

9장 | 마지막 몇 년간 — 213
"종교가 필요하다면 그것은 부처의 종교일 수밖에 없다"

10장 | 암베드카르와 달리트의 자유투쟁 — 231
"그의 투쟁은 아직 끝나지 않았다"

옮긴이 후기 · 241
암베드카르 연보 · 244
주석 · 249
본문에 인용된 참고문헌 · 271
관련서적 · 273
찾아보기 · 276

옮긴이의 머리말

인도는 어떤 나라인가? 우리나라의 많은 사람에게 인도는 이승이라기보다 '하늘호수'로 기억되고 있다. 그곳은 아주 먼 곳에 있고, 아주 오래된 역사를 가지고 있다. 그곳은 가난한 곳이고, 쉽게 접근하기에는 다소 두려운 미개척의 땅이다. 종종 자기 자신을 찾고자 하는 사람들이 인도에 관심을 갖고, 몇몇 용기 있는 사람들은 실제로 인도에 간다. 그 중에는 인도에서 도를 얻었다는 사람도 있다. 그들에게 인도는 명상의 나라이며 부처를 낳은 정신의 고향이다. 또 비폭력주의자 간디가 그곳에서 태어났다. 그러한 인도의 잠재력은 어디에 있는 것일까? 아마도 그곳에서는 심지어 거지조차 명상의 에너지를 받고 있는지도 모른다. 인도가 수천 년의 세월에도 변화가 극히 적은 나라로 남아있는 것은 아마도 그럴만한 어떤 이유가 있기 때문일 것이다. 그렇지 않고서야 어떻게 그럴 수 있는가? 대개 이것이 우리가 인도에 대해 갖는 막연한 생각이다.

그러나 인도에는 평화만큼이나 폭력이 넘친다는 사실을 아는 사람은 적다. 적어도 20세기 후반에 인도 전국은 폭력으로 물들었고, 그와 같은 폭력이 지금도 계속되고 있다. 폭력은 대부분 종교 간 대결의 형태로 나타나고 있다. 굵직굵직한 사건만 해도 적지 않다. 사실 인도의 독립 자체가 폭력으로 시작됐다. 인도가 독립하는 과정에서 파키스탄이 분열돼 나갔고, 이때 수천 명이 죽었다. 1984년 펀자브에서 시크교도를 진압하는 과정에서만 5천 명이 죽었다. 같은 해 말 인디라 간디 총리가 시크교도 경비병에 의해 피살되자 전국적으로 반시크 폭동이 일어났다. 인도 정부는 이로 인해 2700명이 죽었다고 발표했지만, 사실은 훨씬 더 많은 사람이 죽었을 것이다. 그 과정에서 방화, 약탈, 강간이 무수히 일어났음은 말할 것도 없다. 경찰은 방관했고, 아무도 기소되지 않았다. 1983년 아삼 주에서는 힌두, 이슬람, 기독교와 소부족들이 분열돼 서로를 공격하는 과정에서 3천 명이 살해됐다. 1992년에 힌두교도들은 자신들의 성지인 아요디야 시에 있던 이슬람 사원을 파괴했다. 이로 인해 폭동이 벌어져 전국적으로 2500명이 죽었다. 가장 최근의 대규모 폭동은 2002년 구자라트 주에서 일어났다. 구자라트는 비폭력의 아버지 간디의 고향이다. 여기서 힌두교도들은 무슬림을 조직적으로 공격했다. 이 때 수백 명이 죽었는데도 경찰은 방관만 했다. 수시로 발생하는 집단간의 소소한 폭력대결에서 죽은 사람 수도 모두 합치면 큰 폭동에서 죽은 사람수에 못지않을 것이다. 통계의 정확성을 인정하지 않는다고 하더라도 이렇게 엄청난 폭력과 살해가 지구촌의 일각에서 공공연히 벌어진다는 것은 얼마나 놀라운 일인가? 이것이 인도다. 낭만적인 '하늘호수' 속에는 폭력의 세계가 도사리고 있는 것이다. 21세기 들어 인도는 전국이 점점 더 폭동 위험 지역이 되고 있다. 실제로 1960년대 중반 이후 매년 100~2000건의 힌두교와 이슬람 간 폭동이 일어났다. 2004년에 유엔은 각국 시민의 삶의 질을 검토한 보고서에서 인도사회의 가장 큰 위협요소로 종교 간 폭력적 대결을 꼽았다.

그런데 폭력의 대립구도를 자세히 들여다보면 거의 힌두교가 개입돼 있다. 힌두교는 왜 이토록 자주 폭력에 연루되는가? 힌두교는 무엇인가? 사실 힌두교는 종교가 아니라고 주장하는 사람도 적지 않다. 사실 '힌두'는 역사적으로 특정 종교를 지칭하는 용어가 아니었다. 오히려 이슬람이나 기독교 등 특정한 종교적 정체성 없이 사는 사람들을 뭉뚱그려 부르는 말이 힌두였다. 오늘날 힌두교의 특징으로 열거되는 것들이 역사무대에 등장한 것은 2000년도 넘는다고 하지만, 힌두교는 체계화된 조직도 없었고, 인도인들은 다른 종교에 비추어 자신들을 힌두교도라고 의식하지도 않았다. 그들은 그저 여러 신 가운데 하나를 믿는 사람들이었고, 부처도 그런 수많은 신 가운데 하나로 인도인들은 인식했다.

힌두교가 하나의 종교적 정체성을 가지고 강력히 부상한 것은 전적으로 근대 이후의 일이다. 200년 이상 지속된 영국의 인도지배 과정에서 인도인들은 영국 제국주의자들을 바라보면서 자연스럽게 '우리는 누구인가'라는 자아정체성과 관련된 문제의식을 갖게 됐다. 그때 인도의 많은 지식인이 자신의 정신적 뿌리를 힌두교에서 찾았다. 이는 수백 년간 인도를 지배한 이슬람에 대항한다는 의미도 있는 태도였다. 아무튼 그 과정에서 인도 지식인들은 힌두교를 재해석하고 재창조했다. 그들 가운데 일부는 근본주의적, 배타적, 폭력적, 극우적 색채가 강한 '힌두민족주의(Hindu nationalism)'를 만들어갔다. 19세기와 20세기 초에 힌두민족주의를 주도한 조직은 아리안협회(Arya Samaj, 아리안은 힌두교를 대표하는 인종집단임)였다. 이 강력한 조직은 '베다(고대 힌두경전)로 돌아가자'는 구호를 내걸고 힌두교 부활운동을 주도했다. 이 조직은 1930년대에 100만 회원을 과시할 정도로 성장했다. 또 다른 주요 조직으로 전국자원봉사대(RSS, Rashtriya Swayamsevak Sangh)가 있다. 이 조직은 1925년에 조직된 전투적 힌두민족주의 조직으로, 현재도 100만 명 이상의 회원을 거느리고 있다. 힌두민족주의의 이론적 기초를 정립한 사람은 사바르카르(V.D. Savarkar)다. 그는 20세기 초에 출범한 또 다른 힌두민족주의 조직인 대힌두협회(Hindu Mahasaba)에서 활동한 사람으로서 《힌두트바(Hindutva)》(1935)라는 유명한 책을 썼다. 이 책을 통해 그는 힌두와 인도를 등치시키는 이른바 '힌두트바 이데올로기'를 창시했다. 그는 이슬람과 기독교를 배척해야 할 외세로 보았다.

인도를 힌두교 국가로 정의하려는 노력은 독립 후에도 계속됐고, 이런 생각을 지닌 세력은 점점 더 강력해지고 있다. 가장 극우적 입장에서 힌두민족주의를 대변하는 정당이 인도인민당(BJP, Bharatiya Janata Party)이다. 이 정당은 1984년 인도 하원(Lok Sabha) 선거에서 겨우 2명을 당선시켰지만, 1991년에는 117명이나 하원에 당선시켰다. 심지어 이 정당은 몇 년 후 순식간에 연방 정권을 장악했고 2004년까지 집권을 계속했다. 집권 당시 총리와 부총리는 전투적 극우조직인 전국자원봉사대의 조직원인 동시에 공식 지도자였다. 인도인민당은 2004년 집권연장에 실패한 원인을 분석한 후 당이 살 길은 더욱 더 강경한 우익노선을 취하는 것이라고 결론지었다.

근대 인도의 모든 지식인과 민족주의 지도자들이 이러한 힌두민족주의 노선을 취한 것은 아니었다. 식민지였던 기간에 인도의 대중적 독립운동을 주도한 국민회의(Indian National Congress)는 세속주의(secularism)를 표방했다. 국민회의의 공식 입장은 인도 안에서 모든 종교가 허용돼야 하며, 정부는 특정 종교를 지지해서는 안 된다는 것이었다. 그러나 독립 직전 수십 년간 국민회의를 거의 완전히 장악했던 간디는 확고한 힌두교도였다. 간디는 엄청난 수의 대중을 동원했고, 비폭력주의를 확산시켜 전 세계인을 깜짝 놀라게 했다. 힌두교가 하나의 종교일 수 있으며 엄청난 내적 힘을 지닌 신비한 종교라는 인상을 전 세계인에게, 그리고 인도인에게도 각인시킨 것은 전적으로 간디의 기여였다. 독립 후 근 20년간 인도를 통치한 자와할랄 네루도 힌두교를 민족정기의 근원으로 보았다. 간디나 네루가 힌두민족주의자들처럼 배타적, 근본주의적 입장을 취한 것은 아니었지만, 인도 근대사의 전개과정에서 힌두교가 부활하고 강화하는 데 매우 결정적인 역할을 했다는 점은 부인할 수 없다.

여기서 내가 문제 삼고자 하는 것은 힌두교의 부활 내지 재창조가 갖는 정치경제학적 의미가 무엇이냐는 점이다. 힌두교의 내용을 파악하기 위해서는 베다 등 힌두경전을 중심으로 다르마(의무), 카르마(업), 삼사라(윤회), 요가(일종의 명상법), 다르샨(신과 대면하여 축복을 받는 절차) 등 힌두교 용어를 이해해야 한다. 이 중에서 정치경제학적으로 특히 중요한 것은 다르마다.

다르마(dharma)는 힌두교가 가르치는 인간의 도덕법칙이자 개인과 사회의 존재목적이다. 고대 힌두경전에 따르면 다르마는 각자의 바르나(varna)와 자티(jati)에 따라 정해진다고 한다. 여기서 바르나와 자티는 카스트(caste)의 다른 이름이다. 따라서 힌두교리에 의하면 개인의 행동규범은 카스트에 따라 정해진다고 할 수 있다. 인도의 카스트를 제대로 알기 위해서는 먼저 바르나와 자티를 분리해 이해하지 않으면 안 된다.

우리가 인도에 네 종류의 카스트가 있다고 할 때의 카스트는 바르나를 의미하는 것이다. 바르나에는 브라만, 크샤트리아, 바이샤, 수드라 등 네 종류가 있다. 이는 직업에 따른 신분 분류체계로 각각 성직자계급, 무사계급, 상인계급, 농민계급을 의미하고, 순서대로 위계적 서열을 형성한다. 이 중 브라만은 전통 인도사회에서 지배계급을 형성한 집단이다. 이들만이 문자를 익혔고, 교육을 받았으며, 대부분의 부와 권력을 장악했다. 그렇지만 현대 인도인들은 서로 간에 바르나를 그다지 문제 삼지 않고 생활한다.

이러한 네 단계 계급질서에 편입되지 못한 최하층 집단이 있다. 그들은 '카스트 바깥의 인간(outcaste)'으로서 '불가촉민(untouchables)'이라고 불렸다. 그들이 힌두교 밖에 있는 존재인지, 아니면 힌두교도인지에 대한 논쟁이 없지 않지만, 역사가들은 적어도 그들이 사회의 필수적인 한 구성부분으로서 역할을 해왔다는 점을 부인하지 않는다. 그렇지만 불가촉민들은 문자 그대로 '접촉하면 안 되는(untouchable)' 더러운 존재였다. 그들과 접촉한 모든 것은 더러워진다고 여겨졌기 때문에 카스트에 속한 사람은 그들과 접촉하지 않도록 지극히 조심해야 했다. 뿐만 아니라 그들의 목소리를 들으면 귀가 더러워지고, 심지어 그들의 그림자만 스쳐지나가도 모두 다 더러워진다고 여겨졌다. 그래서 그들은 마을 밖에서 살아야 했다. 그들과의 접촉으로 인해 더러워진 물건이나 신체는 일일이 정화의식을 거쳐 깨끗하게 만들어야 했다. 정화의식에서 사용된 정화제는 대개 소의 분뇨였다! 불가촉민들은 '카스트힌두', 즉 위의 네 계급에 속한 사람과 함께 식사할 수 없었고, 같은 컵으로 물을 먹을 수도 없었다. 마을우물을 사용하지 못했고, 대중교통수단을 사용할 수 없었다. 그들은 마을 밖에 살면서 사람 또는 동물의 시체를 처리하거나 화장실 청소를 하는 등 비천한 일을 했다. 그들은 힌두사원에 들어갈 수 없었고, 어떤 곳에서는 사원 앞을 지나다니지도 못했다. 그들이 마을에 들어오면 목에 그릇을 매달고 들어오도록 한 곳도 있었다. 그들이 아무데나 더러운 침을 뱉게 해서는 안 된다는 이유에서였다. 그들은 카스트힌두의 가내하인이 될 수도 없었다. 오늘날에는 불가촉민에 대한 이런 식의 극단적인 비인도적 취급은 많이 사라졌다. 인도의 독립과 함께 법률적인 차원에서는 불가촉 제도가 이미 없어졌다.

하지만 오늘날 바르나가 그다지 문제되지 않고, 법률상 불가촉 제도가 사라졌다고 해서 인도에서 카스트가 없어진 것은 아니다. 카스트는 지금도 생생하게 살아 움직이고 있다. 오늘날 인도인에게 "당신의 카스트가 무엇인가?"라고 물으면, 자기가 속한 바르나를 말하는 경우는 거의 없다. 대신 그들은 자기가 속한 자티를 말한다. 다시 말해 인도에서 카스트란 곧 자티를 의미한다고 말할 수 있다. 인도에는 수천 개의 자티, 곧 수천 개의 카스트가 있다.

자티로 본 각각의 카스트는 우리나라에서 전주 이씨, 밀양 박씨 하는 식으로 마하르, 차마르, 아그리 등 고유의 이름이 있다. 카스트들 사이에는 위계서열이 있다고 간주된다. 서열은 법률로 정해진 것도 없고 기록도 없지만 관습적으로 서로 서열을 의식하고 있고, 어느 카스트의 지위가 높으냐를 놓고 다투기도 한다. 이처럼 수천 개의 카스트가 위계적으로 나열돼 있기 때문에 모든 카스트는 자신보다 낮은 카스트가 있다고 믿는다. 그리고 모든 카스트는 자신보다 낮은 카스트와 교류하기를 꺼린다. 이 때문에 인도 전체에서 카스트 간 교류는 매우 제한적으로만 이루어진다. 특히 결혼을 하려면 같은 카스트 안에서 배우자를 찾아야 한다. 또 카스트 간 교류가 적기 때문에 카스트 별로 결혼절차가 상이하다. 카스트가 다른 남녀가 연인이 되는 수도 있지만, 그런 남녀는 헤어지기 쉽다. 연애결혼에 성공한 커플은 남녀가 서로 동일한 카스트임을 확인한 뒤 연애를 시작한 경우다. 카스트가 다른 사람과 연애하다가 살해되는 사건도 종종 발생한다. 이렇기 때문에 인도에서는 지금도 부모가 배우자를 찾아주는 중매결혼이 90퍼센트를 훨씬 넘는다. 힘들게 배우자를 찾기보다는 아예 동일한 카스트의 가까운 친척과 결혼해버리는 경우도 많다.

카스트는 출생에 의해 정해지기 때문에 개인이 그것을 바꿀 수 없다. 자신이 속한 카스트에서 징계로 쫓겨날 수는 있어도 다른 카스트로 들어갈 수는 없다. 전통적으로 한 마을에서 각각의 카스트는 고유의 역할이 있었다. 어떤 카스트는 그 마을의 지배계급을 형성했고, 어떤 카스트는 생산직에 주로 종사했으며, 어떤 카스트는 시체처리나 하고 살았다. '카스트에 따라 사는 것'이 본분대로 사는 것이고, 이것이 바로 힌두교가 가르치는 다르마다. 다르마를 어기면 가혹한 처벌을 받았다. 일상생활이 불가능할 정도로 고립되거나 마을에서 추방되기도 했다. 마을에서 추방된다는 것은 공식적으로 아웃카스트(outcaste), 즉 불가촉민이 된다는 것을 의미했다. 추방된 자는 자기를 지지하는 집단을 갖지 못하기 때문에 불가촉민 중에서도 최하층 불가촉민이 된다는 것을 의미했다. 따라서 공동체에서의 추방은 심각한 징계였다. 다르마를 위반한 데 대한 징계는 1940년대 중반까지도 합법적이었다. 어떤 카스트는 카스트 전체의 신분상승을 위해 싸우기도 했고, 그런 싸움에서 성공하기도 했다. 어떤 카스트의 집단적 신분상승 노력이 성공했다는 것은 그 구성원들이 종전에 하던 비천한 일 이외의 다른 일을 하는 것을 다른 카스트가 용납해 주었다는 것을 의미한다. 그러나 이런 일은 매우 예외적으로만 일어났다. 이상과 같은 엄격한 카스트 별 역할분담은 그동안 많이 희석되긴 했지만 지금도 상당히 남아있다. 그 결과 전통적인 역할을 거부하는 하층 카스트에 대한 집단적인 폭행이 지금도 심심찮게 저질러지고 발견된다.

이런 의미의 카스트, 즉 자티는 바르나가 세분된 형태라고 할 수 있다. 그렇기 때문에 어떤 카스트는 브라만에 속하고, 어떤 카스트는 크샤트리아에 속하며, 어떤 카스트는 불가촉민에 속한다. 오늘날에는 인도에서 많은 사람들이 카스트와 바르나의 관련성을 크게 문제 삼지 않고 그다지 의식하지도 않는다. 하지만 브라만에 속한 카스트는 자기들이 브라만에 속한다는 사실을 인식하고 있으며 자랑스럽게 생각한다. 이들은 진정한 의미에서 지배계급이었기 때문이다. 마치 우리나라의 양반 후손들이 족보를 들척이며 양반입네 하는 것과 같다. 전체 인구에서 불과 3퍼센트를 점하는 브라만 계급은 수천 년간 문자와 교육을 독점했다. 영국이 인도를 정복했을 때도 교사, 장교, 관료 등은 거의 전적으로 브라만뿐이었다. 문제는 현대 인도사회도 브라만을 중심으로 한 몇몇 소수 카스트가 지배하고 있다는 점이다. 이들을 통칭하여 '상층 카스트(upper-caste)'라고 한다. 대학생인데도 자신의 카스트를 모르는 경우도 있다. 하지만 결혼할 때가 되고 사회생활을 시작하면 자동적으로 자신의 카스트를 인식하게 된다. 특히 상류사회로 진입하려고 하는 경우에는 자신의 카스트를 인식하지 않을 수 없다. 상류사회는 카스트를 문제 삼으며, 특히 상층카스트인지 여부를 문제 삼기 때문이다. 소수의 상층카스트가 현대 인도의 부와 권력을 장악하고 있다. 이들은 다른 상층카스트와 결혼하고 혼맥을 형성한다. 이런 점에서 보면 바르나도 여전히 살아있는 계급제도다.

인도에서 바르나가 문제되는 또 하나의 카스트가 있다. 그것은 어떤 바르나에도 속하지 못한 불가촉 카스트다. 불가촉민들도 나름대로 카스트 이름을 갖고 있지만, 그 카스트 이름에는 불가촉의 낙인이 찍혀 있다. 예컨대 어떤 사람의 카스트가 '마하르'라고 하면 사람들은 그가 마하라슈트라의 불가촉민임을 알게 된다. 이들은 카스트 이름을 말하는 것만으로 불가촉민임을 파악당하고 그에 상응하는 차별을 감수해야 한다. 인도에서 불가촉민이 법률적으로는 없어졌다고는 하지만, 그것이 카스트의 폐지를 의미하는 것은 전혀 아니다. 불가촉민이 없어졌다는 것은 그들도 사원에 들어갈 수 있고 공중우물의 물을 먹을 수 있다는 정도를 의미할 뿐이다. 불가촉 카스트는 여전히 최하층 카스트로 남아있다.

그동안 불가촉민의 위상이 다소 변화했고, 그 변화가 반영돼 불가촉민에 대한 호칭도 변화했다. 불가촉민이란 말 자체가 인간적 경멸과 비하를 담고 있기 때문이다. 식민지 정부는 불가촉민을 억압받는 계급(depressed classes)이라고 불렀고, 1930년대 중반 이후에는 지정카스트(SCs, the scheduled castes)라고 불렀다. 지금도 인도 정부는 공문서에서 불가촉민을 지정카스트로 표현하고 있다. 인도 정부는 최하층 카스트의 목록을 만들어 가지고 있는데 그 대부분은 불가촉 카스트다. 현대 인구조사에 의하면 이들은 전체 인구의 16퍼센트 정도다. 이렇게 최하층 카스트로 지정된(scheduled) 카스트에게는 의원직, 공무원직, 입학시험 등에서 일정 비율을 배정한다. 이를 법정유보제도(the reservation system)라고 한다. 불가촉제의 폐지를 주장했던 간디는 불가촉민을 하리잔(Harijan)이라고 불렀다. 이는 '신의 자식'이란 뜻이다. 지금은 정치적으로 각성된 불가촉민과 많은 일반인이 불가촉민을 달리트(Dalit)라고 부른다. 이는 '몰락한 사람(broken man)'의 의미를 갖고 있고, 해방적 의도를 담고 있다. 이 말이 일반화된 것은 1970년대에 전투적 불가촉민 운동조직인 달리트표범당(Dalit Panders)이 창당한 이후다. 인도에는 불가촉민이 아니면서도 불가촉민과 마찬가지로 비참한 상태인 카스트나 부족이 많다. 이들을 '여타후진 카스트(OBCs, other backward castes)'라고 한다. 불가촉민을 포함한 모든 최하층 카스트를 지칭하기 위해 만들어진 용어가 바후잔이다. 그리고 이들을 정치적으로 대변하려는 정당이 바후잔공동체당(BSP, Bahujan Samaj Party)이다. 이처럼 불가촉민은 명칭을 달리하면서 여전히 최하층 카스트를 형성하고 있다. 우리도 이제부터는 불가촉민을 달리트라고 부르자.

이상에서 보듯이 인도의 카스트 제도는 여전히 강력하게 작동하고 있으며, 바르나 체제가 갖는 위계서열적 의미를 여전히 지니고 있다. 이제 인도에서 힌두교의 부활이 갖는 정치경제학적 의미가 무엇인지를 알 수 있을 것이다. 즉, 힌두교의 부활은 카스트 체계에 의지한 브라만 계급 지배체제의 복원을 의미하는 것이다! 기나긴 영국 식민지 시대를 접고 독립한 인도는 근대적인 평등한 시민사회를 건설하지 않고 브라만을 지배계급으로 한 민족국가를 향해 달려왔다.

바로 이 점이 핵심적인 문제 상황이다. 달리트의 입장에서 본다면, 힌두교의 강화는 독립된 인도에서도 자신들이 여전히 최하층 계급이 된다는 것을 의미했다. 이는 간디를 포함한 거의 모든 인도 민족주의 지도자들이 결코 거론하지 않았던 점이다. 영국 식민지 지배 하에서, 그리고 민족주의 지도자들이 강력하게 대중을 장악하고 있던 상황에서 이 점을 가장 빨리, 그리고 정확히 인식한 사람이 빔라오 람지 암베드카르(Bhimrao Ramji Ambedkar, 1891~1957)다. 그의 이런 인식은 책상머리에서 상상력으로 얻은 것이 아니었다. 암베드카르 자신이 달리트로서 몸소 차별을 겪었을 뿐만 아니라, 스스로 달리트의 해방을 위해 헌신적으로 투쟁하는 과정에서 그런 인식을 하게 됐다.

그는 매우 특이한 사람이었다. 그는 1891년 인도에서 달리트의 자식으로 태어나 20세기 중반까지 살았던 사람이다. 그는 달리트의 자식이면서도 그 당시에 누구도 접하지 못한 최고의 교육을 받았고, 교육받은 지식을 온전히 달리트의 해방을 위해 쏟아 부었다. 그는 선동가로서, 조직가로서, 이론가로서, 학자로서, 변호사로서, 국회의원으로서, 때로는 행정가로서 살았다. 한 마디로 그는 만능이었다. 그는 그 막강한 자신의 능력을 온전히 달리트를 위해 소진했다. 그는 66살의 나이에 밤늦게까지 작업하다가 자료더미를 끌어안고 죽었다.

그의 삶은 투쟁의 연속이었다. 그는 달리트의 진보를 가로막는 모든 것을 비판했고, 그에 맞서 투쟁했다. 그는 피상적으로만 달리트의 지위향상을 도모하는 모든 개량주의에 반대했다. 그는 공산당 및 사회주의자들과도 연대했지만, 그들이 달리트의 해방에 걸림돌임을 인식하고는 그들을 비판하고 그들과 결별했다. 대신 그는 달리트와 하층 계급의 독자적인 정치세력화를 위해 투쟁했다.

당시 인도를 압도했던 최대의 지도자 간디도 그가 휘두른 비판의 칼날을 피해가지 못했다. 암베드카르의 서슬 퍼런 그 비판을 읽노라면 지금도 등골이 오싹할 지경이다. 힌두교를 전 세계에 알린 사람이 간디라면, 달리트 문제를 전 세계에 알린 사람은 암베드카르다. 1932년 간디가 불가촉제 폐지를 내세우며 '목숨을 건 단식'을 할 때 암베드카르는 바로 그 단식이야말로 달리트의 목줄을 죄는 사악한 짓이라고 폭로하고 간디를 공격했다. 그가 보기에 간디의 단식은 달리트의 독자적인 정치세력화를 저지하기 위한 것이었기 때문이다. 간디가 불가촉제 문제는 카스트힌두의 주도 아래 해결돼야 한다고 주장했을 때 암베드카르는 불가촉민의 독자적인 정치조직화를 통한 해방을 도모했다. 간디가 카스트와 불가촉제는 상관없는 제도라고 주장했을 때 암베드카르는 카스트야말로 불가촉제의 온상이라고 주장했다. 달리트를 힌두의 틀 안으로 끌어들이려고 목숨을 걸었던 사람이 간디였고, 달리트를 힌두의 틀에서 끌어내리려고 목숨을 걸었던 사람이 암베드카르였다. 인도에 문외한이었던 나에게 간디의 생전에 그와 그렇게 치열하게 대결한 거장이 있었다는 사실은 대단한 충격이었고 큰 발견이었다. 간디와 암베드카르의 대결은 지금도 인도에서 계속되고 있다. 그만큼 암베드카르를 읽는 것은 '위대한' 간디를 이해하는 데 빠뜨릴 수 없는 요소이고, 현대 인도를 이해하는 데도 마찬가지로 중요한 요소다.

　현대 인도에서 달리트의 정치세력화는 매우 미흡하다. 달리트의 정치의식은 매우 낮고, 달리트끼리의 단결은 그다지 이루어지지 않고 있다. 반면 극우 힌두민족주의는 점점 더 강력해지고 있다. 최근 세계화를 배경으로 닥쳐오는 신제국주의의 위협 또한 힌두민족주의를 강화하고 있는지도 모른다. 게다가 인구의 증가, 고급 인력의 실업 등이 극우적 해법을 조장하는지도 모른다. 아무튼 극우 힌두민족주의자들은 인도가 이슬람과 영국이라는 외세에 의해 지난 수백 년간 조롱당했고 지배당했다고 주장한다. 그들은 이제 독립 인도는 인도인만을 위해 존재해야 한다고 주장한다. 그들이 말하는 인도인이란 힌두교도를 의미한다. 그들에게 민족의 살 길은 반외세다. 그들은 무슬림도 기독교도도 외세로 정의한다. 마르크시즘도 외세다. 그들에게 외세는 폭력을 동원해서라도 배척해야 할 대상이다. 앞에서 보았던 대규모 종교폭동에는 극우 힌두민족주의 행동대가 개입돼 있지만 정부는 방관하고 있다. 이러한 폭동에서 희생되는 것은 비힌두교도만이 아니다. 어쩌면 가장 큰 희생자는 달리트라고 할 수 있다. 폭동이 종교적 외양을 띠는 순간 달리트는 자기를 주장할 무대를 잃어버린다. 폭동은 인도인을 분열시키고, 동시에 그들만의 인도인, 즉 힌두교도를 단결시킨다. 그러면 극우는 선거에서 승리한다. 극우가 아니면 적어도 우익은 승리한다. 이것이 폭동의 정치학이다. 우익의 승리는 카스트의 존속을 의미한다. 이것이 카스트의 정치학이다. 카스트의 승리는 상층 카스트의 승리다. 이것이 계급의 정치학이다. 이래서 폭동에 동원된 달리트는 승리한 측에 속하지만 역설적으로 바로 그 승리 때문에 자신이 패배자가 됨을 알아차리게 된다. 즉 달리트는 자신을 옥죄고 있는 카스트를 유지하는 전쟁에 동원된 것이다. 간디와 일부 우익은 불가촉제를 없애려는 노력은 했지만 카스트를 없애려고 하지는 않았다. 그들은 불가촉민을 제5의 바르나로 카스트에 편입시키려고 했을 뿐이다. 하지만 문제는 카스트 자체에 있다.

상층 카스트에 의해 지배되고 있는 인도의 집권당인 국민회의와 인도인민당은 카스트에 대해 말하지 않는 것을 정책으로 삼고 있다. 그것이 그들의 아킬레스건이기 때문이다. 이 점은 인도공산당도 마찬가지다. 인도공산당 자체가 이미 브라만에 의해 지배되고 있다는 사실은 공공연한 비밀이다. 이들 정당은 달리트나 카스트에 관한 질문을 받으면 인도 사회에서 이제 그 문제는 중요하지 않거나 더 이상 존재하지 않기 때문에 거론할 필요가 없다고 말한다. 이들은 암베드카르가 생전에 투쟁할 때도 그렇게 말했다. 하지만 현대 인도에 달리트나 카스트의 문제가 없다고 말하는 것은 손바닥으로 하늘을 가리는 것에 불과하다.

나는 일 년간의 인도 체재를 마감하면서 과연 인도사회에 어떤 희망이 있는지를 곰곰이 생각해보았다. 조만간에 카스트가 없어질 기미는 전혀 보이지 않는데, 카스트와 인도의 발전이 공존할 수 있을까? 어쩌면 인도의 지배층은 카스트의 존속에서 인도의 희망을 발견하는지도 모른다. 즉 지배계급은 달리트의 극단적인 저임금에 기반을 둔 급속한 자본주의 발전을 기대하고 있는 것은 아닐까 하는 생각이 든다. 인도의 저임금은 상상을 초월한다. 도시 건설현장 막노동자의 임금이 하루 2000원 전후다. 상당 경력의 학교 선생님이나 일반 회사원의 봉급은 월 15만 원 정도다. 명문대학 전임강사는 대개 월 40만 원 정도 받는다. 정교수의 봉급도 100만 원을 넘지 않는 것으로 보인다. 다른 직업도 대체로 그런 수준일 것이다. 이처럼 싼 노동력이 자본주의적 시장에서 효율적으로 활용된다면 인도는 엄청난 국제경쟁력을 갖게 될 것이다. 이것이 인도의 주요한 잠재력 중 하나다. 하지만 달리트의 희생 위에 이룩될 발전을 희망이라고 한다면, 그것은 너무나 잔인한 희망이 아닐까? 이것이 바로 현대 인도의 고민이다. 암베드카르는 이미 수십 년 전에 투쟁의 현장에서 이런 고민의 줄을 발견했고, 또 그 줄을 놓지 않았던 사람이다. 그것은 자본주의적 세계화가 가져온 딜레마와 같으며, 우리의 고민과도 일맥상통한다. 이 점에서 우리는 또한 암베드카르 속에서 우리의 고민을 읽고 그로부터 한 수 배울 수 있다.

이 밖에도 암베드카르가 우리에게 제기하는 문제는 많지만, 모두 독자의 감수성에 맡기겠다. 다만 마지막으로 한 가지만 더 말하고 싶은 게 있는데, 그것은 그의 개인적 인생역정이다. 암베드카르의 개인사는 우리에게 특히 흥미로운 읽을거리다. 최악의 사회적 여건에서 극단적인 노력으로 자신의 삶을 꾸려간 암베드카르의 인생역정을 읽노라면 나는 저절로 나의 안락한 삶이 부끄러워지고, 나의 인생항로에서 어떠한 역경도 핑계가 될 수 없음을 알게 된다. 우리의 청년들이 아무리 어려운 조건에서도 타락하지 않고 꿋꿋하게 성장할 수 있는 지혜를 암베드카르에게서 배웠으면 좋겠다. 그래서 암베드카르처럼 치열하게 인생을 살아가는 사람들로 대한민국이 북적대면 좋겠다.

2005년 6월 이상수

들어가는 글

 인도에는 지난 천 년간의 역사에 등장했던 그 어떤 인물보다 빔라오 람지 암베드카르의 동상이 많다. 전국의 모든 시골마을, 교차로, 도시의 모든 달리트 거주지, 그리고 교육기관과 정부기관의 입구에 그의 동상이 세워져 있다. 땅딸막한 모양의 그의 동상은 대개 양복을 입고 넥타이를 매고 있으며 인도의 헌법을 상징하는 책을 손에 들고 있다. 러시아에서 사회주의 체제가 무너지면서 레닌 동상이 파괴되고 중국에서 마오쩌둥의 위신이 떨어지고 있는 것과 달리 인도의 전 지역에 설치돼 있는 수많은 그의 동상은 지금도 짓밟힌 자들의 지도자에게 헌납된 중요하고도 거대한 기념비로서 역할을 다하고 있다.
 인도 사회에서 달리트들이 정치적 주장을 할 때 그의 동상은 중요한 역할을 한다. 그의 동상을 세우는 것은 달리트들의 자긍심을 확인하는 일이며 공공장소를 사용할 수 있는 권리를 주장하는 것이다. 달리트의 적들도 그의 동상이 지닌 그런 의미를 잘 알고 있기 때문에 동상에 슬리퍼로 만든 화환[1]을 걸어놓는 식으로 달리트의 주장에 대한 자신들의 적개심을 표현한다. 이런 행동이 때로 과격한 폭동을 야기하기도 하고 진압하는 경찰이 발포를 하는 사태로 이어지기도 한다. 이 모든 것들을 볼 때 '깃발과 동상의 정치'[2]를 통해 달리트들은 암베드카르를 최고의 지도자로 삼고 있음을 알 수 있다.

한편 인도 헌법의 내용을 보면, 암베드카르가 단순히 달리트의 지도자에 그치는 것이 아님을 알 수 있다. 나아가 인도에서 억압받는 모든 카스트의 지도자라고 하는 것으로도 충분치 않다. 그는 국민적 지도자였다. 하지만 그는 영국에 의한 식민통치로부터 자유를 얻기 위해 투쟁했던 저명한 엘리트 민족주의자들과는 다른 의미에서 국민적 지도자였다. 암베드카르의 민족주의는 일생에 걸친 여러 활동, 다양한 정당강령, 정치적 결정, 그리고 카스트, 이슬람, 소수집단, 파키스탄, 여성문제 등에 관한 많은 저술과 수필, 민주주의적 독립 인도를 건설하는 과정에서 수행한 역할 등에 나타나 있다. 그는 국가적 건설계획의 입안과 관개체제 및 에너지정책의 형성과정에서 핵심적인 역할을 담당했고, 교육을 해방수단으로 활용하려 했던 모든 반(反)카스트 지도자들의 노력을 대변하면서 많은 대학과 교육기관을 설립했다. 그는 인도의 헌법초안 작성위원회 의장을 역임했고, 독립 후 초대 내각의 법무장관이 됐다. 장관으로서 그가 한 활동 중 가장 유명한 것은 힌두가족법[3]의 제정을 도모한 것이었다. 그 법안은 자유 인도에서 여성의 권리장전이라고 부를 만한 것이었다. 이 모든 것은 단순한 정치독립이 아니라 국가건설, 즉 카스트와 바르나 이데올로기라는 독특한 폭정에 의해 너무나 오랫동안 유린돼온 사회에서 사회적 평등과 문화적 통합을 창출하는 과업을 이루려는 민족주의를 상징적으로 보여준다.

오늘날 간디라는 이름은 평화와 비폭력의 상징으로 전 세계를 풍미하고 있다. 그러나 인도의 피억압 또는 피착취 계급의 성장, 그리고 평등과 합리주의의 새 시대를 알리는 신호탄을 상징하는 암베드카르라는 이름이 아프리카계 미국인을 비롯해 인종 차별을 받는 집단들, 일본의 불가촉민이었던 부락민들, 전통 종교의 틀 안에서 해방신학을 구축하려는 아시아의 불교도들, 그리고 세계 곳곳에서 새로운 형태의 해방을 추구하는 사람들의 상상력을 자극하기 시작했다.

인도에서 암베드카르는 흔히 간디와 대비되는데, 그 상반되는 특징은 그들의 동상에 상징적으로 나타나 있다. 도티[4]를 걸치고 물레를 돌리고 있는 간디의 동상은 인도의 빈민과 일체감을 나타내려는 것이었지만, 인도의 전통적인 촌락공동체의 정신적 낙후성에 대한 낭만적인 감상을 불러일으킨다. 반면에 '서구적' 이미지의 암베드카르 동상은 인류의 역사적 유산에 대한 달리트의 권리를 주장하고, 브라만 민족주의를 비롯한 편협한 문화적 민족주의를 거부하며, 인도에서 계몽운동이 절정기에 이르렀던 모더니

즘의 시기를 상징한다. 간디가 바푸[5], 즉 한 사회의 '아버지'로서 힌두교라는 그 사회의 기본 골격을 유지한 채 평등사상을 도입하려고 애썼다면, 암베드카르는 민중의 바바[6]였으며 바로 그 힌두교라는 기본 골격을 거부한 위대한 해방가였다. 달리트는 암베드카르를 고작 간디 정도의 인물과 비교하는 것에 대해 반대한다. 달리트는 그를 마르크스에 뒤지지 않는 세계적 인물로 간주한다. 간디가 식민지배로부터의 자유를 위해 투쟁했던 데 비해 암베드카르는 착취와 억압으로부터의 전면적 해방을 위해 투쟁했다. 그 자신의 말대로 그는 마르크스와 마찬가지로, 단순히 세상을 재해석하는 철학자가 아니라 사회의 착취구조를 파괴함으로써 '세상을 재구축'하려고 한 지도자였다. 이러한 그의 사회변혁적 성향은 평생 인도공산당 당원이었던 달리트 작가 안나바우 사테의 유명한 노래에 표현돼 있다. "한 방 먹여서 세상을 변화시켜라. 암베드카르가 떠날 때 그렇게 말하지 않았던가." 암베드카르가 마르크스와 달랐던 점은 착취과정에서 비계급적 구조, 즉 비경제적 구조가 수행하는 역할을 강조한 것과, 노예상태를 유지하거나 자유를 획득하는 과정에서 정신, 이데올로기, 의식이 갖는 중요성을 지적한 것이다. 그는 해답을 불교에서 찾았다. 사람들이 암베드카르의 이런 입장에 동의하든 안 하든 이 문제는 여전히 모든 해방운동의 핵심 사안이 되고 있다.

이러한 암베드카르가 어떻게 해서 인도의 최하층민으로 천대받는 불가촉민들 틈에서 성장해 독립 인도 건설의 주역으로 활동했고, 21세기 합리주의적 해방의 상징이 됐는가? 지금부터 나는 바로 그것에 관한 이야기를 하려고 한다.

1장

교육과 불가촉민으로서의 자각

"교육이 없으면 수드라는 황폐하게 된다"

> 교육이 없으면 지식이 없다. 지식이 없으면 계발이 없다.
> 계발이 없으면 재산이 없다.
> 재산이 없으면 수드라는 황폐하게 된다.
> 조티라오 풀레[1] (1890)

컬럼비아 대학의 경제학 석사 및 박사, 런던정경대학의 경제학 석사 및 박사, 런던 그레이 법학원의 법학석사. 이렇게 많은 학위를 누군가 취득했다는 것은 놀라운 일이다. 하물며 그것을 19세기 말 식민지의 자그마한 시골도시에 태어난 불가촉민이 해냈다는 것은 더욱 더 놀라운 일이다. 이런 화려한 경력 덕분에 암베드카르는 성장하는 인도 피억압계급 운동에서 지도력을 갖출 수 있었다. 그가 이렇게 수준 높은 교육을 받을 수 있었던 것은 여러 여건들의 도움이 있었기 때문이다. 영국 식민통치가 계층이동의 가능성을 열어주었고, 진보적이면서 장기적 관점을 가진 몇몇 부유한 상층 카스트 사회개혁가가 도움을 주었고, 가족들이 희생적으로 지원했고, 자신도 변함없는 용기와 결단력을 갖고 있었다.

그의 개인역량 중 많은 부분이 가족에서 나왔다. 암베드카르는

1891년 4월 14일 인도 중부의 작은 도시인 모우[2]에서 불가촉의 군인집안에 태어났다. 인도에서 가장 큰 불가촉 카스트인 마하르[3]에 속하는 집안이었다. 마하라슈트라 주에는 이 카스트가 너무 흔해서 "모든 마을에 마하르의 거리가 있다"는 말이 있을 정도였다. 마하르 사람들은 촌장이나 고위 행정관리를 비롯한 마을의 지배집단을 위해 마을하인으로서의 잡무를 대대로 수행해왔다. 이들은 잡무를 수행하는 대가로 약간의 땅을 할당받았으며, 농업노동자로 일하기도 했다. 마하라슈트라 주의 일부 지역, 특히 동부지역에서는 마하르 사람들이 더 많은 토지를 보유하기도 했고, 몇몇은 부유한 농부가 되거나 심지어는 지주가 되기도 했다. 봄베이와 나그푸르에서는 마하르 사람들이 식민지 기간 중 급성장한 섬유공장에 노동력을 공급해주는 역할을 했다. 봄베이의 섬유공장은 20퍼센트, 나그푸르의 섬유공장은 40퍼센트의 노동력이 마하르로 채워졌다.

　마하라슈트라의 달리트들은 또한 16~17세기 이래 군인이 되기도 했다. 마하르나 망[4]과 같은 카스트는 인도의 군인가문에 속했다. 그들은 졸병이나 사병으로 근무했고, 가끔은 분대장이 되거나 요새와 경비초소의 책임자로 임명되기도 했다. 18세기와 19세기 초에 영국은 인도에서 육군으로 쓰기 위해 불가촉 집단 중에서 신병을 모집했다. 덕분에 그들은 여러 가지 새로운 기회를 얻을 수 있었고, 새로운 생활양식을 갖게 됐다. 암베드카르의 할아버지인 말로지는 육군에 있었고, 아버지 람지는 1848년에 태어나

모우의 군사학교를 책임지는 하급 장교가 됐다. 군사혈통이론[5]이 카스트 의식의 강화와 맞물리면서 군에서 불가촉민을 배제하기 시작함에 따라 1893년부터는 불가촉민의 징집이 중단됐다. 그러나 이때는 이미 변화의 씨앗이 뿌려진 뒤였다.

마하르는 자신들과 시골공동체의 다양한 전통을 연결시키는 종교적, 문화적 전통, 그리고 평등과 해방을 향한 열망을 가지고 있었다. 그들 가운데는 바르카리, 즉 마하라슈트라 지역 박티 운동[6]의 주류인 비토바 신앙을 가진 사람들도 있었고 마하누바바, 즉 아주 오래된 평등주의 운동에 속하는 사람들도 있었다. 다양한 유랑탁발승도 생겨 이들이 인도 내의 브라만 전통, 비브라만 전통, 이슬람의 전통을 통합시킨 이론을 발전시켰다. 암베드카르의 아버지는 카비르[7]의 추종자였고, 카비르판티 분파의 기도를 하고 의식을 따랐다. 그는 채식주의자이자 금주주의자였다. 고사비 분파의 탁발승이었던 암베드카르의 삼촌은 1879년에 암베드카르의 부모와 만난 자리에서 그들이 억압받는 민중의 고통을 덜어줄 위대한 인물을 낳을 것이라고 예언했다.

암베드카르의 아버지인 람지와 어머니인 비마바이는 모두 열네 명의 자녀를 두었다. 그 중 일곱 명은 영아일 때 죽었다. 이는 당시에는 흔한 일이었다. 막내인 비마는 비바라는 애칭으로 불렸다. 그는 위대한 인물을 갈망하던 가족의 최대 희망이었다. 그는 응석받이였지만 많은 사랑을 받았다. 성장하면서 그는 제멋대로 행동하고 학교친구와 자주 싸우는 아이로 유명해졌다. 그는 어떤 시합에서도 지는 것을 결코 용납하지 못했다. 그의 이런 호전성과 완강한 결단력은 생애 내내 지속됐다. 그는 조심스러운 편이었지만 감정에 사로잡힐 줄도 알았고, 경기를 하면 반드시 이겼다.

비바가 태어난 직후 가족은 라트나기리 지역의 다폴리로 이사했고, 이어 1894년에 아버지가 공공건설사업부의 보급계에서 일하게 되어 다시 사타라로 이사했다. 사타라의 간이학교에서 막내아들 비바는 처음으로 공부를 시작했고, 1900년에 영어를 쓰는 공립학교에 1학년으로 입학했다. 그는 이 학교에 비바 람지 암베드카르로 등록했다.[8] 그가 학교에 입학하면서 이 이름을 쓰게 된 데는 이유가 있다.

그의 가족은 상크팔이라는 성을 썼지만, 람지에게 성 대신 조상의 마을이름을 붙여줌으로써 그에게서 하층 카스트 냄새가 나지 않도록 했던 것이다. 이는 마하라슈트라에서 흔한 관행이었다. '카르'로 끝나는 단어는 장소를 나타낸다. 조상의 마을이름은 암바바데였으니 다른 이유가 없었다면 이름은 암바바데카르로 정해졌을 것이다. 그런데 간이학교의 선생님 중에 암베드카르라는 이름의 브라만이 있었다. 그는 자기 가게를 운영하느라 학교 수업은 대충대충 하는 사람이었다. 하지만 그는 아이들에게 관심이 많았고, 특히 어리고 총명한 비바를 가장 좋아했다. 그는 소년 비바가 먼 길을 걸어서 집에 갔다 와야 하는 수고를 덜어주기 위해 날마다 비바에게 점심을 마련해주었다. 소년의 이름이 암베드카르로 등록된 것은 그 선생님을 존경하는 뜻에서였다. 훗날 암베드카르가 원탁회의[9]의 대표로 선정됐을 때 이 선생님은 그에게 따뜻한 편지를 보내주었고, 암베드카르는 1927년에 다시 만났을 때 그를 구루로 예우했다. 인도 현대사에서 가장 유명한 이름 중 하나가 직무는 태만히 했지만 좋은 사람이었던 선생님에게서 유래한 것이다.

비바의 교육에 중요한 역할을 한 사람은 학교 선생님이기보다는 아버지였다. 암베드카르는 이렇게 회고했다. "아버지는 내가 학사과정을 잘 마칠 수 있도록 하기 위해 무척 애쓰셨다. 해가 뜨기 전은 마음이 안정되고 정돈되기 때문에 공부하기에 제일 좋은 시간대였다. 시험기간이면 아버지는 새벽 2시에 나를 깨워주셨다."[10] 아버지 자신은 영어와 마라티어[11]와 모디 문자[12]를 잘 쓸 수 있었다. 그는 아들이 시험을 통과하는 데 만족하지 않고 탁월한 성적으로 통과하도록 아들의 공부에 열렬한 관심을 쏟았다. 처음에 비바는 공부에 무관심하고 시험에도 태만했다. 그러나 1904년에 온갖 종류의 책을 볼 수 있는 봄베이로 가족이 이사한 뒤부터 그는 독서에 흥미를 갖기 시작했다. 아버지는 그가 공부하도록 고무했고, 자신이 받는 연금으로 조숙한 아들이 사달라는 책이라면 거의 모두 사다 주었다. 돈이 떨어지면 누이에게 달려가 귀금속을 빌려서 저당 잡히고 빌린 돈으로 우선 아들에게 책을 사주고, 저당잡힌 누이의 귀금속은 다음 번 연금을 받아서 찾아다 주곤 했다.

군 막사에 보낸 어린 시절에 비바와 그의 형제는 자신들이 불가촉민임을 전혀 체감하지 못했다. 그가 처음으로 카스트 차별을 체험한 것은 사타라에서였다. 비바와 또 한 명의 불가촉 학생은 격리된 자리에 따로 앉아서 수업을 받았고, 이발사한테 가서 머리를 깎을 수도 없었다. 그는 산스크리트어를 공부하려고 했지만 그것은 불가촉민에게는 금지돼 있었다. 그는 영어 또는 페르시아어 밖에는 공부할 수 없었다.

1904년에 아버지가 직장을 잃게 되어 가족이 봄베이로 이사했다. 아버지의 연금만 갖고는 두 아들이 다 학교에 다닐 수가 없었기 때문에 형인 발라람은 공장에서 일을 하게 됐다. 그러나 비바는 등록금 혜택을 받을 수 있는 엘핀스톤 고등학교에서 공부를 계속했다. 학교에서는 친구를 사귈 수 없었고, 선생님들도 대부분 그를 무시했다. 그는 근처 정원에서 책을 읽으며 많은 시간을 보냈다. 이로 인해 얻은 것이 없지 않았다. 당시에 윌슨 고등학교 교장이면서 개혁적인 학자로 유명했던 크리슈나 켈루스카르가 정원을 둘러보던 중 오랫동안 열심히 책을 들여다보며 공부하는 그의 모습을 보게 됐다. 그는 비바에게 인사를 했고, 이후 오랜 세월 중요한 후원자가 돼주었다.

1905년 열네 살 때 비바는 아홉 살인 라마바이와 결혼했다. 1912년에 아들 야시완트가 태어났다. 1913년부터 1924년까지 네 명의 아이가 더 태어났지만, 첫 아들만 살아남았다.

1907년 비바는 고등학교 졸업자격을 취득했다. 이것은 불가촉

소년에게는 대단한 일이었기에 축하모임이 열렸다. 비브라만 정치지도자였던 볼레가 사회를 맡았고, 켈루스카르도 참석했다. 비바네 가족의 곤궁함을 알고 있는 켈루스카르는 인도에서 가장 큰 왕정주[13] 중 하나인 바로다 주의 장학금을 주선해주었다. 바로다 주의 통치자는 사야지라오 가이콰드라는 이름의 진보적인 마라타[14]였다. 바로다 주의 장학금으로 암베드카르는 엘핀스톤 대학에 입학했고, 1913년 영어와 페르시아어 분야의 학사학위 시험에 합격했다. 대학에서도 그는 동료 학생들과 거의 접촉할 수 없었다. 이즈음 그의 어릴 적 애칭 '비바'는 더 이상 사용되지 않게 되고, 대학 연감에는 그가 빔(Bhim)이라는 이름으로 기록됐다.

1913년 1월에 암베드카르는 바로다 주의 왕에게 신세진 것을 갚기 위해 바로다에서 일을 하기로 결심했다. 이 문제로 그는 아버지와 약간 다투었다. 아버지는 분위기가 좀더 개방적인 봄베이에 그가 머물기를 원했기 때문이다. 암베드카르는 자기 결심을 고집했다. 그러나 바로다에 도착하자마자 그는 구자라트 지방의 카스트주의가 훨씬 심각하다는 아버지의 말이 옳다는 것을 알게 됐다. 그는 아리안협회[15]의 사무실 안에 있는 침실 외에는 어떤 거처도 구할 수 없었고, 식사도 멀리 떨어진 도시 외곽의 불가촉민 거주지역에서 해야 했다. 그는 일거리를 찾을 수도 없었다. 바로다 주의 어떤 부서도 그를 받아들이려 하지 않았고, 고정된 일자리를 주지 않은 채 이곳저곳으로 그를 이동시켰다. 그러던 중 아버지가 위독하다는 소식을 듣고 그는 봄베이로 돌아왔다.

그는 바로다로 돌아가지 않고 봄베이에서 왕에게 자기 상황에 대해 이야기하고 도움을 청했다. 왕은 그에게 장학금을 주겠으니 미국 뉴욕 시의 컬럼비아 대학에서 공부를 계속할 것을 권했다. 컬럼비아 대학에 유학하는 학생들을 후원하기로 이미 결심한 왕은 암베드카르의 탁월한 영어실력을 인정해 자신이 후원할 학생의 하나로 그를 선택한 것이다.

1913년 7월 빔라오는 세계의 중심지에서 처음으로 제대로 된 대학교육을 받기 위해 출발했다. 그는 막노동자로 일하는 형 발라람의 수입으로 간신히 살아가는 십여 명의 가족을 남겨두고 떠났다.

뉴욕에서 빔라오는 해방감을 만끽했다. 그곳에서는 미국인들은 물론 인도인들에게도 불가촉이라는 것이 별다른 의미를 갖지 않았다. 덕분에 그는 동료 학생들과 어울리는 기쁨을 알게 됐다. 한동안 그는 즐거운 시간을 보냈다. 연극을 보고, 배드민턴 같은 게임을 하고, 스케이팅 같은 새로운 스포츠를 배웠다. 그러나 곧 그런 생활에 대한 죄의식이 그를 엄습했다. 그는 다시 책임감으로 무장하고 공부를 시작했다. 그는 여가시간을 이용해 지독하게 책을 읽고 헌책방을 뒤졌다. 컬럼비아 대학에서 그는 사회과학, 특히 경제학을 주로 공부했다. 그는 미국에서 가장 유명한 철학자인 존 듀이의 제자였지만, 경제학자인 에드워드 셀리그먼 교수의 지도 아래 1915년에 석사학위 논문, 1916년에는 박사학위 논문을 제출했다.

뉴욕에서 그는 유명한 인도인 민족주의자를 처음으로 만났다. 그는 랄라 라지파트 라이[16]였다. 당시 그는 '재미 인도자치연대'라는 조직의 대표 자격으로 반영국 투쟁을 위한 자금 마련을 위해 미국을 순회하고 있었다. 암베드카르는 라이가 이끄는 조직의 여러 모임에 참석하면서 그 조직원들과 친밀하게 됐지만, 카스트 문제에 대해서는 그들과 논쟁을 벌였다. 그는 라이에게 민족주의 운동이 불가촉 문제를 무시하고 있다고 항의했다. 라이는 자유를 먼저 쟁취한 다음에 불가촉 문제를 본격적으로 취급할 수 있다고 대답했지만, 암베드카르는 납득하지 못했다. 두 사람의 우호적인 관계는 계속됐지만, 암베드카르는 더 이상 그 조직의 활동에 참가하지 않았다.

  1916년 컬럼비아 대학에서 학위를 마치자마자 그는 영국 런던으로 가기로 결심했다. 그는 경제적 자립을 위한 기반으로 변호사 자격을 취득하고자 했다. 그러나 장학금이 요구하는 학문분야를 고려해 경제학 학위도 함께 취득하겠다고 제안서를 써서 보냈다. 마침 바로다 장학금의 지급기간이 만료되어 그는 2년간의 추가지급을 요청했다. 바로다 주의 재무관료가 이 요청을 거절하자 그는 왕에게 직접 호소했다. 그리고 답변을 기다리지 않고 일단 런던으로 떠났다. 그는 무일푼으로 런던에 도착해서 표도 사지 않고 기차에 올라탔고, 함께 체재할 사람에게 짐 운반비를 대신 지불해주도록 설득했다. 이틀 뒤에 2년이 아닌 1년간만 장학금 지급기간을 연장해주겠다는 편지가 도착했다. 그는 변호사 자격을 얻기 위해 그레이 법학원에 등록하는 동시에 경제학 석사와 박사 학위를 취득하기 위해 런던정경대학 대학원에 등록했다. 1년 만에 그는 '인도 금융의 지역적 분산화'에 관한 학위논문의 개요를 잡았다. 그러나 장학금 지급기간의 추가적인 연장이 거절돼, 그는 인도로 돌아올 수밖에 없었다. 그의 야심 찬 연구활동은 빈곤으로 인해 중단됐다.

첫 외국체재를 마칠 때 그는 출판이 가능할 정도로 완성된 두 개의 원고를 갖고 있었다. 하나는 '인도의 카스트: 구조, 기원, 전개과정'에 관한 소논문이었다. 1916년 컬럼비아 대학의 한 세미나에서 발표하기 위해 작성된 이 소논문은 〈인도고대사 학술지〉에 게재됐다. 또 하나는 경제학 박사학위 논문이었는데, 1927년에 '영국지배 하의 인도에서 지방금융의 진화과정'이라는 제목으로 출판됐다.

암베드카르는 장학금을 받은 대가로 바로다 주에서 일정 기간 복무하기로 하는 계약서에 서명한 바 있었다. 그는 계약서에 따라 일을 시작했지만, 다시금 카스트 제도의 혹독한 현실에 직면해야 했다. 그는 어떤 파르시교도[17]의 하숙집에 방을 얻었고, 페르시아어로 된 가명을 써야 했다. 일터도 더 나을 것이 없었다. 브라만 계급인 직원들은 위아래 없이 무례했고, 그에게 공공연히 욕을 해댔다. 그들은 그와 일정한 거리를 유지했고, 그와 접촉하지 않기 위해 문자 그대로 서류를 책상 위로 던져주었다. 간부들이 모이는 클럽[18]에 가입하려고 했을 때 그는 사람들이 없는 구석에 앉고 어떠한 게임에도 끼어들지 말라는 요구를 받았다. 그는 업무에 대해서도 만족할 수 없었다. 그는 통치자를 보좌하는 '군사비서'로 임명되긴 했으나 명확한 일거리를 부여받지는 못했다. 그는 이런 따돌림을 무시해버리기도 했고, 때로는 거칠게 대응하기도 했다. 어떤 대결이나 경기에서도 결코 패배를 인정하지 않던 어린 시절의 완고함이 그에게 다시 나타났다. 바로다 주의 적대적인 분위기에서 그는 친구를 찾을 수 없었다. 그는 도서관에서 사회, 경제, 정치 관련 문헌을 홀로 탐독하는 즐거움에 빠져들었다. 더 이상 견딜 수 없는 최악의 상황이 닥쳤다. 그의 출신성분을 알아차린 성난 파르시교도들이 그를 두들겨 패려고 하숙집을 포위했던 것이다. 1917년 11월 17일에 그는 마침내 바로다 주를 떠났다.

이제 그는 돈을 벌어야 하는 문제에 부닥쳤다. 공무원에 지원했지만 어떤 대답도 듣지 못했다. 암베드카르만큼 유능한 불가촉민 출신 대학졸업자를 고용하는 데 아무도 관심을 보이지 않았다. 어쩌면 그의 민족주의적 성향에 대한 두려움 때문이었는지도 모른다. 일자리를 얻기 위해 기업들을 기웃거리기도 했지만 역시 성과가 없었다. 글을 써서 돈을 버는 것도 어려웠다. 우여곡절 끝에 그는 시데남 대학[19]의 정치경제학 교수로 2년간 근무할 수 있게 됐다. 여기서 그는 1918년 11월 1일부터 1920년 3월 11일까지 일했다. 그는 지독하게 절약해 저축한 자기 돈 7000루피와 콜라푸르의 왕이 선물로 준 1500루피를 가지고 박사학위 과정을 마치기 위해 런던으로 돌아갔다.

암베드카르는 최소한의 돈과 최대한의 결단력으로 런던에서 3년간 살았다. 그것은 금욕의 삶이었다. 하숙집에 거처를 마련한 그는 새벽 6시에 일어나면 즉시 집을 떠났고, 도서관이 문을 열 때부터 닫을 때까지 도서관에서 책을 읽었다. 영화나 보고 가족에 대한 의무로부터의 해방이나 만끽하던 대부분의 다른 인도인 유학생들과 달리 그는 진지하게 공부하는 학생으로 인정을 받았다. 이 때 그는 두 가지 새로운 경험을 하게 됐다. 하나는 감정적, 개인적인 경험이었고, 다른 하나는 정치적, 민족주의적인 경험이었다.

암베드카르는 두 번째 하숙집 주인의 딸인 파니 피츠제럴드와 가까운 사이가 됐다. 그녀는 '인도사무소'라는 곳에서 일하면서, 다양한 주제에 관한 기록을 필사해서 그에게 넘겨주었다. 그녀는 아마도 다소간의 재정적인 도움도 그에게 준 것으로 보인다. 그가 인도로 돌아갈 때 그녀는 그의 책을 맡아서 보관해주기도 했다. 그녀에 대한 그의 감정이 어떤 것이었는지에 관한 자료는 전혀 남아 있지 않다. 하지만 그녀가 그를 사랑했던 것은 분명하다. 후에 그는 그녀를 '에프(F)'로 표현했다. 1930년대 중반에 그의 부인이 죽자 파니는 그와 결혼할 수 있을 것이란 기대감을 가졌다. 1935년에 인도의 한 신문은 그가 런던 여행 중에 어떤 '영국인 과부'와 결혼했다는 기사를 싣기도 했다. 훗날 암베드카르는 그녀와의 관계에 대해 이야기하면서, 자신의 삶에서 여자들은 어떤 역할도 하지 않았으며 그의 연애감정(그는 두 명을 언급했는데, 한 명은 나그푸르에서 온 마하르의 과일장수였고 다른 한 명은 인도인 영어 선생님이었다)은 후회의 원인이 될 뿐이라고 강변했다. 영국에서 자기는 인도의 주요 민족주의 지도자들과의 논쟁에 대비하기 위해 공부하는 데 모든 시간을 다 쓸 수밖에 없었다고 그는 주장했다. 그러나 그녀와의 서신 교환은 거의 25년간 지속됐다.[20]

그는 인도인 유학생들의 학생활동에도 참여했지만, 그것이 정치적인 충돌로 이어진 뒤부터는 더 이상 관여하지 않았다. 그는 다양한 학생들이 모여 평론을 읽는 학생클럽에 참석하기 시작했다. '인도에서 대의제 정부의 책임'에 관한 암베드카르의 평론은 열띤 논쟁을 촉발했다. 이 논쟁을 중지시킨 사람은 유명한 정치학자인 해럴드 라스키 교수였다. 그는 암베드카르의 평론에 반영된 이데올로기가 지나치게 혁명적인 정치학을 담고 있어서 학생 모임용으로는 적절하지 않다고 지적했다. 이 일이 있은 후 그는 학생들 사이에서 혁명가, 심지어 러시아혁명의 선동가로 널리 알려졌고, 아무도 그와 가깝게 지내려고 하지 않았다. 그는 다시 책에 빠져들었고, 책방과 도서관을 수시로 찾아다녔다. 그는 뉴욕에서 본 적이 있는 인상적인 개인도서관과 같은 자기 서재를 갖고 싶어 했다. 한 번은 1700년부터 1858년까지의 인도 경제에 관한 동인도회사의 연감 전질을 구입했다. 이로 인해 그는 1921년 중반에 심각한 경제적 곤란에 빠졌다. 피츠제럴드가 그에게 큰 도움을 준 때는 틀림없이 이 시점이었을 것이다. 당시에 그가 달리 의

존할 수 있었던 재원에 관한 기록이 없기 때문이다.

그의 박사학위 논문도 논쟁을 유발했다. 1921년 6월에 그의 석사논문이 통과된 후 17개월 만에 그는 박사학위 청구논문으로 '루피화 문제'에 관한 글을 제출했다. 심사절차를 마치기까지는 4~5개월 정도 걸릴 것으로 추측됐는데, 이 겁 없는 학자는 그 기간에 독일에서 학위를 얻겠다고 결심했다. 그래서 그는 독일어와 프랑스어를 공부하기 시작했다. 독일의 본(Bonn) 대학교에서 입학허가서를 받고 그는 독일로 떠났다. 그런데 1923년 중반에 그의 지도교수인 에드윈 캐넌 교수로부터 런던의 심사위원들이 그의 박사학위 논문을 통과시키길 거부했다는 소식이 왔다. 정치적인 이유에서였다. 그의 논문이 영국의 정책을 과도하게 비판한 점과 외환에 관한 주류 이론에서 과도하게 벗어난 점이 지적됐다. 결국 그는 논문 중 일부를 삭제하고 결론 부분을 수정하는 데 동의하고 1923년 4월에 봄베이로 돌아왔다. 그는 1923년 11월에 수정한 논문을 런던에 보냈고, 학위가 수여됐다는 소식을 전보로 들었다.

인도로 귀국하자마자 암베드카르는 아내와 아들, 그리고 자신이 돌봐줘야 하는 형수, 조카와 함께 생계를 꾸려나가야 한다는 문제에 봉착했다. 그는 법률실무를 시작하고 싶었기에 1924년에 봄베이 고등법원에 변호사로 등록했다. 그에게는 법원 근처에 사무실을 얻을 돈이 없었다. 결국 그는 친구들의 기부금으로 파렐[21]의 다모다르 홀에 사무실을 열었다. 여러 달 만에 겨우 단 한 건의 사건을 수임했다. 그것은 어떤 마하르 사람이 의뢰한 것이었다. 흥미롭게도 당시 그는 로크마니아 틸라크[22]의 조카한테서 약간의 일감을 얻기도 했다. 카스트힌두[23]는 그에게 사건을 맡기기를 싫어했다. 언제나 그랬듯이 인도 경제사에 관해 집필하려는 야심 찬 계획을 후원할 사람도 찾지 못했다. 결국 그는 생계문제를 해결하기 위해 보틀리보이 회계학교에서 비상근으로 상법을 가르치는 일자리를 얻었고, 봄베이 대학교의 시험위원으로도 일해서 약간의 부수입을 올렸다. 책을 사들이는 습관은 이 때까지도 여전했고, 이것은 남편이 주는 얼마 안 되는 돈으로 살아가느라 고생하며 힘들게 일하는 아내 라마바이를 더욱 힘들게 했다. 그런 와중에도 그는 사무실과 서재를 갖추었고, 마하르들과 친구들의 방문이 이어지면서 그의 생활은 틀이 잡히기 시작했다.

그때 그의 가정에 불행한 일이 일어났다. 그 무렵 태어난 셋째 아들 라자라트나에게 그는 애착을 많이 느껴 다른 어느 아이보다도 이 아이와 함께 지내는 시간을 행복하게 여겼다. 그러나 이 아들은 겨우 1년 만에 폐렴으로 죽어 부모에게 큰 슬픔을 안겨주었다. 암베드카르는 후에 아래와 같이 회고했다.

> 우리 부부가 아들의 죽음으로 인해 받은 충격에서 벗어난 척하는 것은 소용없는 짓이다. 그리고 나는 언젠가는 그 충격에서 벗어날 것이라고 생각하지도 않는다. 우리는 모두 네 명의 소중한 자식을 보냈다. 아들 셋, 딸 하나. 모두 활발하고 복스럽고 잘생긴 아이들이었다. …… 막내

는 내가 결코 본 적이 없는 경이로운 아이였다. 그 아이가 떠나가 버린 지금, 인생은 나에게 잡초투성이의 정원이나 다름없게 됐다.[24]

암베드카르의 초기 경제학 저술들을 보면, 그가 신고전파 경제학의 틀 안에서 풍부한 상상력을 발휘한, 세심한 분석가였음을 알 수 있다. 인도 민족주의자들과 영국 정부 사이에 환율을 둘러싸고 논쟁이 벌어지던 1923년에 그의 저서 《루피화 문제》가 영국에서 출간됐다. 이 책은 그 직전 몇 년간의 영국 통화정책을 통렬하게 비판한 분석서였다. 암베드카르는 루피화의 환율이 높았던 기간에는 영국의 수출과 제조업 생산이 줄어들고 인도의 수출과 제조업 생산이 늘어났음을 지적함으로써 개방경제라면 인도가 세계무대에서 경쟁력을 가질 수 있음을 보였다. 1925년에 출간된 그의 저서 《영국 통치하의 인도에서 지방금융의 진화과정》은 자유주의의 관점에서 제국주의를 비판한 책이었다. 이 책은 영국에서 출간되긴 했지만 영국의 정책에 대한 비판에 개의치 않는 미국인 독자들을 겨냥해 출간된 것이었다. 이 책은 영국의 재정정책이 불합리한 과세방식을 통해, 그리고 농업의 발전을 가로막는 토지세와 공업의 발전을 저해하는 무거운 관세 및 국내소비세를 통해 인도를 어떻게 궁핍화시켰는지를 보였다. 그는 영국 정부가 영국 제조업자들의 이익을 위해 인도를 통치한 것이 명백하다고 주장했다.

가장 중요한 점은, 정부가 사회악에 대처하는 일을 하지 않았다는 의미심장한 주장을 폈다는 점이다. 그에 따르면 "영국은 인도 사회에서 활동하는 다양한 세력들과 공감대를 형성하지 못했고, 인도의 궁핍, 고통, 갈망, 욕구에 대해 책임지지 않았으며, 인도의 열망에 방해되는 존재였다. …… 인도 정부는 카스트 제도를 없애거나, 일부일처제를 실시하거나, 상속법을 개정하거나, 서로 다른 카스트 간의 결혼을 합법화하거나, 차 재배업자에게 세금을 매기거나 하는 일들을 하려고 하지 않았다." 민족적 저항은 경제적 원인보다는 사회적 원인에 의해 일어난다고 그는 주장했다. 도로를 개량하거나 운하를 건설하는 것은 민족적 저항을 억제하는 데 전혀 도움이 되지 않는다고 그는 지적했다. 왜냐하면 "사람들은 …… 단순히 능률적으로 일을 추진하는 정부에 만족하지 않고 조만간 더 나은 정부형태를 요구할 것이기 때문"[25]이라는 것이었다.

1918년 〈인도경제사회 학술지〉에 게재된 그의 두 논문은 그가 지녔던 사회경제 사상의 전반적인 흐름을 보여준다. 하나는 버트런드 러셀의 책에 대한 서평으로, 암베드카르가 확고한 개발주의자이며 진보를 신뢰하는 사람이었음을 보여준다. 그는 나중에 간디주의와 일치하는 것으로 여겨지게 되는, 전통적인 인도의 정숙주의[26] 인생관과 금욕과 절제의 태도를 거부했다. 그는 돈과 재산을 추구하는 것에 대해 도덕적으로 비난하는 것을 반대했다. 그는 "전 세계가 '고통스러운 경제' 상황에 처했을 때, …… 그리고 인간의 노동생산성이 극단적으로 낮았을 때는 …… 어차피 세속적 쾌락을 누릴 수 없는 형편이었으므로 도덕주의자들이 가난과 세속적 쾌락의 포기를 복음으로 전파해야 했던 것은 아주 당연하다."[27]고 주장했다. 그는 생산과 소비의 확대는 인류 발전과정의 일부이며, 변화를 가져오는 원동력이 된다고 보았다. 그는 재산 자체가 악이라는 견해에 동의하지 않았다. "문제는 …… 재산 자체가 아니라 그것의 불평등한 분배에 있다."[28]고 했다.

〈인도 경제사회 학술지〉에 게재된 두 번째 논문인 '인도의 소토지 보유 및 그 대책'에서 그는 인도 농업의 후진성을 다루었다. 소토지 보유는 사실 나쁘다고 그는 시인했다. 그렇지만 소유지의 규모가 큰지 작은지는 그 절대적인 크기가 아니라 다른 생산요소와의 상대적인 관계에 따라 판단돼야 한다는 것이었다. 이런 그의 관점에서 보면 쟁기, 수레, 황소 등 보잘 것 없는 생산장비만 갖고 있는 인도의 농민들은 상대적으로 너무 큰 규모의 토지를 보유하고 있으며, 이로 인해 토지가 최적으로 이용되지 못하는 상황이었다. 농업 생산이 비효율적이고, 너무 많은 토지가 방치되고 있으며, 전체 경제는 제대로 조정되고 있지 않았다. 문제는 "농지에 대한 의존도가 지나치게 높다는 점"[29]이며 이것은 빈약한 공업화에 기인하는 것이었다. 따라서 비농업 생산, 즉 공업의 발전이 인도의 농업문제에 대한 핵심적인 해법이 된다. 이것은 명백히 비간디적 결론이지만 암베드카르식 접근방법 전체에는 합치하는 결론이었다. 다시 말해 그는 불가촉민과 모든 인도 빈민의 미래를 개선하는 데는 시골마을이 아니라 도시화, 산업화된 근대경제를 발전시키는 것이 관건이라고 보았다.

암베드카르의 공식적인 배움의 기간은 끝났다. 그것은 브라만 전통의 '금욕기'[30]와는 판이하게 달랐다. 브라만 전통에서는 금욕기에 해당하는 학생은 스승의 가계에 편입됨으로써 권위를 부여받고 모든 물질적 욕구에서 벗어난다. 그리고 가족에 대한 의무 없이, 평화스럽고 자유로운 환경에서 배움이 이루어진다. 그러나 암베드카르에게 배움의 기간은 오히려 투쟁의 시기였고, 애초부터 자신과 가족의 생존을 위해 돈을 벌어야 했던 궁핍의 시기였고, 치열한 결단의 시기이기도 했다. 그는 배움의 기간에 세계의 학문에 둘러싸여 있었고, 인도 사회에 만연한 빈곤과 카스트 차별을 체험했다. 그가 교육의 중요성을 인식했던 것은 단지 개인적인 깨달음에서만이 아니었다. 교육에 대한 그의 생각은 그가 자기의 스승 중 한 사람이라고 이야기하게 되는 조티라오 풀레가 한 유명한 말에서 영향을 받은 것이었다. 조티라오 풀레는 훗날 저명한 인도인 경제학자 아마르티아 센[31]이 강조한 바와 같이 교육이 발전과 번영으로 연결된다고 보았다.

봄베이, 뉴욕, 런던에서 교육을 받음으로써 암베드카르는 사회사상과 경제사상의 세계적인 보고에 들어가 볼 수 있었다. 인도에서 가장 부유한 민족주의 엘리트들 중에서도 그만큼 폭넓게 학문을 닦은 사람은 거의 없었고, 하물며 그만큼 여러 가지 학위를 취득한 사람은 더욱 드물었다. 그는 프로메테우스가 인간세계를 위해 불을 훔치듯이 배움이라는 금지된 재산을 쟁취하기 위해 사명감을 가지고 공부에 임했다. 그의 공부는 단지 개인적인 출세를 위한 것이 아니었다. 그것은 인도 불가촉민에 대한 억압에 대항하는 투쟁에 쓰일 자원이었다. 모든 암베드카르의 동상과 사진에서 그가 입고 있는 양복은 그가 흡수한 세계적인 유산을 상징한다.

  그의 배움은 또한 빈곤의 의미를 배우는 과정이었다. 그에게는 생존을 위한 싸움이 일찍부터 시작됐다. 암베드카르와 그의 가족은 평균수명이 20대였던 시절의 보통 인도 사람들과 동일한 운명을 겪었다. 어머니는 열네 명의 아이들을 낳고 젊은 나이에 죽었고, 열네 명의 형제들 가운데 단지 일곱 명만이 생존해 성장했다. 형은 가족을 부양하기 위해 노동자로 일하다가 죽었고, 암베드카르의 자녀도 다섯 명 중 네 명이 죽었다. 이 모든 것들은 단지 질병 탓만이 아니었고 영양실조, 인구과밀, 위생의 결핍 등을 포함한 열악한 생활여건의 결과였다. 이런 그의 체험은 민족주의 엘리트들의 체험과는 다른 것이었다. 간디가 3등 칸에 타고 기차여행을 한 것은 신념에 따른 것이었겠지만[32], 암베드카르는 3등 칸에 탈 수밖에 없었다. 네루[33]와 그의 동료들이 정부의 요직을 포기하거나 법원을 비롯한 정부기관과의 관계를 끊을 수 있었던 것은[34] 지주이거나 부자인 친척들 덕에 살아가는 데 지장이 없으리란 보장이 있었기 때문이었다. 암베드카르처럼 하층 카스트이면서 빈민의 배경을 가진 사람들은 가족을 부양하기 위해 돈을 벌어야 했기 때문에 그렇게 할 수 없었다. 민족주의 운동에 참가하기 위해서는 자신과 가족의 경제적 생존근거를 확보하는 것이 전제조건으로 요구됐다. 오늘날 '중간계급' 달리트에 대한 비판이 존재하고 암베드카르 자신도 당시의 좌파에 의해 '프티 부르주아'라고 공격을 받았지만, 당시나 지금이나 '중간계급'이라는 말이 달리트에 대해 사용되는 경우에는 다른 카스트에 대해 사용되는 경우와 그 뜻이 매우 다르다.

그는 카스트 차별도 곳곳에서 경험했다. 당시 식민지 국민으로서 겪어야 하는 인간적 모멸, 즉 멸시를 당하거나 사교모임에서 배제 당하는 것에 관한 글을 쓴 사람들은 많았다. 암베드카르도 몸소 인도인이자 식민지 주민으로서 차별을 어느 정도 겪었고, 자신의 민족주의 의식을 표현하기도 했다. 그러나 인도인이자 식민지 주민으로서 받은 차별은 불가촉민으로서 받은 차별에 비하면 사소한 것이었다. 그는 군인집안이었던 가족의 배경 덕분에 대부분의 다른 달리트들보다는 멸시를 내면화하는 데서 오는 마음고생이 적었을 가능성이 높다. 그의 아버지와 어머니는 둘 다 군인집안 출신이었기에 전통적인 마을구조에서 하층 카스트가 받는 것 같은 천대를 받지는 않았을 것이다. 그의 부모는 아들에게 야망과 자신감을 심어주었던 게 확실하다. 그러나 가족이 여러 집단이 섞여 사는 사타라로 이사하자마자 그는 차별을 피부로 느끼게 됐다. 따로 앉아야 한다든지, 자신이 원하는 과목을 공부할 수 없다든지, 다른 학생들로부터 따돌림 당한다든지, 바로다 같은 도시에서 어엿한 직장을 가지고 살 수 없다든지 하는 차별을 당했다. 그는 자기가 당한 이런 차별을 잔인한 짓으로 느꼈으며, 그것이 오랫동안 그렇게 살아온 사회의 당연한 관행으로 여기지 않았다. 암베드카르는 카스트 차별이 모든 영역에 존재하고, 그런 차별은 경제적 낭비일 뿐 아니라 인간에 대한 경멸까지 내포하며, 그러한 편견이 밑바닥 시골마을과 도시 슬럼에서부터 인도의 가장 세련된 상층 생활무대에까지 퍼져 있음을 명확히 인식했다. 불가촉 제도와 그것을 낳은 문화적, 종교적 힘이 그의 삶을 결정하는 기본 틀이 됐고, 그것을 척결하는 일이 그가 평생 하게 될 활동의 중심이 됐다.

2장

달리트의 인권을 위한 투쟁에 나서다

"우리는 브라만에 반대하는 게 아니라 브라만주의[1]에 반대한다"

암베드카르가 불가촉민의 지도자가 되리라는 것은 그의 청년시절부터 명백했다. 탁발승이었던 삼촌이 그의 부모에게 큰 인물의 탄생을 예언했고, 아버지는 그가 '사회적 기여'를 하도록 고무했다. 청년 빔 스스로도 바로다 왕에게 바로다 주에서 일을 하고 그 경험을 사회적 기여 및 학문적 저술 활동과 결합하고 싶다고 말함으로써 그러한 소망을 표현한 바 있다. 불가촉민의 사회에서 그처럼 많은 교육을 받은 사람이라면 지도적 지위에 오르는 것이 당연하기도 했다. 그렇기에 1920년대에 암베드카르가 영국에서 돌아와 생업을 시작했을 때 그가 정치로 관심을 돌리지 않을 수 없었다.

당시 인도는 사회적 격동기였다. 민족주의 운동은 남아프리카에서 막 돌아온 희한한 변호사 간디의 지도력에서 새로운 활력을 얻고 있었다. 노동계급 운동도 부상하고 있었다. 노동계급 운동은 차르 체제를 뒤엎고 혁명에 승리한 러시아의 새로운 이론에 의해 고무되고 있었다. 이와 더불어 그다지 조직화되지는 않았지만 피억압 카스트의 운동이 지도자를 찾고 이념을 모색하면서 간헐적이지만 점점 더 강력하게 성장하고 있었다. 몬터규-쳄스퍼드 개혁[2]에 의해 권리획득 가능성이 열리자 마르크스주의자들과 민족주의자들은 물론 인도 전역의 달리트들과 비브라만들도 움직이기 시작해 곧장 정치무대로 향했다. 달리트들과 비브라만들에게 몬터규-쳄스퍼드 개혁은 만약 그들이 상층 카스트에 의한 정치와 경제의 독점을 저지할 수 있을 정도의 정치적 지지를 획득할 수만 있다면 그들에게도 기회를 주겠다고 약속한 것이나 다름없었다.

달리트 운동은 19세기 이래 인도 전역에서 전개돼 왔다. 달리트들이 쟁취하고자 한 것은 교육받을 권리, 개간해 경작할 수 있는 황무지를 취득할 권리, 힌두사원에 입장할 권리, 그리고 무엇보다도 공공장소, 도로, 대중교통수단을 이용할 권리 등이었다. 달리트 운동은 다양한 사회개혁운동 조직과 기독교 선교사들의 지원을 받았다. 마하라슈트라에서는 달리트 운동이 1875년에 풀레가 설립한 진리탐구회[3]로부터 지원과 정신적 도움을 받고 있었다. 그리고 군에서 쫓겨난 마하르들이 군복귀 운동을 시작했고, 마하라슈트라의 달리트 운동은 여기서도 또 하나의 명분을 얻었다. 이 운동에 참여한 달리트들은 얼마간의 보유 토지, 섬유공장에서 갖고 있던 기반, 유럽인을 위해 요리와 집사 등의 일을 하는 직업, 군에서 받는 소액의 연금 등 그들이 가진 약간의 자원을 활용해 모든 곳에서 카스트 연합 및 하부카스트 연합[4]을 조직했다. 마하라슈트라에서 처음으로 조직화에 성공한 달리트는 마하르 집단이었다. 활동가들은 아메드나가르 같은 소도시에서도 마을 공동 저수시설의 식수를 이용할 권리를 얻기 위해 투쟁했다. 라트나기리에서 퇴직당한 군인 왈랑카르는 군복무자격 박탈에 항의하는 강력한 시위와 탄원운동을 주도했다. 마소닉 홀의 집사인 캄블은 1903년부터 1930년까지 푸나 지역에서 수많은 집회를 열고 운동을 이끌고 탄원을 냈다.

1917~1918년 이후에는 민족주의 운동도 불가촉민 문제를 다루기 시작했다. 1차 세계대전이 끝나가고 몬터규-쳄스퍼드 개혁이 달리트와 비브라만에게 스스로 권리를 주장하도록 자극함에 따라 로크마니아 틸라크의 '선 정치개혁 후 사회개혁' 슬로건으로 상징되는 사회적 보수주의의 입장은 더 이상 유지되기가 어렵게 됐다. 1916년 캘커타에서 열린 국민회의[5]의 대회에서 불가촉제에 관한 최초의 결의문이 통과됐다. 대힌두협회[6] 같은 조직도 이 문제에 관심을 갖기 시작했다.

마하라슈트라에서 가장 강력한 사회개혁 조직은 피억압계급활동대[7]였다. 이 조직은 상층 카스트의 마라타 학자이면서 사회개혁가인 신데가 이끌었고, 기도회[8]에 소속된 브라만 개혁가들의 후원을 받았다. 국민회의 지지자인 신데는 1906년 교육과 쇄신된 힌두교의 확산에 초점을 둔 피억압계급활동대를 창설했다. 그는 마하라슈트라에서 비브라만당⁹⁾을 공격한 세력의 핵심 인물로, 국민회의를 지지하는 정치조직에 마라타들을 끌어들이려고 애썼다. 따라서 교육 분야에서 신데의 노력은 불가촉민을 힌두교의 정치문화적 틀 안으로 끌어들이는 것이었다고 할 수 있다.

상층 카스트가 시도한 개혁의 방향은 1917~1918년에 민족주의자들이 개최한 세 차례의 '불가촉민의 구원을 위한 대회'¹⁰⁾에서 드러났다. 그 첫 번째 회의는 암베드카르를 유인하는 결의문을 채택하는 방법으로 그를 끌어들이려고 했지만, 그가 바로다로 떠나버렸기 때문에 그가 없는 상태에서 회의가 열렸다. 이 대회에서는 참석한 달리트 중 핵심 인물인 나그푸르의 가바이¹¹⁾의 반대에도 불구하고 국민회의와 무슬림연맹¹²⁾의 공동 개혁안에 대한 지지를 호소하는 결의문이 채택됐다. 가바이는 대힌두협회를 지지하는 마하르인데 훗날 암베드카르의 주요 정적이 된다. 1918년 3월 봄베이에서 열린 두 번째 회의에서 주최측은 달리트의 개종¹³⁾에 반대했다. 같은 해 5월 비자푸르에서 열린 세 번째 회의에는 간디가 참석했다. 그는 회의에 참석한 모든 불가촉민에게 이름을 밝히라는 요구를 했지만 아무도 응하지 않았다는 이유를 들어 국민회의의 노력에 대한 불가촉민의 지지결의는 아무런 의미도 없다는 충격적인 주장을 했다. 이상의 어떠한 개혁노력도 불가촉민을 대변했다고 볼 수 없다.

당시 성장하고 있던 비브라만 운동은 불가촉민들의 지지를 획득하기 위해 노력했다. 진리탐구회 조직은 1910년 이후 콜라푸르

왕의 적극적인 지원 아래 마하라슈트라의 시골과 도시에 널리 확산됐다. 이 조직은 카스트와 브라만의 권위를 거부하라고 선동했으며, 수드라와 극빈수드라, 즉 비브라만과 달리트는 포악한 아리아인 침략자에 의해 노예화된 원주민이라고 주장했다. 이러한 비아리아인 이론은 넓은 지역에 걸쳐 호소력을 발휘했다. 마드라스 관구[14]의 비브라만 운동은 아리아인이 침공하기 전부터 살아온 원주민을 드라비다인으로 보고, 아리아인을 북방으로부터의 침략자라고 보았다. 1920년대에는 달리트 운동에 참여한 사람들이 대부분 이 이론을 채택했다. 그래서 그들은 자신을 원주민으로 보고 원드라비다인, 원안드라인, 원힌두인, 원다르미인[15] 등으로 부르기 시작했다.

1917년에 이르면 비브라만들이 모든 곳에서 정치적으로 조직되기 시작했다. 마드라스 관구에서는 정의당이 생겨났고, 마하라슈트라에서는 비브라만당이 생겨났다.

마하라슈트라에서는 콜라푸르의 왕인 샤후 차트라파티[16]가 달리트 운동을 후원했지만 진리탐구회를 신뢰하지는 않았다. 그는 시바지[17]의 후손으로 크샤트리아 신분 즉, 당시의 표현대로 하면 아리아인이라고 주장했지만 단호히 반브라만의 입장에 섰다. 그는 가내 사제가 그의 크샤트리아 신분을 승인하는 제의를 거부한 데 대해 화가 나 브라만 엘리트들이 이끄는 모든 민족주의 조직에 대해 반감을 갖게 됐다. 브라만에 대한 반감 때문에 그는 비브라만을 왕국의 행정에 끌어들이고 그들에게 교육과 경제적 기회를 제공하는 것을 골자로 하는 다양한 개혁을 추진해나갔다. 그는 1902년에 유럽을 순방하던 중 왕국 공무원직의 50퍼센트가 비브라만으로 채워질 때까지는 오직 비브라만들만 공무원에 고용하라는 행정명령을 발표했다. 이것이 인도에서 처음으로 실시된 법정유보제도[18]였다. 그는 이런 개혁노력의 일부로 불가촉민의 문제를 다루었다. 샤후는 콜라푸르 시에서 불가촉민을 위한 기숙사를 세우는 일을 후원했고, 불가촉민이 찻집과 같은 작은 사업을 시작할 수 있게 도와주었다. 그는 사냥여행을 갔다가 돌아올 때 불가촉민이 운영하는 찻집에 들러 차를 마시고 동행자에게도 차 마시기를 권하는 방식으로 불가촉제도에 대한 반감을 표현했다.[19] 20세기 초 인도에서 이런 행동은 쉽지 않은 일이었다.[20]

그의 개혁 운동이 카스트 제도와 브라만의 지배를 맹렬히 공격한 점에 청년 암베드카르의 마음이 움직였을 수도 있지만, 그가 샤후와 같은 정치지도자들과 관계를 갖게 된 데는 사회적인 이유가 있었다. 신데와 그의 피억압계급활동대는 스스로 불가촉민의 이익을 대변할 수 있다고 터무니없이 억지를 썼기에 암베드카르의 반감을 샀다. 피억압계급활동대는 그들의 요구사항들을 제시할 때 암베드카르를 비롯한 불가촉민의 지도자들에게 마음을 열지도 않았고 심지어 불가촉민과 함께 식사하려고도 하지 않았다. 이에 비해 샤후는 불가촉민한테서 차와 음식을 기꺼이 받았을 뿐 아니라 자치의 중요성도 이해하고 있었다. 샤후는 1920년에 암베드카르를 만났고, 이때 격주간지 〈민중의 지도자〉[21]를 돕기 위한 기부를 했다. 이 잡지는 암베드카르가 주간을 맡고, 대학원생 골랍이 편집을 맡아 1년여 동안 발간됐다. 샤후는 1920년 3월 19~20일에는 콜라푸르의 망가온에서 암베드카르를 축하하기 위한 회합을 열어주었다. 이 회의에서 샤후는 예전에는 자기도 달리트를 멀리했지만 이제부터는 완전한 평등주의와 인간 존중의 원칙에 따라 처신하겠다고 말했다. 샤후는 암베드카르가 두 번째로 영국에 가야 했을 때를 비롯해 긴급한 순간에는 그에게 금전적 지원을 해주기도 했다.

처음 만났을 때부터 생겨난 개인적인 친밀감도 두 사람의 관계에 중요한 작용을 한 것으로 보인다. 사회적, 경제적 조건에서 두 사람이 현저히 달랐음에도 불구하고 그들은 대등하게 만났다. 암베드카르가 카스트와 브라만주의의 문제점에 대해 샤후와 벌인 토론의 방식은 아마도 엘리트 사회개혁가와는 가능하지도 않았을 것이다. 샤후가 가내 승려와 브라만 엘리트에 의해 수드라로 취급받으면서 느꼈던 모멸감과 암베드카르가 직면해야 했던 쓰라린 차별 사이에는 질적 차이가 있었는지 모른다. 하지만 카스트 차별이기는 마찬가지였다. 암베드카르는 청년기에 브라만 후원자들한테서 종종 도움을 받은 적이 있지만 비브라만계 사람들과 사회적 교제를 더 많이 가졌던 것으로 보인다. 샤후는 암베드카르를 후원할 때 많은 자율성을 주었고, 이 때문에 고집스럽고 승리에 집착하는 암베드카르에게 운신의 폭을 넓혀주었다.

암베드카르의 첫 정치활동은 신데와 갈등을 일으켰다. 사안은 사우스버러위원회에서 증언하는 문제였다. 이 위원회는 몬터규-쳄스퍼드 개혁 이후 인도를 순회하면서 선거권에 관한 인도인들의 의견을 조사하기 위해 설치된 조직이었다. 불가촉민의 선거권에 대해서는 이 문제에 관한 가장 유명한 사회활동가인 신데와 찬다바르카르가 정부에 초청됐다. 정부는 불가촉민들의 증언을 직접 들을 필요성을 느끼지 않았던 것이다. 신데의 제안서는 불가촉민에게 기존의 선거권보다 더 넓은 선거권을 부여할 것을 요구했지만, 그 대상은 여전히 4학년 이상의 교육을 받은 사람에 한정했다. 암베드카르는 따로 보고서를 제출해, 별도의 선거인단제를 도입하되 봄베이 관구의 특별선거구에서 투표로 11명의 불가촉민을 선출하고, 이들로 하여금 입법의회에 보낼 1명의 대표를 선택하게 하라고 제안했다. 이리하여 마하라슈트라에서 두 사람이 각각 보낸 두 개의 보고서가 달리트에 관해 위원회에 제출된 자료 중 가장 중요한 자료가 됐다.

암베드카르는 곧이어 신데에게 직격탄을 퍼부었다. 샤후 왕과 함께 그는 사흘간 열리는 '전인도 배척민 대회'[22]에 참석하기 위해 나그푸르로 갔다. 여기서 암베드카르는 신데를 비판하는 결의안을 강력히 내세우고, 신데의 제안은 불가촉민을 상층 카스트의 지배 아래 두는 것이라고 주장했다. 이 일이 있은 후에도 암베드카르는 신데의 지도력 행사에 항의하는 운동을 계속했으며, 몇몇 달리트 학생들이 기숙사 내의 권위주의적 행태에 저항했을 때 그들을 지지했다. 신데는 결국 불가촉민의 지위향상을 위해 노력하는 일에 환멸을 느끼고 물러났다.

  1923년에 암베드카르가 영국에서 돌아오면서부터 다소 지속적인 조직활동이 시작됐다. 불가촉민들이 끊임없이 그의 집에 모여들었고, 그들 사이에서 행동을 요구하는 목소리가 높아졌다. 1924년 3월 9일 그는 첫 단계로 피억압계급복지회[23]를 설립했다. 암베드카르가 사무국장을 맡았고, 그 외에 치만랄 세탈바드, 나리만 등 명망 있는 후원자들로 이사회가 구성됐다. 이 조직은 불가촉민을 지칭하는 단어로 '바히슈크루트'[24]를 사용했다. 이는 1920년 아콜라 지역의 작은 조직이 쓰던 말이었다. 이것이 아마도 불가촉민들이 스스로 적절한 명칭을 찾으려 한 최초의 시도일 것이다. 이 조직의 목표는 교육 확대, 경제여건 개선, 그리고 억압받는 계급의 고통을 대변하는 일이었다. 이 모임은 파렐에 작은 도서관을 개관했고, 시의 지원을 받아 숄라푸르에 억압받는 계급 학생을 위한 기숙사를 열었다. 그리고 마라티어 지역에서 시위와 회의를 조직하기 시작했다.

  피억압계급복지회를 통해 암베드카르는 대중조직가로 부상했다. 그는 강력한 연사였다. 그는 달리트 문제를 합리적으로 풀어 설명했지만 때로는 격정적이고 충동적이었다. 케어모드[25]는 사타라에서 열렸던 한 집회를 예로 들었다.[26] 이 집회에서 소만이라는 브라만 연사가 나와 "민족주의 운동이 공직을 보이콧하자고 부르짖는 시점에 불가촉민들은 공무원 임용을 요구하고 있다"고 비판했다. 암베드카르는 자리에서 일어나 그를 향해 브라만의 위선을 인정사정없이 공격했다. 그는 브라만이 그렇게 오랫동안 관료직을 독점해왔으면서도 이제는 민족주의를 들먹이며 달리트가 조금이나마 교육을 받기 시작한 것에 반대한다고 쏘아붙였다.

동시에 불가촉제 문제와 관련된 법안이 주 상원[27]에 제출되기 시작했다. 콘칸[28] 출신이며 비브라만 당원인 볼레는 공공장소를 불가촉민에게도 개방하는 법안을 제출했고, 이 법안은 통과됐다. 하지만 이 법안은 사원에 입장하는 문제에 대해서는 거론하지 않았다. 유사한 것으로, 불가촉민 의원인 골랍이 마하르 와탄[29]을 폐지하는 법안을 제출했다. 이것은 마하르 와탄 문제를 둘러싼 지리한 투쟁의 서곡이었다. 와탄 토지는 마하르들이 전통적으로 보유해온 토지였는데, 마하르들은 토지 보유의 대가로 마을의 잡무를 수행했다. 영국은 통상적인 세율보다 낮은 세금을 매기고 그 땅의 보유를 인정해 주는 대신 무상노동을 계속하도록 요구했다.

1926년에 암베드카르는 구자라트 출신의 불가촉민 지도자인 솔란키 박사와 함께 봄베이 상원의원에 임명됐다. 죽을 때까지 이어진 그의 탁월하고 선명하며 길고긴 의원 생활은 이렇게 시작됐다. 그는 의회의 논쟁에 열정적으로 참여했다. 그는 주류 세력에게 도발적인 연설과 질문을 해댔다. 이로 인해 그는 악의에 찬 질문을 받는 경우가 많았으나, 언제나 대답할 준비가 돼 있었다. 한번은 민족주의자들이 그를 공격하면서 "당신은 전체 속의 한 부분임을 기억하라"고 하자 그는 "나는 전체의 한 부분이 아니다. 나는 전체에서 따로 떨어진 한 부분이다"라고 대답했다.

한편 최초의 대규모 불가촉민 대중투쟁이 폭발했다. 초점은 식수권 문제였다. 식수권은 가장 초보적인 인권임에도 불구하고 오염된 사람으로 간주된 불가촉민들에게는 식수권이 인정되지 않고 있었다. 이 문제에 대한 대중투쟁의 무대는 콘칸 지역의 마하드라는 소도시였다. 이 지역에서는 자치정부가 저수시설을 불가촉민에게 개방한다는 결의안을 이미 통과시켜 놓고 있었다. 이 지역은 봄베이와 매우 긴밀하게 연결돼 있었고, 많은 달리트와 카스트힌두가 섬유공장에서 일하기 위해 이 지역으로 이동하고 있었다. 이곳의 달리트는 암베드카르의 정치적 지지 세력이었고, 이곳의 진보적인 카스트힌두들, 특히 카야스타[30]들 중에도 지지자들이 많이 있었다. 그 중에는 피억압계급복지회의 카야스타 활동가인 아난트라오 치트레, 자치정부 의장이고 카야스타 지도자인 수렌드라나트 티프니스, 봄베이의 노동자 지도자인 조시가 이끄는 사회봉사연맹 소속의 브라만인 사하스라부데가 포함돼 있었다. 치트레와 티프니스는 후에 암베드카르의 독립노동당[31] 후보로 출마해 주 하원의원에 당선됐고, 사하스라부데는 계속 활동하다가 암베드카르가 1930년에 만든 주간지 〈인민〉[32]의 편집인이 됐다.

피억압계급복지회는 1927년 3월 19~20일에 마하드의 콜라바 지역 피억압계급회의를 열었다. 회의 두 번째 날 치트레가 갑자기 저수시설로 가서 물을 먹자고 제안했다. 이것은 예정에 없던 일이었다. "나는 미리 결심해둔 대로 폭탄을 던졌다"고 그는 회고

마하드의 초다르 저수시설. 암베드카르는 달리트의 식수권을 확보하기 위해 이곳에서 사티아그라하를 전개했다.

했다. 흥분한 1500명의 군중이 저수시설로 몰려가 물을 마시기 시작했다. 이 소식이 도시 전역에 알려지자 분노한 카스트힌두들이 모여들었다. 그들은 물을 먹은 불가촉민들에게 폭행을 휘두르고 공격하면서 사원을 향한 추가적인 총공세를 방해했다. 그런 후에 브라만들은 정화의식을 벌였다.[33]

이 사건과 폭동, 그리고 이에 따른 경찰의 관련자 입건에 관한 소문이 마하라슈트라 전체에 반향을 불러일으켰다. 마하드는 마하라슈트라에서 달리트 공동체를 일으켜 세우는 운동의 중심이 되면서 전국적으로 유명해졌다. 12월에 암베드카르는 식수권를 확보하기 위해 사티아그라하[34] 대회를 선포했고, 잡지 〈소외된 인도〉[35]를 출간했다. 이 잡지는 8~12쪽의 격주간지였는데, 9월까지 나오다가 이후 1930년까지는 다소 불규칙하게 간행됐다. 이 잡지는 다모다르 홀에 있는 사무실에서 제작됐다. 암베드카르가 대부분의 원고를 구술했고, 열성적인 몇몇 학생들이 그가 하는 말을 받아 적었다. 〈소외된 인도〉에는 집회에 대한 보도와 마하드 강령과 마하르 와탄 법안에 대한 논의가 실렸다. 마하르 와탄 법안은 당시 하원에 상정돼 있던 법안 가운데 가장 중요한 쟁점법안이었다. 〈소외된 인도〉는 국민회의의 불가촉제 폐지 프로그램은 물론 모든 종류의 불가촉민 집회에 대해 보도했다. 당시 불가촉민의 집회는 '바히슈크루트 집회'라고 불렸다. 이 잡지는 더 나아가 다양한 종류의 정치적 사건들에 대해 보도했고 종교적, 문화적 쟁점들에 대해 논평하기도 했다.

〈소외된 인도〉의 필자들은 아리안협회의 정화운동[36]을 비판했다. 정화운동은 원래 카스트 없는 아리안 사회를 건설하기 위해 정화의식을 행하는 것이었는데, 지금은 카스트를 파괴한다는 의식은 온데간데없고 오로지 더 많은 사람들을 힌두 틀로 끌어들이는 것을 목표로 하고 있다는 비판이었다. 비브라만들과 진리탐구회의 활동에 대해서는 우호적이면서도 날카로운 비판을 가했다. 당시 정화운동의 젊은 전투적 지도자로 부상하던 딘카라오 자발카르와 케샤브라오 제데가 제기한 요구사항에 초점이 맞춰졌다. 두 사람은 브라만은 누구도 사티아그라하 운동에 참가해서는 안 된다고 주장했다. 암베드카르는 자신의 운동은 브라만에 반대하는 것이 아니고 비브라만 사람을 포함한 '브라만교'에 반대하는 것이며, 비브라만 사람이라도 '브라만 신도'에 포함될 수 있다고 답변했다. 그는 "우리는 브라만 사람이 아니라 브라만주의에 반대하는 데 비해 그들은 브라만주의가 아니라 브라만에 반대한다"고 차이점을 함축적으로 말했다.[37] 마침내 〈소외된 인도〉에 개종, 특히 이슬람으로의 개종에 관한 기사가 실렸고, 개종의 필요성에 관한 토론이 게재됐다. 이와 관련된 논문에서 암베드카르는 "힌두교가 우리의 종교인지 아닌지에 대해 생각해 봐야 한다"고 굵은 글씨로 강조했다.[38] 암라오티에서의 운동을 포함하여 다양한 사원입장 운동도 보도됐고, 마하르 와탄 법안도 상세히 논의됐다.

1927년 12월 23일에 마하드 저수시설 건에 대한 관심이 크게 고조돼 1만 명 내지 1만 5천 명의 달리트들이 간디 사진으로 장식된 대형 천막으로 모여들었다. 그때 지역 주지사가 저수시설 사용을 금지하는 명령을 내렸다. 암베드카르는 이 명령은 존중하기로 결정하고 다른 방식의 상징적이고도 강력한 행동을 준비했다. 그것은 브라만 힌두교의 전통 법전으로 자리 잡고 있던 《마누법전》을 불태워버리는 것이었다. 이 계획의 추진에는 여러 카스트의 사람들이 참여했다. 브라만인 사하스라부데가 발의했고, 참바르[39]의 지도자인 라지보지[40]가 호응했다. 그리고 대회 첫날밤에 참석자들이 《마누법전》을 불태웠다. 대회 사흘날에는 박티 성인들, 간디, 암베드카르, 샤후 왕의 이름을 앞세우고 구호를 외치는 전투적 시위행진이 벌어졌다. 같은 날 암베드카르는 많은 수의 여성 참석자들과 별도의 모임을 가졌다. 그는 그녀들에게 하층 카스트가 사용하는 무거운 은장신구를 몸에서 떼어 버리고[41] 상층 카스트처럼 옷을 입음으로써 카스트를 나타내는 흔적을 없애버리라는 말로 이야기를 시작했다. 그리고 그는 아들만큼이나 딸도 잘 교육시키라고 조언하면서 이야기를 마무리했다. 이날 이후 마하드는 암베드카르의 조직활동에서 중요한 중심지가 됐다. 이곳은 불가촉민들의 열성적 참여와 상층 카스트 지도자들의 협력이 공존하는 활동기지였다.

이처럼 힌두교의 신성한 경전을 불태운 것은 공공장소와 공공시설을 대등하게 이용할 권리의 문제를 불가촉민에 대한 종교적 차별의 문제로 연결시켰다. 1920년대에는 이미 사원입장운동이 일어나는 등 불가촉민의 권리의식이 높아져 있었다. 케랄라의 구루바이유르 사원 투쟁은 불가촉민이 사원 앞 도로를 이용할 권리를 획득하는 것이 주목적이었지만, 간디는 이 문제에 관해 타협점을 찾는 데 도움을 주었고 반면에 라마사미 '페리야르'[42]는 투쟁의 영웅으로 부상했다. 푸네의 파르바티 사원 투쟁과 그에 이은 나시크의 라마 사원 투쟁도 이 시기에 시작됐다. 그러나 암베드카르는 나시크 사티아그라하[43]의 공식 지도자였음에도 불구하고 이런 노력들에 직접 개입하지는 않았다. 그 대신 그는 세속적인 시민권 문제에 관심을 가졌고, 많은 사람들에게 힌두교 자체를 거부하도록 하는 활동에 치중했다. 실제로 마하드 대회 기간에 출판된 〈소외된 인도〉는 불가촉민을 힌두교 틀 안에 유지시키려는 간디의 노력을 맹렬히 비판했다.

암베드카르는 아리안 족의 침입으로 카스트가 생겨났다는 주장을 인정하지 않았다.[44] 그렇다고 해서 힌두교가 근본적으로 나쁜 종교라고 본 것도 아니었다. 그는 사원 투쟁이 계속되던 이 시기에 광범위한 분야의 책을 읽고, 박티 운동과 투카람[45], 드니아네스와르[46]에 관한 문헌을 구입했고, 사회개혁가들의 저술을 연구했다. 다른 분야에서와 마찬가지로 여기서도 그는 자립성을 유지했다. 다시 말해, 그의 해석은 자신의 노력과 연구와 경험을 통해서 얻어낸 자신의 것이었다. 그는 또한 자기 아버지의 카비르 판트 참가로 상징되는 헌신주의[47] 전통에 대해서도 연구했을 것이다. 이를 통해 그는 어떻게 해서 카비르의 급진주의가 브라만틀에 흡수됐는지를 알게 됐다.

암베드카르는 그 밖의 다른 활동도 계속했다. 1925~1926년에는 정치적으로 중요한 사건 두 개의 변호를 의뢰받았다. 그 중 하나는 딘카라오 자발카르가 저술한 맹렬한 반브라만 책을 변호하는 것이었다. 이 책에서 자발카르는 "국가의 적"이라는 도발적이고 욕설적인 말로 틸라크와 취풀룬카르를 공격하고 대안으로 간디를 적극 내세웠다. 제데와 자발카르는 다른 두 비브라만 활동가와 함께 패소했다. 그 항소심 변론에서 암베드카르는 풀레가 사이비 기독교인이라는 주장을 받아들인 하급심 판사의 편견을 반박함으로써 피고의 석방 판결을 얻어냈다. 또 하나는 필립 스프라트가 저술한 책 《인도와 중국》을 변호하는 일이었다. 스프라트는 공산주의 운동조직을 구축하기 위해 인도에 온 영국 공산당원이었다. 암베드카르는 이 사건에서도 승소했다.

1926년에 암베드카르는 '왕립 통화금융위원회'에서 증언했고, 루피-파운드 환율에 관한 소책자를 출판했다. 이 책자는 파운드화의 평가절하가 인도의 다양한 계급에 미친 영향을 분석한 다음 루피화의 상대적인 평가절하가 필요하다고 주장했다. 이를 계기로 암베드카르의 경제학적 역량을 영국 정부가 인정하기 시작했다.

봄베이 상원의원으로 활동하면서 암베드카르는 영향력 있는 인물이 됐다. 그가 제안한 법안 중 가장 중요한 것은 마하르 와탄에 관한 법안이었다. 마하르 와탄은 그후 수십 년간 계속 논란이 됐다. 12개 마을하인 집단 중 하나인 마하르는 전통적으로 마을의 잡무를 처리해주는 대신 여러 가지 부수입을 얻고 약간의 토지를 할당받았다. 영국 정부는 통상적인 지대보다 낮은 수준의 세금을 책정한 토지를 마하르들에게 나누어주면서 이 관행을 이용했다. 이리하여 마하르들은 관료들을 위해 횟수나 시간에 제한 없이 각종의 무상노동을 하도록 강요받았다. 이와 유사한 법안이 비브라만의 협력을 얻어 통과된 적이 있다. 그것은 조시 와탄(Joshi Watan)에 반대하는 법안이었는데 이 법안이 통과됨으로써 마을 사제들에게 합법적으로 묵인되던 각종 관행들에 종지부를 찍게 됐다. 그러나 영국 정부는 마하르 와탄 법안에 계속 반대했다. 이 법안이 통과될 경우 부담하게 될 노동비용이 너무 크다는 것이 이유였다. 마하르 와탄은 어떤 방식으로 영국의 식민체제가 자신의 필요 때문에 봉건적 형태의 잉여가치 착취제도를 활용하는지를 보여준 대표적인 사례였다. 영국 정부는 이런 착취제도를 끝까지 고수했다.

1927년 9월에 암베드카르는 카스트힌두, 기독교도, 불가촉민들을 모아 평등사회모임[48]을 조직하고 불가촉민이 다른 카스트와 식사하고 결혼하게 하는 운동을 벌였지만 성과는 거의 없었다. 마하르 여자와 결혼하기로 했던 마라타인 신랑이 나타나지도 않은 것을 보고, 다른 카스트 간 결혼을 위한 노력이 헛수고였음을 깨달았다. 평등사회모임은 불가촉민에게 베다식 혼례를 치르라고 적극 고무하지도 못했다. 이런 사실들로 미루어 볼 때 이 시기에 암베드카르는 모든 형태의 힌두교와 싸우려고 했던 것은 아니었던 것이 확실하다.

1920년대는 사이먼위원회[49]와 원탁회의에 제출할 제안서에 대한 논란과 함께 저물어 갔다. 이는 새로운 인도 헌법의 틀을 마련하기 위한 것이었다. 국민회의는 사이먼위원회를 보이콧했고, 강력한 민족주의 물결에 휩쓸려 무슬림연맹뿐 아니라 마드라스정의당도 같은 태도를 취했다. 그러나 암베드카르와 더불어 타밀나두의 페리야르에 의해 설득된 다른 달리트들은 위원회에서 발언하기로 결심하고 있었다. 모두 18개의 불가촉민 조직이 위원회에 출석했다. 암베드카르는 장문의 보고서를 작성해서 1928년 5월말에 그것을 두 부분으로 나누어 제출한 데 이어 피억압계급복지회를 대표해 10월 23일 증언대에 섰다. 그의 보고서는 지역 단위의

자치와 보통선거를 요구했고, 종교와 카스트에 따른 선거인단제에 대해서는 반대했다. 그는 이슬람만의 별도 선거인단 구성에도 반대했다. 그는 무슬림, 불가촉민, 영국계 인도인, 그리고 비브라만에게는 법정유보 의석이 보장돼야 한다고 주장했고, 봄베이 주[50]에는 33명의 무슬림과 15명의 불가촉민을 포함한 140명의 의원으로 구성된 의회를 요구했다. 그는 또한 공무원직에도 대표를 두자고 요구했다. 감정적으로 격앙된 민족주의 분위기에서 그의 법학수업을 듣던 학생들은 항의의 표시로 교실 밖으로 나갔다. 이와 반대로 그의 달리트 지지자들은 그 보고서를 '불가촉민의 권리선언'이라고 부르며 지지했다. 이처럼 1920년말에는 달리트의 인권투쟁이 계속됐고, 인도 민족주의의 대변자들에 대한 조직적, 이론적 반대가 점점 더 강해지고 있었다. 이 모든 것은 앞으로 닥칠 더욱 거대한 대결의 전조였다.

3장

민족주의자들의 양면성에 대한 대응

"간디 씨, 나는 조국이 없습니다"

인도 민족주의 운동의 큰 잘못 중 하나는 그 운동과정에서 달리트를 비롯한 피억압 카스트들의 주장과 너무 많이 대립했다는 점이다. 사실 그렇게까지 할 필요는 없었다. 암베드카르는 브라만 선생님의 이름을 따서 자기 이름을 지었고, 상층 카스트 친구도 많았다. 그는 본질적으로 민족주의자로서의 본능을 지니고 있었다. 카스트 문제를 무시한다는 점에서 네루나 다른 좌익을 비판하긴 했지만, 경제 개발과 기타 경제문제에 관한 입장은 그들과 유사했다. 심지어 그는 사회문제를 정치적 이해관계에 연결시키려는 간디의 노력이 불가촉민에게 도움이 될 것이라고 낙관적으로 말하기도 했다. 그러나 간디가 브라만적인 힌두교의 틀을 유지하려고 했던 점이 암베드카르로 하여금 그와 갈라서게 하는 결정적인 이유가 됐다.

국민회의에 대해 암베드카르는 처음부터 어느 정도 회의적인 입장이었지만 1930~1932년에 벌어진 사건들을 계기로 확실하게 반대의 입장으로 돌아섰다. 그리고 그 사건들의 중심에는 마하트마 간디가 있었다. 이 기간에 원탁회의가 열렸고, 불가촉민이 분리선거구를 갖는 것을 간디가 반대했고, 램지 맥도널드 결정[1]에 대해 간디가 항의단식을 벌였고, 국민회의가 후원하는 핵심적 불가촉민 대책 조직으로서 하리잔봉사회[2]가 결성됐다.

원탁회의를 위한 준비가 한창이던 1930년 8월 8일 암베드카르는 나그푸르에서 '인도 피억압계급 대회'를 소집했다. 대회 참석자들은 결의문을 통해 자치령의 지위를 즉각적으로 인정할 것을 요구했고, 사이먼위원회의 보고서를 거부했으며, 상원에서의 대표권(보통선거를 실시하는 경우 법정유보 의석을 통한 대표권 보장)과 공무원직 할당을 포함한 불가촉민 보호장치와 보통선거제를 요구했다. 이처럼 통합선거구 하의 법정유보 의석을 주장한 점은 당시 분리선거구를 주장한 다른 불가촉민 지도자들의 요구와 대조되는 것이었다.[3]

암베드카르는 의장연설을 통해 위와 같은 주장의 내용을 상세히 설명했다. 그는 복잡하고 다양한 카스트, 민족, 종교, 언어가 인도 독립에 장애가 되지 않는다고 강력히 주장했다. 그는 제국주의에 대한 선명하고 통렬한 고발을 통해 영국이 인도를 빈곤하게 만들었으며, 불가촉민의 고통이나 농민과 노동자에 대한 착취를 완화시키기 위해 영국이 한 일은 아무것도 없다고 공격했다. 그리고 그는 '자본주의'와 '지주'라는 말을 사용하면서 국민회의의 지도자들을 '봉건주의자'로 규정했다. 이는 그의 사상이 점점 더 사회경제적 급진주의에 의해 영향을 받고 있었음을 시사한다.

1930년의 이 연설은 민족주의자로서의 암베드카르를 보여준다. 그는 영국의 통치로부터 인도가 독립하는 것이 평등주의 사회와 카스트 없는 사회를 건설하는 데 전제조건이 된다고 보는 입장이었다. 풀레, 페리야르, 그리고 그 밖의 반카스트 운동 지도자들의 견해와 마찬가지로 그의 민족주의도 단순히 인도에게 권력을 이양하라고 영국에 요구하는 데 그치지 않고 민주적인 국가의 건설과 관련된 문제들에 초점을 맞추었다. 그것은 '국가건설'이라는 개념으로 표현될 수 있으며, 그는 이 개념에 아주 근대적인 내용을 주입하는 기여를 했다.

그가 원한 사회는 자유, 평등, 우애라는 프랑스혁명의 3대 원칙으로 표현된 계몽주의적 가치를 구현한 민주적이고 합리적인 사회였다. 영국의 식민통치는 바로 이것을 막는 장애물이었다. 그러나 식민통치는 불가촉민들보다 엘리트들에게 더 치명적이었다. 왜냐하면 식민통치로 인해 엘리트들은 자신들이 쥐고 있던 권력을 빼앗겼기 때문이다. 이에 비해 하층 카스트는 식민통치가 시작된 이후 교육과 고용의 개방으로 분명히 이득을 얻었다. "우리 문화가 파괴됐다"는 주장이나 "전통을 수호하자"는 호소는 그 문화와 전통의 어두운 측면으로 인해 고통을 겪었던 사람들에게는 거의 설득력이 없었다. 따라서 영국에 대한 암베드카르의 태도는 전술적인 것에 가까울 수밖에 없었다. 영국은 그의 적이었으나 마찬가지로 상층 카스트 민족주의자들도 그의 적이었다. 그렇지만 "우리는 동시에 두 적과 싸울 수는 없었다"고 그는 나중에 말했다.

이런 그의 입장은 푸네 외곽의 한 촌락인 코레가온에서 상징적으로 표현됐다. 여기서 암베드카르는 매년 시위를 벌이기 시작했다. 이곳은 1818년 1월 1일 영국이 페슈와[4] 군대에 맞서 결전을 벌인 곳이었다. 영국은 이 전투에서 영국군 소속으로 싸우다 죽은 인도 병사들을 위한 기념관을 건립했다. 이 기념관에 49명의 이름이 기록돼 있는데 그 가운데 22명이 마하르였다. 이곳의 시위에서 암베드카르는 마하르가 영국인을 권좌에 앉혔고, 따라서 마하르는 그들을 축출할 수 있다고 단순명쾌하게 말했다. 그 의미는 혐오스러운 카스트적, 봉건적 성격을 지녔던 페슈와 정권을 복위시키기 위한 싸움은 하지 않겠다는 것이었다. 코레가온 시위의 상징적 의미는 강력한 것이었다. 마하라슈트라의 많은 달리트들은 아직도 이것을 불가촉 해방운동의 첫 전투라고 말하고 있으며, 오늘날에도 많은 대중이 매년 코레가온에 모여든다.

1930년 10월에 암베드카르는 마드라스의 M. N. 스리니바산과 함께 제1차 원탁회의에 참석할 인도 불가촉민 대표로서 영국으로 떠났다. 1만여 명의 활동가와 자원봉사자들이 모여 암베드카르와 스리니바산을 위해 열광적인 환송식을 열어주었다. 참바르 지도자 시브타르카르가 사회를 보았고, 켈루스카르가 격려연설을 했다. 원탁회의에서 암베드카르는 각종 위원회의 회의에 참석했으며, 언제나 논리정연한 주장을 펼쳤다. 그는 연방건설위원회[5]에 각별한 관심을 쏟았으며, 여기에서 그는 정부는 국방기능과 최소한의 행정기능뿐 아니라 복지기능도 수행해야 한다는 점을 지적하면서 강력한 중앙정부 체제를 옹호했다. 그가 지적한 복지기능이란 주로 불가촉민과 같은 피억압 집단을 위한 정부의 복지기능을 말하는 것이었다.

그는 불가촉민에게 필요한 권력은 오직 독립된 인도에서만 획득될 수 있다고 직설적으로 주장했다. 1930년 11월 20일 그는 개회사에서 나그푸르 연설에서 주장했던 내용을 다시 반복했다.

> 인도에서 관료주의적 정부 형태는 민중의, 민중에 의한, 민중을 위한 정부로 교체돼야 한다. …… 인도 정부는 인도 사회의 생명력을 잠식하고 오랫동안 억압받는 계급의 삶을 파괴해온 사회악을 제거해야 한다는 것을 잘 알고 있다. 인도 정부는 지주들이 대중을 쥐어짜고 있으며 자본가들은 대중 지도자에게 생계비나 적절한 노동조건을 제공하지 않고 있다는 것을 잘 알고 있다. 그러나 무엇보다 우리를 고통스럽게 하는 것은 정부가 이러한 악의 어떤 것에 대해서도 손을 쓰려고 하지 않았다는 점이다. …… 우리는 우리의 고통을 누구보다도 더 잘 제거할 수 있다. 그러나 우리 손으로 권력을 장악하지 않는 한 그것을 제거할 수 없다. 영국 정부가 그대로 남아 있는 한 우리에게 권력을 나누어줄 가능성은 전혀 없다고 본다. 우리가 우리 자신의 손으로 권력을 장악할 가능성을 갖게 되는 것은 오로지 독립헌법 하에서다. …… 우리는 정치권

력이 영국인의 손에서 우리의 삶에 대해 막대한 경제적, 사회적, 종교적 권력을 휘두르는 사람들의 손으로 옮겨가고 있음을 알고 있다. 그런 일이 일어나고 있더라도 우리는 그것을 얼마든지 환영한다.[6]

그러나 불가촉민을 위한 법정유보 의석을 비롯한 안전장치를 갖춘 단일국가와 보통선거를 요구한 그의 주장은 소수의 지지밖에 얻지 못했다. 원탁회의는 1935년 인도정부법안을 만든 후 종결됐다. 이 법안에 의하면 인도는 여러 주들로 구성된 연방으로 편성되고, 왕정주들은 자치단위로서 민주국가의 비민주적 구성부분이 된다. 투표권은 약간 확대되지만 여전히 3천만 명만이 투표권을 행사할 수 있고, 영국이 임명한 지사가 갖고 있던 권한 중 많은 것을 넘겨받게 되는 정부를 주 차원에 두도록 되어 있었다. 애당초 억압받는 계급에게 한 약속에도 불구하고 분리선거구는 오직 무슬림과 시크교도[7]에게만 부여되도록 결정되었다. 이런 결과가 나온 배경에는 뒤에서 보듯이 암베드카르와 간디 간의 치열한 대결이 있었다.

암베드카르는 제1차 원탁회의에서 돌아오는 길에도 평등군단[8]의 대표단의 열렬한 환영을 받았다. 그는 런던을 떠나오기 전에 인쇄기를 한 대 구입했다. 영국 비밀경찰은 그가 영국 공산당에서 발행하는 〈일간 노동자〉 사무실을 방문했다는 사실을 통보했다. 그러나 인도 경찰은 그가 단지 인쇄기 때문에 도움을 받으려 했을 것이며, 그는 이미 영국과 인도 공산주의자 블랙리스트에

올라 있다고 대답했다. 그가 런던에서 사온 인쇄기는 암베드카르의 주간지인 〈인민〉을 찍어내는 데 사용됐다.

제1차 원탁회의 후 국민회의는 시민불복종운동[9]을 중지했으며, 간디와 당시 인도 총독이었던 어윈 경 사이에 협정이 맺어졌다. 이리하여 간디는 인도 민족주의 운동의 후광을 입고 제2차 원탁회의에 참석할 수 있게 됐다. 이런 배경에서 인도 불가촉민의 진정한 대표라고 서로 주장하는 간디와 암베드카르 간에 전면적인 대립이 일어났다.

암베드카르와 간디가 처음으로 대면한 것은 1931년 8월 봄베이에서였다. 그것은 불편한 만남이었다. 간디가 그에게 "사회개혁을 위해서 한 일이 무엇이냐"고 묻자 암베드카르는 화가 나서 "나이 많고 지체 높은 분들은 언제나 나이를 강조하고 싶어 한다"고 대답했다. 그러고는 국민회의가 불가촉민을 공식적으로 인정한 것 이외에 한 일이 없으며, 불가촉민을 위한 일에 할당된 자금을 낭비하고 있다고 비난했다. 그는 "간디 씨, 나는 조국이 없습니다"라고 못을 박았다. 간디는 "당신의 보고서를 보고 당신이 대단한 사람임을 알게 됐다"고 말했지만 암베드카르는 이렇게 대꾸했다. "우리가 고양이나 개만도 못한 취급을 받고 있고 먹을 물을 구할 수도 없는데, 어떻게 내가 이 땅을 나의 조국이라고 부르고 이 종교를 나의 종교라고 부를 수 있겠습니까?" 간디는 나중에 비서인 마하데브 데사이에게 "내가 영국에 가기 전에는 그가 하리잔[10]인지 몰랐다. 나는 그가 하리잔 문제에 깊은 관심을 갖고

함부로 떠드는 브라만이라고 생각했다"고 말했다고 한다.[11] 이는 평소 간디가 달리트를 어떻게 대했는지 보여준다. 간디가 소수집단위원회에 출석하기 직전인 9월 26일 저녁에 암베드카르는 간디를 만나보라는 연락을 받았다. 언뜻 쓸데없는 짓이라는 느낌이 들었음에도 불구하고 그는 런던에서 두 번째로 간디를 만나 자신의 입장을 세 시간에 걸쳐 상세히 설명했고, 그동안 간디는 물레질을 하면서 말없이 듣기만 했다. 간디가 끝까지 대답을 회피한 것은 진나[12]와 토론할 때 그가 보여준 태도와는 완전히 대비되는 것이었다. 간디의 그런 태도를 타협이 안 되는 상대의 입장을 탐색하는 것으로 본 암베드카르는 간디에게 깊이 실망했다.

암베드카르와 간디가 도저히 타협점을 찾기 어렵다는 것이 원탁회의에서의 실제 대결과정에서 명확히 드러났다. 간디는 1931년 10월 8일 소수집단위원회에서 어떠한 타협도 이루어지기 어렵게 됐다는 이유로 휴회를 요청하면서 비공식 논의를 통해 '공동체 간 문제'[13]를 해결할 것을 제안했다. 진나와는 대화를 통해 이미 이슬람의 분리선거구에 대해 합의했으므로 이때 그가 말한 '공동체 간 문제'란 불가촉민과 관련된 것임이 명백했다.

간디의 이 발언 이후 암베드카르와 간디는 감정 섞인 설전을 벌이며 맞부딪쳤고, 서로 자기가 불가촉민의 대변자라고 주장했다. 암베드카르는 달리트에 대한 권리 부여와 정치적 보호를 강조했다. 이에 비해 간디는 온정주의적 입장에서 "그들에게 무엇보다 필요한 것은 사회적, 종교적 박해로부터의 보호"라고 주장했다.[14] 소수집단위원회가 합의에 실패했을 때 간디가 "암베드카르는 정부가 지명한 사람이므로 불가촉민의 진정한 대표로 볼 수 없다"는 입장을 내비치자 암베드카르는 "인도의 억압받는 계급이 이 원탁회의에 참석시킬 자신들의 대표를 직접 선출할 기회를 갖게 된다 해도 틀림없이 내가 대표로 선출될 것"이라고 대응했다.[15] 그리고 국민회의가 불가촉민을 대표한다는 증거는 어디에도 없다는 점을 지적함으로써, 국민회의가 불가촉민을 대표한다는 간디의 주장을 반박했다.

간디는 자신이 불가촉민의 대표가 돼야 한다는 주장을 하기 위해 계속해서 감정적인 호소를 했다.

불가촉민을 대표한답시고 제기된 주장들은 내가 보기에는 가장 잔인한 분리주의에 불과하다. 그것은 불가촉민을 영원히 서출로 낙인찍는 짓이다. …… 나는 내 스스로 방대한 불가촉 대중을 대표한다고 주장한다. 이것은 단지 국민회의를 대신한 발언이 아니고 나 자신의 확고한 입장이기도 하다. 만약 불가촉민의 총투표가 실시된다면 내가 최고득표를 할 것이다. …… 나는 불가촉 제도가 유지되는 것을 보느니 차라리 힌두교가 사라지는 것을 보겠다. …… 자기가 인도 불가촉민 전체를 대표한다는 암베드카르의 말은 부적절한 주장이다. 그것은 끝도 없는 힌두교의 분열을 낳을 것이다. 마을에 두 개의 분파가 만들어질 경우 힌두교에서 일어나게 될 상황은 차마 눈뜨고 보지 못할 것이다. 불가촉민의 정치적 권리에 대해 말하는 사람들은 인도를 모르는 사람들이며,

오늘날 인도 사회가 어떻게 구성돼 있는지 모르는 사람들이다. 따라서 내가 이런 것에 저항하는 유일한 사람이 될지라도 나는 목숨을 걸고 저항할 것이라고 강력히 말하고 싶다.[16]

여기서 간디는 인도의 이익을 위해서가 아니라 종교적인 측면에서 말하고 있다. 즉 국민적 지도자가 아니라 힌두교도로서 말하고 있는 것이다. 더구나 그는 달리트에 대한 권리 부여를 요구하는 암베드카르의 주장이 수용되면 촌락 단위로 달리트가 별도의 공동체를 구성하게 될 것으로 보았다. 마치 이슬람의 분리선거구 요구가 당시 종교적 분리주의로 받아들여지고 있던 것과 같은 맥락이다. 간디는 달리트가 힌두교라는 큰 울타리에서 벗어나려는 어떤 시도에 대해서도 평생 단호히 반대했다.

불가촉민 대표의 문제로 인해 제2차 원탁회의가 파탄을 맞았다. 어떠한 진전도 없이 회의가 끝난 것이다. 인도 대표들이 모두 귀국했고, 국민회의와 암베드카르는 각자의 입장에 대한 불가촉민의 지지를 과시하기 위한 시위를 벌였다.

대부분의 유명한 달리트 지도자들은 암베드카르의 입장을 지지했다. 그들 대부분은 그를 끝까지 지지했다. 그중에 원힌두 운동[17]의 창시자로 우타르프라데시 주에서 활동하던 스와미 악추타난드가 있었다. 원힌두 운동은 원래 평등한 사회였던 인도에 아리아인 침입자들이 카스트 체제를 이식했다고 주장하는 반카스트 운동이다. 악추타난드는 암베드카르에 대한 지지에 동참할 것을 호소하며 전국을 순회했다. 하이데라바드 시의 강력한 달리트 운동의 지도자들도 암베드카르의 입장을 지지했다. 그러나 마드라스 관구의 비중 있는 달리트 대변인이면서 중앙입법의회의 의원인 라자는 원래 분리선거구를 요구했다가 입장을 바꾸었다. 그는 자신과 마찬가지로 처음에는 분리선거구를 주장하던 대힌두협회의 문제(Moonje)와 합류했다. 문제는 분리선거구를 채택한다고 해서 반드시 불가촉민이 비힌두 사회집단임을 시인하는 것은 아니라고 주장했다. 이 주장은 불가촉민이 시크교도와 유사한 지위를 갖는다고 보는 입장에서 나온 것이었다. 시크교도들은 대힌두협회에 의해 힌두교도로 간주됐지만 분리선거구를 부여받았기 때문이다. 그런데 이번에는 문제와 라자가 협정을 맺고 통합선거구를 지지했다.[18] 두 사람은 라자가 이끄는 4만 명의 회원을 가진 피어압계급연대가 자신들을 지지하고 있다고 주장했다. 나그푸르의 가바이도 두 사람을 지지했지만 가바이는 대중적 기반이 취약했다. 그는 1932년 5월 7일 나그푸르 근처의 캄프티에서 암베드카르가 공격적인 집회를 열었을 때 거의 아무런 대응도 하지 못했던 것에서도 그의 대중적 기반이 취약했음을 알 수 있다.

5월말에 암베드카르는 다시 런던으로 가서 영국의 장관들에게 자기 입장을 알리는 로비를 했다. 이러한 노력들이 결실을 맺어 영국은 암베드카르를 지지하는 쪽으로 선회했고, 1932년 8월 16일 램지 맥도널드 결정[19]이 내려졌다. 이 결정에 따라 무슬림뿐만 아니라 불가촉민에게도 분리선거구가 적용된 가운데 통합선거구에서 한 표, 분리선거구에서도 한 표를 행사하는 이중투표제에 의해 선출되는 78석의 의석이 중앙입법의회에 배정되게 됐다.

간디는 이 결정에 반대하여 무기한 단식을 선언하고 9월 20일 단식에 돌입했다. 간디는 자신의 항거가 불가촉민 제도라는 '죄악'을 없애기 위해 힌두교도들을 궐기시키려는 것이라고 했지만 사실상 달리트들의 분리주의에 반대하는 것이 그의 목표인 것이 명백했다. 간디는 9월 15일 봄베이 정부에 보낸 의견서에서 그의 단식은 "신이 하는 일을 위해, 신의 이름으로, 그리고 가장 겸손한 마음으로 확신하건대 신의 부름에 따라 결정됐다"면서도 "억압받는 계급을 위한 모든 형태의 분리선거구 법제를 겨냥한 것"이라고 진술했다. 이를 볼 때 당시 간디의 단식은 암베드카르에 대항하려는 것이었다.

국민회의가 자기 입장을 관철하기 위해 로비를 하고, 통합선거구를 지지하는 달리트 집단들의 모임을 주선하고, 카스트힌두의 지지를 강화시키기 위한 활동을 개시하면서 한바탕 소동이 벌어졌다. 암베드카르에 대한 압력은 강렬해졌다. 만약 간디가 항거하는 도중에 죽기라고 한다면 "분리선거구제가 모든 마을에서 카스트힌두와 달리트를 분리시킬 것"이라는 간디의 주장이 역설적이게도 수많은 살인을 동반하면서 진실로 판명될 것이기 때문이었다.[20] 9월 19일 봄베이에서 '힌두와 불가촉민 지도자 대회'가 대규모로 열렸다. 암베드카르, 라자, 발루(크리켓 선수)를 비롯해 말라비야, 사프루, 자야카르, 세탈바드, 라자고팔라차리, 문제, 그리

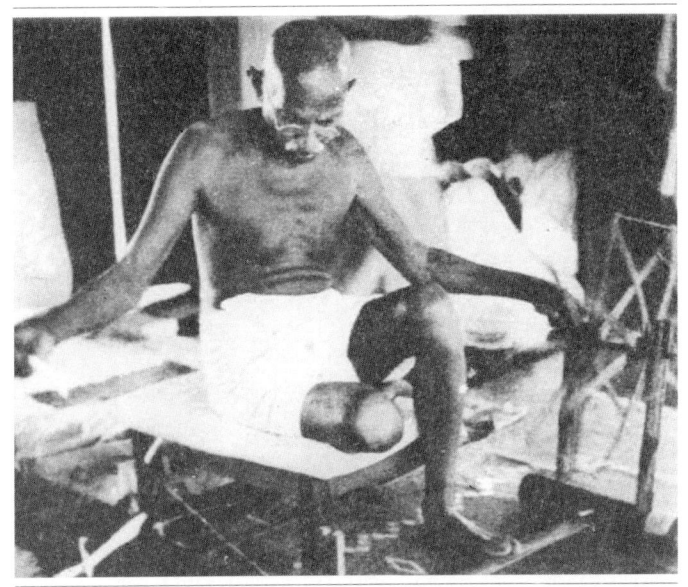

간디는 불가촉민의 분리선거를 반대하며 목숨을 건 단식을 했다.

고 불가촉민 구제활동을 하던 핵심적 간디 추종자인 타카르 등이 모여들었다. 암베드카르는 항복하는 것 외에는 도리가 없는 상황에 직면했다. 결국 사프루와 암베드카르에 의해 최종적인 합의문, 즉 푸나협정의 세부 내용이 작성됐고, 9월 24일 서명됐다.[21] 간디는 비로소 단식을 중단했다. 분위기가 상당히 격앙된 모임이 있었고, 암베드카르는 그 모임에서 양보의 연설을 했다. 이 연설에 대해 간디주의자들은 "암베드카르가 심경의 변화를 보인 연설"이라고 말했다.

푸나협정은 분리선거구제를 통합선거구에서의 법정유보 의석제로 대체하는 것이었다. 이 협정은 예비선거에서 4명의 불가촉민 후보자를 선출하고, 선출된 4명 중 한 명을 통합선거로 실시되는 두 번째의 본선거에서 선출하는 것으로 규정했다. 불가촉민이 분리선거구를 포기한 데 대한 보상으로 의석수 할당이 78석에서 148석으로 거의 두 배로 상향조정돼 인구비례에 더욱 근접하게 됐다. 암베드카르는 이런 결과에 만족감을 표시했다. 예비선거에서 불가촉민들이 자기 목소리를 상당히 낼 수 있을 것으로 보았기 때문이다. 간디는 반불가촉제연맹이라는 특별 조직을 만들자고 계속 제안했다.

그러나 합의가 만들어낸 우호적인 분위기는 금세 사라졌다. 1933년 2월에 암베드카르는 예비선거에 대한 생각을 바꾸기 시작했다. 그가 느끼기에 불가촉민 후보는 선거를 두 번 치를 만한 여유가 없었고, 더구나 이런 제도로는 최종적인 선거결과가 불가촉민에게 종전보다 더 낫게 나올 수가 없었다.[22] 그는 불가촉민 후보자가 당선되기 위해서는 일반선거구제의 선거, 즉 본선거에서도 불가촉민 후보자는 불가촉민의 투표 중 일정 비율 이상을 얻어야 당선되도록 하는 제도를 도입시키기 위한 운동을 벌이기 시작했다. 불가촉민 제도를 철폐하는 문제에 대해서도 의견차이가 드러나기 시작했다. 암베드카르는 사원입장 문제는 사소한 것이며, 공무원직 진출과 식수를 비롯한 사회공공시설에 대한 이용권 등 사회경제적인 문제가 가장 중요하다고 생각했다. 암베드카르 자신은 참여하지 않았지만 그가 이끄는 조직의 핵심 간부가 주도하던 나시크 칼라람 사원의 사티아그라하는 1932년에 중단됐다. 암베드카르는 농민 문제에도 관심을 갖기 시작했고, 1934년에는 콜라바 지역의 농민대회에 참석했다. 카스트 문제에 관한 한 그는 결코 임시방편적인 조치를 원하지 않았다. 카스트 제도 자체가 파괴돼야 했다. 결정적인 의견차이는 바로 여기에 있었다.

암베드카르는 간디가 제안한 반불가촉제연맹이 어떤 식으로 운영돼야 하는지에 대해 아주 명료한 생각을 갖고 있었다. 암베드카르는 1932년 11월 14일 타카르 바파에게 편지를 보냈다. 타카르 바파는 나중에 간디에 의해 반불가촉제연맹의 책임자로 지명된다. 암베드카르는 그에게 보낸 편지에서 반불가촉제연맹의 노력과 자원을 "절제운동이나 체육관, 협동조합, 도서관, 학교 등을 운영하는 프로그램처럼 개인적인 미덕을 함양하는 활동에 집중하지 말고, 억압받는 계급의 사회환경을 변화시키는 프로그램에 집중해야 한다"고 주장했다. 그런 다음 그는 식수이용, 학교 입학, 마을광장 통행과 대중교통 이용 등의 시민적 권리를 확보하기 위한 투쟁노력의 윤곽을 제시했다. 이런 시민권 요구는 "힌두 사회에 사회혁명"[23]을 초래할 만한 것이었다. 그는 또한 고용의 개방을 통해 기회균등을 보장하는 운동과 카스트힌두가 달리트를 손님이나 하인으로 받아들이게 하는 사회적 교류 프로그램을 요구했다.[24]

암베드카르의 편지는 무시됐으며, 심지어 편지를 받았다는 확인조차 없었다. 대신 간디는 새로이 영감을 얻은 듯 불가촉민을 '하리잔'이라고 불러야 한다고 선언했다. 하리잔이라는 호칭은 비슈누신앙[25]의 냄새를 풍기는 용어로서 '신의 아들'이라는 뜻이다.[26] 반불가촉제연맹은 이제 하리잔봉사회로 이름이 바뀌었다. 암베드카르는 불가촉민들이 그 조직에서 상당한 통제권을 가져야 하며, 그 조직은 카스트 제도의 폐지에 총력을 기울여야 한다고 요구했다. 하지만 이런 그의 주장은 무시됐다. 통제권은 카스트힌두의 손에 쥐어졌다. 불가촉제는 힌두교의 죄악이기 때문에 힌두들이 그것을 바꾸는 데서 주도권을 가져야 한다는 게 그 이유였다.

간디는 이상적으로 재해석된 '바르나 법'[27]을 지지했지만 많은 국민회의 당원들은 그것보다 훨씬 배타적인 카스트제도를 지지하고 있음을 알고 있었다. 이 때문에 그는 하리잔봉사회가 활동의 초점을 불가촉제 문제에 한정하길 원했다.[28] 재정이 넉넉한 하리잔봉사회는 주로 달리트들의 빈민굴에서 청결, 금주, 육식금지를 비롯한 브라만적 가치를 확산시키는 상층 카스트힌두인들에게 후원금을 제공하는 것으로 활동을 개시했다. 이런 일은 개인적인 미덕에 초점을 둔 것으로, 암베드카르가 반대한 것과 정확히 일치하는 방향이었다. 더 나아가 간디는 사원입장이야말로 불가촉민에 대한 종교적 평등과 불가촉제라는 힌두교의 죄악을 종식시킴을 상징하는 것이기 때문에 연맹의 과업 중에서 이것이 가장 중요하다고 강조했다. 간디는 그의 잡지 〈젊은 인도〉의 제호를

〈하리잔〉으로 바꾸기까지 했다.

　암베드카르를 비롯한 달리트들은 자신들을 하리잔이라고 부르는 데 대해 수차례 항의했다. 달리트가 운영하는 조직들 가운데 국민회의와 친한 조직들도 하리잔이라는 호칭을 받아들이지 않고 '피억압계급 연맹' 등 기존의 조직 이름을 계속 사용했다. 이러저러한 호칭들을 힌디어와 마라티어로 옮길 때 사용되던 '달리트'라는 말이 이때쯤 널리 확산됐다. 그러나 이 말이 일반적으로 쓰이게 된 것은 1970년대에 달리트표범당[29]과 같은 전투적 청년운동이 부상한 뒤였다. 그때까지는 한참 동안 '하리잔'이 인도의 불가촉민을 지칭하는 지배적인 표현으로 사용됐다.

　암베드카르와 간디는 상당히 중요한 점에서 입장이 대립되고 있었다. 암베드카르는 간디보다 보편주의적인 입장을 대표했다. 암베드카르는 원탁회의에서 시종일관 보통선거를 주장했고, 국가권력이 최소화된 일원적인 헌법 체제를 요구했다. 그를 비롯한 달리트 지도자들은 무슬림에게 분리선거구를 인정하는 것은 달리트에게 분리선거구를 인정하는 것보다 더 위험하다고 주장했다. 1929년 〈소외된 인도〉에 실린 한 논문에서 암베드카르는 자치령 지위에 관한 국민회의의 제안을 요약한 네루보고서[30]를 비판했다. 암베드카르는 "무슬림에게 정치적 양보를 하면 이 나라는 분열되겠지만 브라만은 손해볼 것이 없다. …… 비브라만에게 정치적 양보를 하면 이 나라는 분열되지 않지만 브라만은 파괴될 것이다"[31]라고 주장했다. 그는 애초부터 분리선거를 지지한 문제와 대힌두협회가 간디보다 더 진보적이라고 결론지었다. 달리트가 무슬림보다 자립적인 동원능력이 부족했다는 이유만으로 분리선거구를 확보하지 못했다고 볼 수도 있다. 그러나 암베드카르가 생각했던 대로, 국민회의가 분리선거구를 무슬림에게는 허용하면서 달리트에게는 인정하지 않은 것은 단순히 분파적이기만 했던 게 아니라 브라만주의와도 관련이 있는 것이었다.

간디는 위와 같은 자신의 견해와 함께 국민회의 안에서 하리잔의 지위개선 활동의 필요성을 제창한 것으로 인해 국민적 지도자로서 위상이 높아졌다. 그는 하리잔의 지위 개선을 국민회의의 강령 속에 집어넣었다. 이러한 개혁의 약속은 달리트들 사이에 상당히 우호적인 분위기를 조성함으로써 국민회의가 달리트 유권자들 속에 기반을 가질 수 있도록 도왔다. 하리잔의 지위 개선을 위한 활동은 중요한 조직적 성과를 거두기도 했다. 이 활동은 카디[32] 생산 운동과 더불어 반영국 투쟁의 물결이 침체된 시기에 국민회의 요원들의 전국적 연결조직을 유지하면서 자원봉사자들로 하여금 '건설 작업'에 참여하도록 하는 행동강령이 됐던 것이다.

그러나 간디의 방식은 전적으로 후견자적인 것이었으며, 이 점은 아마도 카스트힌두의 개혁주의도 마찬가지였을 것이다. 불가촉민은 힌두공동체에 소속된 부분집단이라고 생각한 간디는 암베드카르가 별도의 집단으로서의 불가촉민들을 자기가 대표한다는 주장을 받아들일 수가 없었다. 간디가 생각한 힌두공동체는 진정한 의미에서 인도라는 국가가 아니었다. 왜냐하면 무슬림은 힌두와는 아주 다른 절차에 의해 인도라는 국가 공동체에 통합돼야 한다는 게 간디의 생각이었고, 따라서 그는 무슬림에 대해서는 힌두에 대해서와는 다른 기준과 감정을 갖고 있었다. 불가촉민은 왜 무슬림처럼 취급하면 안 되는가? 직설적으로 말하자면, 간디에게 불가촉민은 이미 힌두교도이며 힌두공동체의 분리 불가능한 일부였기 때문이다. 간디가 불가촉민들의 정치적 대표권을 별도로 인정하기를 강력히 거부한 이유는 불가촉민을 힌두공동체의 한 부분으로 유지시키고 싶었던 데 있다. 요컨대 그는 여러 종교공동체들로 구성된 국가로서의 인도를 상정했던 것이다.

이처럼 간디는 '간디식 힌두민족주의자'라고 할 수 있었다. 그는 힌두교를 인도의 가장 중요한 특징으로 보았다.[33] 이러한 생각은 그의 일상생활, 정치활동, 이상화된 바르나 법의 옹호, 이상적인 인도의 모습으로서 '라마 통치'의 환기[34] 등에 스며들어 있다. 간디는 언제나 자신이 힌두교도라는 의식의 연장선상에서 정치적 지도력을 발휘했다. 그는 힌두 경전을 자기 마음대로 해석했지만 경전의 신성성에는 의문을 제기하지 않았다. 라마를 이상화하는 그의 해석은 라마가 통치의 필요상 자기 아내를 희생시키고, 어떤 브라만의 생명을 구하려고 수드라 수도승인 삼북을 살해한 봉건 족벌군주라는 사실을 무시하는 것이었다. 브라만을 위해 수드라 수도승을 죽이는 내용은 달리트들로서는 간과할 수 없는 것이었다. 마찬가지로 《기타》[35]가 비폭력의 표현이라는 해석은 그 글의 목적이 아르주나에게 전쟁에 나가라고 설득하는 데 있었다는 사실을 무시하는 것이었다.

개인적인 차원에서도 간디의 단식은 비폭력주의의 실패를 상징했다.[36] 사실 암베드카르는 간디의 비폭력이라는 방법론 전체에 대해 남다른 문제제기를 했다. 암베드카르는 내적 죄책감이나 억압된 심리적 성향 때문에 보편주의적, 도덕적 호소에 쉽게 흔들리는 식민통치자가 아니었다. 그는 인도 사회에서 가장 억압받는 집단의 지도자였고, 정통 힌두교가 대부분의 불가촉민들에게 주입한 자기비하 의식이 유별나게 적은 사람이었다. 간디는 암베드카르에 대해서는 내면의 힌두교적 자아에 호소할 수도 없었다. 남은 것은 오로지 외적 압력밖에 없었다. 그의 목숨을 건 단식이 암베드카르를 겨냥했던 것이라고 해도, 실제로 그것이 위협이 된 것은 간디의 카스트힌두 추종자들 때문이었다. 수많은 마을에서 그들이 달리트에 반격을 가할지도 모른다는 사실이 암베드카르를 궁지로 몰았다. 결과적으로 간디의 단식은 일종의 도덕적 협박을 상징하는 것이었고, 바로 이 점 때문에 암베드카르의 고통이 더욱 심했다는 것은 명백하다. 이 사건 후 간디는 불가촉민의 지위 개선과 사원입장 운동에 적극적으로 개입했지만 결코 암베드카르와 개인적으로 화해하지는 않았다. 암베드카르는 나중에, 특히 그가 개종할 시점에 자기 자신의 쓰라렸던 느낌을 토로했다.

훗날 암베드카르는 '국민회의와 간디는 불가촉민들에게 무슨 짓을 했는가?'라는 글에서 푸나협정에 의해 도입된 선거제도의 의미에 대해 신랄하게 논평했다. 그는 법정유보 의석에 선출된 불가촉민 대표는 자신을 선출해준 다수파 카스트힌두에 의해 통제될 것이라고 주장했다.[37] 푸나협정은 카스트힌두의 지배를 상징하는 것이 됐다. 1980년대에 달리트 지도자로 떠오른 칸시 람은 자신의 운동을 시작하면서 푸나협정의 서명일인 9월 24일을 '종속시대의 개막일'로 선포했다.[38] 그의 바후잔공동체당[39]이 달리트와 수드라의 단결을 통해 푸나협정을 극복하려고 했지만, 선거구 문제는 아직 해결되지 않았다. 단 한 명을 선출하는 복합 카스트 선거구에서 어떤 달리트가 선출될지를 정하는 것은 다수 집단, 즉 카스트힌두다.[40] 적어도 바로 이 점 때문에 상층 카스트가 지배하는 정당제도의 틀 속에서 달리트의 활동력은 심각한 제약을 받는다.

카스트에 대한 견해차이는 사회경제적 미래상과 관련해 간디와 암베드카르 사이에 존재하는 뿌리 깊은 견해차이의 일부분일 뿐이었다. 간디는 반공업주의자였고, 사람들이 최소한의 욕구만을 갖고 대대로 내려온 직업에 기꺼이 종사하며 살아가는 촌락을 인도의 이상사회로 보았다. 그러나 암베드카르에게 '촌락'은 카스트 제도의 억압과 사회경제적 후진성이 존재하는 '시궁창'이었다. 이런 그의 생각은 소규모 농지 보유에 관한 그의 초기 논문에서 명백히 드러났다. 1921년 10월 6일에 그는 봄베이 상원입법의회에서 마을위원회[41] 법안에 대해 발언하면서 촌락 5인위원회

제도(판차야트)에 대해 "매우 위험한 제도다. …… 나는 조금의 주저함도 없이 이러한 시골공화국은 인도의 공적 생활을 망치는 장애물이라고 말할 수 있다"고 밝혔다.[42] 그 이유는, 그러한 '지방적 애국주의'는 국민의식이나 시민의식이 생겨날 여지를 남기지 않기 때문이라고 했다. 시골마을은 억압받는 계급에게 종속을 의미했고, 간디가 혐오했던 도시와 공업사회는 달리트에게는 오히려 탈출구를 상징했다.

이러한 중요한 견해차이로 인해 암베드카르와 간디의 대결은 푸나협정과 국민회의의 반불가촉제 활동 강화에도 불구하고 해소되지 않았다. 오히려 암베드카르와 그의 추종자들이 힌두교 포기를 선포했을 때 종교적 정체성의 문제를 둘러싸고 두 사람의 대결이 다시 한번 불거질 수밖에 없었다.

4장

개종 문제 및 간디와의 대결

"나는 힌두교도로 죽지는 않을 것이다."

암베드카르는 처음부터 종교에 초점을 둔 것도, 힌두교를 배척할 의도로 정치활동을 시작한 것도 아니었다. 그가 몰입했던 연구는 경제적, 사회적 주제에 집중돼 있었다. 그가 1916년에 쓴 카스트에 관한 초기 논문은 카스트가 힌두교와 밀접하게 결부돼 있다고 분석한 것이 아니었다. 그것은 그저 마누[1]가 기존 체제를 정당화했다고 주장하는 내용이었다. 가족들은 전통 종교를 믿었지만 암베드카르 자신은 전통적인 생활양식에서 요구되는 의식들을 대수롭지 않게 생각했다. 예를 들어 그는 아버지의 일주기 제사를 치르기 위해 마하르 학생들을 초대했을 때, 그들이 가장 먹고 싶어 하는 것은 양고기라는 이유에서 아내인 라마바이에게 저녁식사로 양고기를 대접하도록 했다. 그는 관습에도 별로 개의치 않았던 것 같다. 예를 들어 라마바이의 장례식 때 그는 생전에 라마바이가 가장 좋아한 색이 흰색이었다는 이유로 그녀의 주검에 전통적인 녹색 사리[2] 대신 흰색 사리를 입히기를 원했다. 그가 청년시절에 종교적이거나 철학적인 주제로 크게 격동을 겪었거나, 신의 존재를 의문시했거나, 전통적인 종교 개념에 반발했다는 흔적도 거의 없다. 그는 종교 문제가 각별히 의미 있는 사안이라고 여기지 않았다.

그는 이런 점을 모두에게 뚜렷이 보여주었다. 그는 나시크의 칼라람 사원에 대해 벌어진 사티아그라하에서 명목상 주도적 역할을 맡았지만, 실제 조직활동은 그의 측근인 다다사헤브 가이콰드[3]가 수행했다. 이 사티아그라하에서 암베드카르는 최초의 행진에만 참가했을 뿐 그 뒤에는 더 이상 참가하지 않았다. 1934년 3월 5일 그는 가이콰드에게 보낸 편지에 이렇게 썼다.

> 내가 사원입장 운동에 가담한 것은 억압받는 계급이 우상숭배자가 되기를 바랐기 때문이 아니다. …… 또 사원입장으로 인해 그들이 힌두사회의 평등한 구성원이 된다거나 그 사회의 핵심부분이 된다고 보았기 때문도 아니었다. …… 내가 그 운동에 가담한 것은 그것이 억압받는 계급에게 활력을 불어넣고, 그들로 하여금 자신들의 처지를 의식하게 하는 가장 좋은 방법이라고 생각했기 때문이다.[4]

암베드카르는 단순히 기존 체제의 일부가 되고자 하지 않았다. 그는 힌두사회와 힌두신학이 철두철미하게 개편돼야 하며, 달리트는 힘과 자원을 정치와 교육에 집중해야 한다고 보았다.[5]

그러나 종교 문제는 식민지 지배 하에서 변화를 겪으면서 왜곡된 형태로 인도의 민족정체성과 결합됐다. 국민회의는 세속적, 다종교적 조직인 것처럼 보이려고 노력했지만, 이미 19세기부터 힌두교가 모든 곳에 뿌리 내리기 시작했다. 사실 식민지 시대 이전만 해도 힌두는 종교적인 정체성을 나타내는 말이 아니라 힌두스탄이나 '알-힌드'[6]로 알려진 인더스 강 동쪽지역을 가리키는 말이었다. 힌두라는 말은 종교적인 의미로는 거의 사용되지 않았고, 심지어 이슬람 지배 하에서도 그랬다. 무슬림들과 브라만적 카스트 제도를 따르는 사람들 사이에 갈등이 있었던 것은 틀림없지만, '힌두-투르크'란 말이 자주 사용된 데서 알 수 있듯이 이런 갈등은 거의 종족의 관점에서 파악될 수 있는 것이었다. 종교에 대한 강력한 민족주의적 재해석이 식민체제 아래서 시작됐다. 거의 모든 상층 카스트 지식인들이 하나의 이데올로기로서 고대 브라만 종교의 확산을 수장하기 시작했다. 그들은 모든 분파는 여러 베단타 중 하나에 각각 속하고, 모두가 다 베다의 샘에서 흘러나왔다고 주장했다.[7] 개혁가들은 가장 나쁜 형태의 카스트와 족벌정치는 베다에 없는 것들이고 경전에 반한다는 주장을 폈다. 개혁가들은 브라모협회, 아리안협회, 프라르타나협회[8] 등의 조직을 결성하고 고대 베다의 전통에 대한 헌신을 선포했다. 그들이 정통주의자들과 논쟁할 때는 같은 경전을 놓고 논쟁했다. 힌두트바 이데올로기[9]의 핵심 창시자로 간주되는 사바르카르는 힌두교도란 "인도를 신성한 땅으로, 그리고 조국으로 받아들이는 사람"

이라고 정의했다. 이런 식의 힌두교도 정의는 당시 대부분의 사람들이 무엇을 생각하고 있었는지를 명확하게 보여준다. 힌두교는 독특한 의미에서 민족종교였다. 따라서 논리필연적으로 무슬림과 기독교도는 외국인이고, 인도인의 피를 받았더라도 외국 종교를 신봉하는 자들로 간주됐다.

민족주의 내부의 분파는 이런 국가개념 자체에 대한 이견 때문이 아니라, 그것을 어떻게 정치에 연결시킬 것인가에 대한 이견 때문에 생겨났다. 대힌두협회와 같은 조직에서 활동하는 사람들은 직접적인 연결을 원했다. 즉 그들은 인도를 '힌두국가'로 정의했다. 그러나 '세속적'인 국가개념을 제안한 사람들은 인도가 힌두교뿐 아니라 이슬람, 기독교 등 여러 종교공동체들로 구성된 국가라고 보았고, 그 모두를 대표하는 조직으로 국민회의를 기획했다. 그럼에도 불구하고 그들은 힌두 정체성이 어떤 식으로 대두되든 문제삼지 않았다. 이런 태도는 간디가 '불가촉민은 힌두교도'라고 전제해버리는 데서도 드러난다. 또한 인도의 역사를 서술한 네루의 저서인 《인도의 발견》에서도 같은 태도가 보인다. 이 책에서 네루는 카스트를 조화로운 사회제도라고 소극적으로 정당화했고, 베다를 인도 문화의 기원으로 서술했으며, 마가다제국[10] 시기에 알렉산더의 침공에 대한 민족주의적 반발로 힌두교가 대두됐다는 견해를 밝혔다. 인도와 힌두를 동일시하려는 움직임이 점차 확대되는 데 대해 보다 철저한 문화적 제동을 건 것은 오직 더욱 급진적인 계열의 비브라만 운동과 달리트 운동 쪽에서였다. 대체로 달리트들은 새로이 부각되는 힌두교와 거리를 두었다. 암베드카르는 1930~1932년에 일어난 몇 가지 사건들을 계기로 힌두교란 계속적인 예속을 의미함을 명확히 인식하고는 종교적 국가관념 자체를 훨씬 더 근본적으로 문제 삼기 시작했다.

1932년 이후 여러 해 동안 그가 이 문제에 몰입해가는 동안 그의 개인적인 삶에 혼란과 비극이 끊어지지 않았다. 변호사업은 그에게 충분한 금전적 벌이가 되지 않았다. 그는 처음에는 보틀리왈라 연구소에 출강하고 1928년부터는 법과대학 교수로 출강하여 부족한 수입을 보충하려 애썼지만, 그래도 충분치 않았다. 그는 책을 사는 데 많은 돈을 지출했고, 사회운동에 많은 시간을 쏟아 부었다. 이로 인해 그와 가족들을 뒷바라지하며 집안살림을 꾸려나간 여자들은 늘 절망적이었다. 말년에 그는 자신이 아내 라마바이와 관절염에 걸린 아들 야슈완트의 건강을 돌보지 못한 것을 개탄하곤 했다. 그는 언젠가 논을 많이 벌어 그들을 런던에 보내 치료를 받게 해주겠다고 여러 차례 약속했다. 그러나 이런 그의 약속은 지켜지지 않았기에 가족의 병은 조금도 나아지지 않았다. 1935년 5월 26일에 라마바이가 40세의 나이에 저세상으로 갔다. 암베드카르는 상실감에 젖었고, 다소간 절망도 느꼈다. 지방의회 선거가 다가오는데도 마드라스정의당과 마하라슈트라의 비브라만당이 모두 약화되어 국민회의가 승리할 것으로 보였다. 무슬림연맹만 몇 곳에서 국민회의와 경쟁할 수 있을 것으로 보였다. 그는 정치를 그만둘 의향을 내비치기 시작했다. 1935년 7월 25

일자 〈타임스 오브 인디아〉는 그의 정계은퇴가 임박했다는 뉴스를 보도하기도 했다.

그러나 그는 정계를 떠나기는커녕 더욱 왕성하게 활동했다. 1935년 10월 12일 암베드카르는 가이콰드가 조직한 축복행사에 참석하러 나시크로 오라는 연락을 받았다. 이를 수락하면서 그는 달리트들에게 자립적, 독립적이어야 한다면서 자신에게 의존하지 말라고 촉구했고, 달리트들이 힌두교에서 얻은 것은 하나도 없으며 힌두교에 머물 필요도 없다고 말했다. 그날 밤 시위에서 그는 달리트들에게 개종을 하도록 공개적으로 호소했다. 그리고 암베드카르의 지도로 진행돼온 두 개의 대규모 사티아그라하, 즉 나시크의 칼라람 사원 사티아그라하와 마하드의 식수권 사티하그라하는 아무런 결실도 얻지 못했기 때문에 중지할 때가 됐다고 선언하는 내용의 결의문이 채택됐다. 이제 불가촉민들은 이른바 '가촉민들'로부터 독립해 자율성을 찾아야 하고, 스스로 권리를 쟁취해야 한다는 것이었다. 다음날 예올라 부근에서 '봄베이 피억압계급 대회'가 열렸다. 이 대회는 마라티어로 '달리트 바르기야 파리샤드'로 불렸는데, 이것은 '달리트'란 호칭이 사용된 최초의 기록 중 하나다. 이 대회에서 암베드카르는 1만여 명의 열광적인 군중에게 개종 결의를 할 것을 제안하면서 "나는 힌두교도로 태어나서 불가촉제로 인해 고통을 겪었다. 나는 힌두교도로 죽지는 않을 것이다"라고 선언했다.

놀랍게도 이틀 뒤에 간디가 보도자료를 통해 응답했다. 그는 암베드카르가 힌두교를 거부한 것에 대해 "믿을 수 없다. …… 특히 불가촉 제도가 거의 소멸하려는 이 시점에……"라며 "종교는 마음대로 바꿀 수 있는 집이나 옷과 같은 것이 아니다"라고 했다.[11] 그 후 간디는 계속 개종 문제에 관심을 가졌다. 간디는 암베드카르를 비롯해 대중의 개종을 말하는 사람들은 불가촉민을 자신들의 통제 아래 있는 어리석은 군중으로 취급하는 것이라는 견해를 반복해서 피력했다. 1936년 8월 22일에 간디는 〈하리잔〉에 이렇게 썼다. "하리잔들이 마치 멋대로 이리저리 옮길 수 있는 가구인 것처럼 수백만 명의 하리잔들을 또 다른 형태로 바꾸기 위한 협상을 암베드카르 박사와 카스트힌두가 벌이는 일은 더 이상 없을 것이라고 기대해도 좋다."[12] 간디는 또 9월 7일 비를라에게 보낸 편지에서 암베드카르의 개종에 대해 "하리잔들에게는 물어보지도 않고 그저 펜대 한 번 굴려서" 한 일이라고 비난했다.[13] 마침내 간디는 앤느듀스에게 보낸 11월 6일사 편지에서 달리트를 멍청한 추종자로 묘사했다. "불쌍한 하리잔들은 제정신도 지성도 없고, 신과 신이 아닌 것의 차이를 느낄 분별심도 없다. 어떤 한 개인이 모든 하리잔을 다 데리고 간다고 말하는 것은 터무니없는 일이다. 그들이 이 건물에서 저 건물로 옮길 수 있는 벽돌인가?"[14]

그러나 이런 간디의 생각은 현실에 대한 오해였다. 암베드카르의 '종교적 선회'가 간디에게는 큰 변화로 보였을 것이다. 그렇더라도 달리트들에게 개종이란 순간적 자극에 이끌려 하는 일이 아니었고, 개종하는 지도자를 맹목적으로 추종해서 하는 일도 아니었다. 평등한 종교에 이끌린 많은 하층 카스트가 이슬람으로 개종했다. 기독교의 경우에도 자기 존중을 추구한 하층 카스트가 집단적으로 개종하곤 했다. 1936년에 출판된 한 소책자에서 선교사가 말했듯이 "지난 수년간 너무나 많은 마을의 불가촉 집단이 가까운 교회와 선교원에 찾아와 교리를 가르쳐줄 선생님을 구했기 때문에 그 수요에 맞춰줄 수 없을 지경이라는 소식이 들려왔다."[15] 마을이나 지역의 집단들 전체를 아우르는 경우가 많았던, 이런 달리트들의 대중적 개종은 인권을 향한 사회적 움직임이었다. 암베드카르가 한 말에 달리트들이 열렬하게 반응했다는 것은 그들에게 개종이라는 문제가 얼마나 중요한 생각의 축이었는지를 보여준다. 개종 문제는 달리트 공동체를 어느 정도는 분열시키기도 했다. 다수의 주요 지도자들이 개종에 반대했고, 전통적인 생각에 젖어 있는 많은 사람들이 급진적 행동을 하기를 주저했기 때문이었다. 그러나 집단적 개종은 달리트 운동의 투쟁에서 부각되던 청년들의 분위기에는 맞아떨어지는 것이었다.

당시 암베드카르는 왕성하게 활동했다. 그는 1935년 12월에 마드라스를 순회했다. 거기서 그는 같은 연배이며 마드라스 주상원 입법의회의 의원이면서 정의당 당원인 시브라지를 만났다. 시브라지는 판디트 이요티 타스가 이끈 초기 달리트 운동에 가담했던 부유한 불교집안 출신이었다. 암베드카르는 그곳에서 달리트 기독교도들도 차별받고 있다는 소식을 접했다. 시브라지는 1936년 1월 11~12일 푸네에서 열리는 마하라슈트라 불가촉청년대회의

의장으로 선출됐다. 이 대회는 개종 요구를 지지했다. 그리고 불가촉민 공동체의 명시적인 지지를 확보할 필요성이 제기됨에 따라 5월 30일부터 6월 2일까지 '봄베이 마하르 대회'가 열렸다. 하이데라바드 시에서 온 벤카트라오가 대회를 주재했고, 2만 5천 명이 참가했다. 기독교, 이슬람, 시크의 지도자들도 참석했으며, 터키모자를 쓴 젊은이들은 이슬람, 특히 현대적인 이슬람에 큰 관심을 보였다. 암베드카르가 이 행사에서 한 연설이 6월 20일자 〈인민〉에 '무엇이 해방으로 가는 길인가?'라는 제목으로 게재됐다. 그는 연설에서 달리트가 더 이상 힌두교에 머물 수 없는 모든 이유를 들었는데, 그 중에는 간디의 전통 종교관에 대한 반대 의견도 들어 있었다.

> 조상으로부터 전수됐다는 이유로 어떤 종교를 믿는 것은 바보나 하는 짓이다. 생각하는 사람이라면 결코 그렇게 하지 않을 것이다. 자기의 현재 조건에 머무는 것은 동물에게나 맞는 것이다. 그것은 인간을 만족시킬 수 없다. 동물이 인간과 다른 점은 진보할 수 없다는 것이다. 인간은 진보할 수 있다.

대회에서는 전체 회의에 이어 바르카리, 카비르 등의 전통을 따르는 마하르 수도승들의 회의가 열렸다. 이 회의에 참석한 수도승들은 땋은 머리를 자르고, 턱수염을 깎아내고, 전통 의복과 행사도구를 내다버렸다. 마하라슈트라 동부의 와르다 지역에서 활동하는 달리트 수도승들의 지도자인 파티트파반 다스는 나중에 암라오티에서 이 대회와 비슷한 대회를 열어 힌두의 경전과 우상을 태워버렸다.

이런 수도승들의 시위에 이어 수도승들과는 거의 정반대인 사람들이 시위에 나섰다. 봄베이의 카마티푸라는 매춘의 중심지였다. 이곳의 매춘은 신 앞에서 춤을 추던 데바다스 관습[16]을 통해 흘러들어온 달리트들에 의해 주로 이루어지고 있었다. 이들은 무랄리, 조그틴[17]처럼 매춘을 하던 카스트나 신에게 바쳐진 소녀들이었고, 그렇기 때문에 신성한 창녀로 간주되고 있었다. 이 여자들은 대회 후 6월에 별도의 모임을 갖고 암베드카르를 초청하기로 결의했다. 그들은 암베드카르에게 자신들도 개종을 고려하고 있다는 뜻을 전했다. 암베드카르는 초청을 수락했고, 6월 16일에 다모다르 홀에서 그들만의 대회가 열렸다. 그런데 암베드카르가 그들이 종사하는 일은 마하르 공동체의 수치라면서 그들은 그곳을 떠나야 한다고 선포해서 소란이 벌어졌다. 여자들이 거리로 쏟아져 나와 욕을 하고 소리를 질렀다. 그들은 경찰한테 괴롭힘을 당하지 않게 힘을 써주도록 암베드카르를 설득하려고 했던 것 같다. 이 일은 매춘에 관한 논쟁을 촉발시켰다. 대부분의 카스트 힌두 개혁가들은 암베드카르를 비판하면서, 그가 여자들을 매춘으로 내모는 경제적 제약조건을 무시했다고 주장했다. 그러나 암베드카르는 그 여자들에게도 경제적 제약조건을 넘어서는 자존심과 사리분별력이 있다고 믿었기에 그 여자들을 단순히 희생자로만 보려고 하지 않았다. 이 점에서는 많은 달리트들이 그를 지지했다.

개종 선언에 대해서는 다양한 종교단체의 지도자들이 민감한 반응을 보였다. 기독교, 이슬람, 시크교의 저명인사들이 줄이어 다다르에 있는 암베드카르의 집을 방문했다. 많은 힌두집단들에서도 토론이 벌어졌다. 흥미롭게도 대힌두협회의 문제 박사가 달리트들이 시크교로 개종한다면 지지한다는 입장을 공개적으로 밝혔다. 1936년 6월 라자에게 보낸 편지에서 문제는 "만약 암베드카르 박사와 그를 따르는 사람들이 이슬람이나 기독교가 아니라 시크교를 포용할 준비가 돼 있고, 정직하고 진지하게 힌두교와 시크교의 문화를 확산시키는 데 협력하고, 억압받는 계급을 이슬람으로 끌어들이려는 이슬람 운동에 대항하는 데 협력하기로 결심했다고 선언한다면" 달리트들이 시크교로 개종하는 것을 지지하고, '신시크교도'를 지정카스트 목록에 올리는 것도 지지하겠다고 말했다.[18] 암베드카르는 이슬람과 기독교는 시크교가 갖고 있지 못한 막대한 재정자원을 가지고 있다는 점을 지적하고, 만약 불가촉민들이 외국 종교로 넘어가지 않음으로써 힌두교에 기여길 바란다면 힌두교 쪽에서 시크교의 재정난 해소에 도움을 주어야 한다고 대답했다.

문제의 입장은 인도에서 발생한 모든 종교를 힌두교의 일부로 간주하는 당시의 힌두국가 이론과 일치하는 것이었다. 따라서 그에게는 달리트가 시크교를 선택하는 것은 진정한 의미의 개종이 아니었다. 그것은 다르마(근본원리)를 바꾸는 것이 아니라 방법만을 바꾸는 것이었다. 그러나 라자는 1936년 7월 문제에게 억압받는 계급의 '공동체 간 이동'(개종에 대한 라자의 표현)은 시크, 힌두, 이슬람 사이의 갈등을 낳을 뿐이라면서 강하게 반발했다. 그는 간디의 노선에 서서, 개종과 관련된 움직임은 모두 정치공작과 관련되며, 집단적 개종은 종교의 정신적 측면을 무시하는 것이라고 주장했다. 간디는 재빠르게 이 기회를 이용해 7월 26일 라자에게 지지의 뜻을 밝히는 편지를 써 보냈다. 편지에서 간디는 힌두교에서 불가촉제도를 사라지게 하는 것은 "신성한 임무"라고 했다.[19] 간디는 시크교가 스스로 힌두교의 일부임을 시인하고 분리선거구를 포기하는 경우에만 시크교로의 개종에 동의하겠다고 말했다.

간디는 전통적인 노선을 따르고 있었던 것이다. 대힌두협회 그룹의 대변인은 말라비야였다. 이 그룹은 전통적인 힌두교는 자족적이어서 카스트가 없어져도 된다고 보았지만, 시크교를 또 하나의 종교로 받아들일 준비는 돼 있지 않았다. 1936년 10월 21~23일 라호르에서 열린 제18차 대힌두협회 회의에서 의장을 맡은 샹카라차리아[20]는 만약 불가촉민이 시크교로 개종하길 원한다면 지지한다는 입장을 밝혔다. 이로 인해 둘째 날에 말라비야가 이끄는 우타르프라데시의 대표단은 대표권을 박탈당했다. 이에 난투극이 벌어졌고, 말라비야를 지지하는 사람들은 회의장에서 퇴장해 버렸다. 이 대회의 시크 대변인은 달리트 개종자들에게 환영사를 하면서 "우리는 억압받는 계급이 외국 종교를 선택하는 것을 차마 볼 수 없기 때문에 여러분에게 그들이 기독교나 이슬람으로 넘어가지 않도록 구제해주시기를 간청한다"고 말했다.[21] 이처럼 대힌두협회 자체 안에 분열이 생겼고, 이는 암베드카르의 개종 선언에 의해 촉발된 것이었다.

시크교에 대한 관심은 한동안 계속됐다. 암베드카르는 시크선교단의 활동가들과 사귀었고, 봄베이에 칼사 대학[22]을 설치할 계획도 세웠다. 1935년에 암베드카르는 시크교의 지원을 받아 유럽을 순방했다. 런던에서는 개종이 법정유보에 미치는 영향에 대해 전문가와 상담했고, 로마에서는 신고전파 노선의 건축가로부터 대학 설계안을 얻었다. 그는 또한 친구 'F(파니 피츠제럴드)'를 방문했다.

시크교에 대한 관심에 따라 1936년 9월 25일에 16명으로 구성된 한 팀이 종교훈련을 받기 위해 암리차르로 파견됐다. 그 가운데 팀장인 바르베를 비롯한 몇 사람은 시크교로 개종하고 돌아와 이곳저곳을 돌아다니며 시크교를 전파하기 시작했다. 그러나 암베드카르와 이들 시크교도 사이의 관계는 결국 끊어지게 된다. 아마도 개종절차와 창설될 기구에 대한 통제권 문제 탓이었을 것으로 보인다.

또 다른 흥미로운 사건이 불교와 관련해 일어났다. 당시의 유명한 개인적 개종자 가운데 다르마난드 코삼비가 있었다. 그는 훗날 유명한 마르크스주의 역사학자가 된 사람의 아버지다. 코삼비는 1935년 10월에 암베드카르와 만났고, 이어 간디에게 가서 개종 문제를 논의했다. 그는 간디에게 암베드카르는 불교에 가깝다고 말하면서 파렐에 불교사원을 짓기 위한 자금을 지원해줄 것을 요청했다. 간디는 곁에 앉아있던 주갈키쇼르 비를라에게 즉시 자금을 지원하라고 지시했다. 코삼비는 1만 7500루피의 수표를 받았다. 그는 이 돈으로 파렐에 바후잔 불교사원의 건립을 추진했다. 그러나 사원 건립을 추진하기 위한 첫 모임에서 두 명의 참바르[23] 지도자, 즉 시브타르카르와 그의 적수인 데오루크카르가 대립해 모임 자체가 결렬됐다. 바후잔 사원 건립사업은 아무런 진전도 보지 못했다. 그 원인은 아마도 암베드카르가 간디로부터 재정지원을 받는 것은 어떤 것도 지지하지 않았기 때문인 것으로 보인다.

개종 문제로 인해 암베드카르는 다시 한 번 간디와 맹렬하게 논쟁했다. 카스트 간 결혼을 통해 카스트 제도를 없애려고 노력하는 조직인 '자트-파트-토다크 협회'[24]는 1935년 12월에 암베드카르에게 펀자브로 와서 강의를 해달라는 초청장을 보내왔다. 이 협회는 1920년대에 펀자브의 하층 카스트에 속하는 산트 람이 아리안협회의 몇몇 저명한 지도자들로부터 도움을 받아 만든 것이었다. 그런데 4월에 암베드카르가 보낸 연설문 사본이 이 협회 안에서 논쟁을 유발했고, 그는 약간의 수정을 요구받았다. 이런 식의 편지교환이 거의 석 달 간 계속됐다. 결국 암베드카르는 자트-파트-토다크 협회 쪽에 입맛에 맞는 다른 사람을 초청하라고 말하고 연락을 끊었다. 그는 그 연설문을 직접 출판했고, 영어판 1500권이 순식간에 매진됐다. 이 연설문은 그 후 몇 년 안에 타밀어, 구자라트어, 마라티어, 힌디어, 펀자브어, 말라얄람어[25]로 번역돼 널리 읽혔다. 특히 산트 람은 펀자브어 판을 자신이 직접 번역하고 출판했다. 이 책의 개정판에는 주간지 〈하리잔〉에 게재된 간디의 대답과 그에 대한 암베드카르의 촌평도 함께 실렸다. 이 책은 그 내용이 너무나 강렬했고, 주제도 너무나 논쟁적이었다. 이 책이 출판된 탓에, 그리고 그 즈음 암베드카르가 어떤 시크교 회의에 참석한 것도 이유가 되어 자트-파트-토다크 협회는 그의 연설을 듣기 위한 초청을 철회했다.

《카스트의 박멸》이라는 제목으로 출간된 그의 책은 힌두교에 대한 대담한 선전포고였다. 기본 논점은 단순했다. 인도에서 불가촉민들의 전진을 가로막는 가장 큰 장애물은 힌두교 자체라는 것이었다. 사회주의자들에 대한 대답으로 암베드카르는 재산이 권력의 유일한 원천은 아니며, 다양한 역사의 단계에서 종교와 사회적 지위도 권력을 낳는다고 썼다. 인도는 경제혁명이 필요한 것이 아니라 사회혁명, 종교혁명이 필요하다는 것이었다.

> 찬드라굽타[26]가 주도한 정치혁명은 부처의 종교혁명, 사회혁명에 이어 일어났다. 시바지가 주도한 정치혁명은 마하라슈트라의 성자들에 의한 종교개혁, 사회개혁에 이어 일어났다. 시크교도의 정치혁명은 구루 나나크[27]가 주도한 종교혁명, 사회혁명에 이어 일어났다.[28]

여기서 암베드카르가 '개혁'과 '혁명'을 구분했다는 점은 주목할 만하다. 19세기에 저술된 《마라타 세력의 등장》이라는 유명한 글에서 저자인 라나데[29]는 '그 운동'이 마하라슈트라의 민주주의에 기초가 됐다고 주장했다. 여기서 '그 운동'이란 투카람과 드니아네스와르 같은 바르카리들의 운동, 그리고 그들과는 아주 다른 정치적 지향을 갖는 람다스[30]의 새로운 운동을 지칭한다. 실제로 투카람과 코카멜라[31]와 같은 수도승들은 마하라슈트라의 사회생활과 문학에서 급진적인 반카스트의 목소리를 대변했다. 암베드카르는 1920년대에 이러한 수도승 전통에 관한 방대한 문헌을 독파했다. 그가 이 문제에 관해 쓴 글은 별로 남아 있지 않다. 하지만 《카스트의 박멸》에서 바르카리의 전통이 하층 카스트의 저항을 힌두교 안에서 용해시켜 버린다고 지적한 데서 보듯 그는 바르카리의 전통이 혁명적이기보다는 개혁적이라고 간주했음을 알 수 있다.

그러면 무엇이 필요한가? 힌두교 자체가 문제시돼야 한다. 왜냐하면 힌두교가 인도 사회악의 주요 원천인 바르나 체제를 지탱하고 있기 때문이라고 암베드카르는 봤다.

> 여러분은 …… 카스트 제도의 성스러움과 신성함을 파괴해야 한다. 종국적으로 이것이 의미하는 것은 여러분이 경전과 베다의 권위를 파괴해야 한다는 것이다. …… 여러분은 부처가 취했던 입장을 취해야 한다. 여러분은 스승 나나크가 취했던 입장을 취해야 한다. 여러분은 부처

와 나나크가 그랬듯이 경전을 폐기해야 할 뿐만 아니라 그 권위도 부인해야 한다. 여러분은 힌두인들에게 그들의 문제점은 바로 그들의 종교라고 말할 용기를 가져야 한다. 그들에게 카스트가 신성하다는 생각을 심어준 것은 바로 그 종교다.[32]

이 글은 힌두교에 대한 평가일 뿐만 아니라 불교와 시크교에 대한 평가이기도 했다. 당시 암베드카르는 불교와 시크교만이 브라만주의를 근본적으로 거부한 토착적 종교전통이라고 생각했다. 브라만주의에 대한 해결책을 놓고 그의 생각이 기독교와 이슬람으로의 개종에서 인도의 전통 속에서 발견되는 종교로 옮겨가고 있었던 것이다.

이에 대한 간디의 대답이 〈하리잔〉에 실렸다. 반론으로 그는 불가촉제는 힌두 경전의 핵심 부분이 아니라고 주장했다. 간디는 어떤 것이 신의 말씀인지를 판단하는 시금석은 이성과 영적 체험인데, 자신의 이성과 영성에 기초해서 볼 때 전통적으로 인정돼 온 경전 중에서 거부해야 할 어떤 본질적인 것도 발견하지 못했다고 주장했다. 그는 경전을 자유롭게 재해석했지만 전통적 경전 중 어떤 것도, 심지어는 마누법전도 포기하려 하지 않았고, 그것의 일부가 오류라고도 말하지 않으려 했다. 특히 문제였던 점은 그가 힌두교를 옹호하면서 미화된 형태의 카스트 제도를 변호했다는 데 있었다.

카스트는 종교와 아무런 상관이 없다. …… 그것은 영적 성장과 국가적 성장 모두에 해롭다. 바르나와 아슈라마[33]는 카스트와 아무런 상관이 없는 제도다. 바르나 법이 우리에게 가르치는 것은 각자가 조상의 부름에 따라 밥벌이를 해야 한다는 것이다. 그것은 우리의 권리가 아니라 우리의 의무를 규정한다. …… 그러므로 소명 중에 너무 낮은 것도 없고, 너무 높은 것도 없다. 모든 소명이 선한 것이고, 법에 합치하며, 지위에서 절대적으로 평등하다. 영적 스승으로서 브라만의 소명과 청소부의 소명은 평등한 것이며, 그들의 적정한 역할수행은 신 앞에서 동등한 가치를 지니고, 한때는 인간 앞에서도 동등한 보상을 받았던 것으로 보인다. 한 바르나가 다른 바르나에 대해 우월한 지위를 갖는다는 것은 오만이며, 이는 법칙을 위반하는 것이다. 그리고 바르나 법에는 불가촉제에 대한 믿음을 뒷받침하는 어떤 것도 없다. 힌두교의 핵심은 진리로서의 유일신을 선포한 점, 그리고 인류의 법칙으로 비폭력을 과감히 수용한 점에 있다.[34]

이처럼 간디는 4개의 바르나뿐 아니라 카스트 의무를 믿는다고 반복해서 말하고 있다. 즉 브라만이든 농부든 장인이든 청소부든 상관없이 모두 다 전통적인 카스트 의무를 따라야 한다는 것이었다. 이는 전투적 달리트로서는 받아들일 수 없는 입장이었고, 암베드카르도 그것을 거부했다.

힌두교 포기 선언 이후 암베드카르 쪽에서는 특별히 서두르지 않았다. 암베드카르는 기독교나 이슬람이 불가촉민에게 줄 수 있는 자원을 많이 갖고 있다고 보긴 했지만, 두 종교에 대해 타고난 애착을 갖고 있었던 것은 아닌 게 틀림없다. 그러나 그렇다고 해도 개종은 그 자신부터 시작해서 공동체 대중, 특히 그와 함께 움직여줄 것으로 믿어지는 마하르들의 선택 등 일련의 절차를 거쳐야 하는 것이었다.

시크교나 불교에 대한 그의 선호는 1936년의 논문과 마하르 청년대회의 연설에서 명백히 드러났다. 그는 연설에서 '너 자신의 등불이 되라'고 한 부처의 가르침을 자립의 지침으로 제시했다. 그는 부처가 대부분의 가르침을 베풀었던 마가다국 수도의 이름을 자기 집의 당호로 삼았다.[35] 그러나 그는 어떤 선택이든 경솔하게 하는 사람이 아니었다. 그는 장기간의 연구에 돌입했다. 그의 연구는 카스트 위계질서라는 억압구조에 대해 힌두교가 하는 역할을 명료하게 파헤치기 위한 것이었다. 이를 위해 그는 주로 힌두교 경전에 대해 연구한 다음 불교에 대해서도 연구했다.

1932년 이후 암베드카르는 간디를 결코 진정한 개혁가로 보지 않았다. 그 반대로 간디는 카스트 제도에 묶인 힌두교의 수호자이고, 시골마을을 미화하고, 근본적 변화 없이 약간 개칠된 기존 질서의 유지를 도모하는 공상적 낭만주의자라고 그는 생각했다. 1939년에 그는 '연방제와 자유'에 관한 강의에서 신랄한 평가를 내렸다. "내 생각에 간디의 시대는 인도의 암흑기임이 너무나 명백하다. 간디의 시대에는 사람들이 미래에서 이상을 찾지 않고 먼 옛날로 회귀한다."[36]

5장 계급적 급진주의의 시기

"인도 노동자들에게는 자본주의와 브라만주의라는 두 개의 적이 있다"

빌, 곤드, 드라비드.[1] 그들의 인도는 아름다웠다.

그들은 민중이었고, 문화가 그들의 것이었고, 법도 그들의 것이었다.

아리아인들이 이 모든 것 속에 침투해 들어가 인도에 자신의 권력을 심었다.

그리고 드라비다인은 억압당했다.

브라만, 크샤트리아, 바이샤. 이들이 주인이 되어,

노예의 피를 빨아먹고, 수드라를 기계로 만들었다.

브라만, 크샤트리아, 바이샤. 이들이 소유권을 가졌다.

국민회의, 대힌두협회, 무슬림연맹. 이들은 모두 부자들의 앞잡이다.

독립노동당이 진정한 우리의 집이다.

인민의 무기를 들고,

> 악독한 소유자들의 피비린내 나는 마술을 뒤엎어라.
> 일어나라 노동자여! 일어나라 농부여! 인도 땅은 우리의 것이며,
> 우리의 수고로 인간주의가 건설될진저,
> 이것은 우리가 타고난 권리다.
>
> *카말싱 발리람 람테케, 〈인민〉 1941. 6. 21.*

암베드카르의 힌두교 포기에 대중이 열광적으로 반응함에 따라 그는 계속해서 정치에 관여하게 됐고, 더욱 급진적 방향으로 밀고나갔다. 그의 급진주의는 전면적인 사회경제적 급진주의로 발전한다. 1936년에 그는 임박한 선거에서 달리트의 이익을 직접 대변하기 위해 처음으로 정당을 만들었다. 그가 만든 정당은 특정 카스트가 아닌 노동계급을 대변하는 정당이었다. 그래서 당명도 독립노동당이었다.

〈인민〉에 게재된 독립노동당의 강령은 사회민주주의적이었고, 그 당시의 어떤 사회주의적 강령만큼이나 진보적인 것이었다. 그것은 '민중의 이익에 합치할 때는 언제든지 산업을 국가가 소유하고 관리한다는 원칙'을 수용했고, '특정 계급이나 분파의 민중에게 불공정한 경제체제는 개선하거나 변경'하겠다고 약속했다. 그리고 공장노동자의 고용에 대한 규제의 입법을 하겠다고 약속했다. 여기에는 일정한 노동시간을 정하도록 하고, 노동자들에게 적정한 임금을 지불하도록 하고, 보너스와 연금계획을 제시하도

록 한다는 내용이 포함됐다. 종합적인 사회보험도 약속됐다. 독립 노동당의 강령은 또한 '지주들에 의한 수탈과 축출로부터 소작농민을 보호하고, 특히 코티 체제와 탈루크다리 체제 하의 소작인을 보호하겠다'고 약속했다. 코티와 탈루크다리는 각각 봄베이 관구의 콘칸 지역[2)]과 중앙주의 비다르바 지역[3)]에서 흔히 볼 수 있었던 지주제다.[4)]

암베드카르가 계급적 급진주의로 선회하리라는 것은 1930년에 열린 피억압계급대회에서 그가 한 연설과, 자신의 격주간지 제호를 〈소외된 인도〉에서 〈인민〉으로 바꾼 데서 이미 예견된 것이었다. 그 후 〈인민〉은 사하스라부데가 편집의 책임을 맡은 가운데 규칙적으로 제작, 배포됐다. 〈인민〉은 커다란 제목 아래 자본가와 지주들의 잔혹성을 폭로하는 특집기사를 실었다. 〈인민〉은 달리트들의 대회와 집회뿐만 아니라 점점 더 규칙적으로 일어나는 노동계급의 파업과 농민들의 시위도 다루었다. 〈인민〉에 실린 시들은 계급적 표현과 반카스트적 표현을 통해 달리트들의 열망 속에 담긴 급진적인 내용들을 표현했다.

정치적 상황이 이같이 전개된 데는 인도의 노동계급 내에 사회주의와 공산주의에 경도된 좌익 세력이 성장하고 있었다는 사실이 밑받침되어 있었다. 달리트의 정치권에서는 애초부터 마르크스주의가 논평과 토론의 주제였다. 이는 마르크스주의 이론과 공산주의 정책을 분석한 〈소외된 인도〉와 〈인민〉의 글들에서 확인된다. 마하르가 주로 소작인, 농민, 노동자였으므로 달리트의 계급적 기반 자체가 급진주의로 밀고가는 압력이 됐다. 나그푸르의 하르다스를 비롯해 많은 열성적 노동계급 활동가들이 그들로부터 나왔다. 하르다스는 담배 제조공장의 노동자들을 조직했고, 35살의 젊은 나이에 비극적인 죽음을 맞기까지 독립노동당 후보로 활동했다. 급진주의는 이런 이들뿐 아니라 암베드카르와 관계를 갖기 시작한 젊은 카스트힌두들에게도 호감을 주었다.

1937년 8월 선거 때 독립노동당은 봄베이 주에서 18명의 후보를 출마시켰다. 그 가운데 12명은 법정유보 의석, 그리고 6명은 일반 의석을 겨냥해 출마했다. 중앙 주에서는 14명이 출마했다. 봄베이 주에서 모두 15명이 당선됐다. 그 가운데 1명은 마탕, 1명은 촐라르, 3명은 카야스타, 10명은 마하르였다.[5] 전국적으로 보면, 1937년 선거에서 국민회의가 1585개의 주의회 의석 중 711석을 차지하고 5개 주에서 절대다수 의석을 차지해서 다수당이 됐다. 국민회의는 전국의 법정유보 의석 138석 중 81석을 차지했다. 그러나 달리트가 독자적인 당으로 조직된 지역에서는 국민회의가 법정유보 의석을 별로 차지하지 못했다. 봄베이 주에서 국민회의는 법정유보 의석 중 겨우 5석을 차지했으며, 그나마 모두 마라티어를 쓰지 않은 지역에서였다. 중앙 주에서도 국민회의는 19개 의석 중 5석을 차지했는데, 모두 힌디어를 쓰는 지역에서였다. 남수드라와 라그반시[6]들이 활동하면서 무슬림농민 프라자크 당과 연대하기 시작한 벵골 주에서 국민회의는 30개의 법정유보 의석 중 겨우 6석을 차지했다. 그러나 불가촉민이 분산돼 있고 정의

당의 세력이 약화돼 있던 마드라스 관구에서는 국민회의가 30석 중 26석을 차지했다. 이처럼 전반적인 선거 결과는 국민회의의 승리였지만, 국민회의 이외의 다른 정치세력들이 여전히 상당한 영향력을 가지고 있음을 보여주었다. 특히 봄베이와 마드라스의 비브라만 운동이 약화되는 징후를 보인 반면, 달리트와 무슬림의 활동은 강화되고 있음이 드러났다. 특히 봄베이 주에서는 독립노동당이 핵심 야당이 됐다.

당선자들을 보면 암베드카르의 지지기반이 지닌 성격을 알 수 있다. 카스트힌두 중에서 암베드카르를 지지한 사람들 중에는 카야스타가 압도적으로 많았다. 이들이 상층 카스트에서 암베드카르를 지지하는 주요 그룹이었다. 카야스타들은 교육을 받아 글을 읽고 쓸 줄 알았고, 상당히 부유한 집단이었으며, 대대로 자신들을 수드라로 취급해온 브라만에 반대해왔다. 비브라만 운동의 유명한 논객인 타크레도 암베드카르를 지지했다. 그의 아들인 타케라이는 20세기 말에 유사 파시즘 정당인 시바군단[7]의 지도자가 됐다. 암베드카르에게는 브라만 계급 중에서도 평생 동안 친구로 지내거나 그를 지지해준 사람들이 몇 명 있었지만, 이는 예외적인 경우에 불과했다.

당선자들의 명단을 보면 독립노동당이 근본적으로 마하르에 기반을 둔 정당이라는 점도 알 수 있다. 마하라슈트라에서 또 다른 큰 덩치의 불가촉민 공동체인 망[8]은 마하르보다 더 가난하고 지위가 낮았다. 망은 활동가를 거의 배출하지 못했고 대중적 지지기반도 취약했다. 또다른 주요 불가촉민 집단인 참바르는 북인도의 차마르[9]와는 달리 마하라슈트라에서 상대적으로 규모가 작은 집단이었으나 마하르보다는 약간 더 부유했다. 일반적으로 참바르의 거주공간은 '마을 내부'로 간주됐고, 이 점에서 '마을 외부'로 간주된 마하르나 망과 달랐다. 참바르 중에도 암베드카르를 지지하는 사람들이 많았지만, 그들은 개인주의적이었고 계속 동요했다. 참바르 중에서 암베드카르를 가장 먼저 지지한 사람들 가운데 하나였던 시브타르카르는 암베드카르를 지지한 마하르들 사이에서 논쟁을 불러일으켰고, 개종 선언이 나오자 떠나갔다. 또다른 참바르 지도자인 데오루크카르(1884~1947)는 시브타르카르의 적수였는데, 시브타르카르가 암베드카르를 떠난 후에 비로소 독립노동당에 합류했다. 가장 중요한 참바르 활동가인 라지보지는 피억압계급복지회 운동에 동참했다가 간디에 매료돼 한동안 국민회의에 가 있었다. 그러다 지정카스트연맹[10] 조직이 가동되기 시작한 1942년 이후에는 암베드카르에게 다시 돌아와 끝까지 함께 활동했다.

인도의 거의 모든 지역에서 두 개의 주요 달리트 카스트가 경쟁하고 있었고, 둘 중에서 더 규모가 크고 경제적, 교육적 여건이 양호한 쪽에서 달리트 운동의 사회적 기반이 형성됐다. 북인도에서는 차마르, 안드라에서는 말라, 타밀나두에서는 파라이야[11]가 가장 전투적인 운동가와 지도자를 배출했다. 반면 전통적으로 이들과 경쟁해온 카스트들, 예컨대 북인도의 추라, 마하라슈트라의 망 또는 마탕가, 안드라의 마디가[12] 등은 대체로 규모가 더 작고, 더 가난하며 조직화도 안 되어 전투적인 조직에 많이 참여하지 못했다. 그래서 이들은 국민회의에 이끌려갔고, 나중에는 힌두트바 조직에 포섭됐다.[13]

콘칸에서 코티 지주제도 폐지투쟁이 격화하면서 식민지 인도 사상 최대 규모의 농민이 참여한 농민운동이 일어났을 때 독립노동당의 계급적 성향이 명확해졌다. 당선된 독립노동당원 중 5명은 콘칸 출신이었고, 그 가운데 두 사람, 즉 치트레와 가트게는 마하드 사티아그라하에서 적극적으로 활동했던 사람이었다. 마하라슈트라에는 당시까지 지주제도가 남아있는 곳이 두 곳 있었는데 콘칸이 그중 하나였고 봄베이 관구에서만 보자면 이곳이 유일하게 지주제도가 강하게 남아있는 곳이었다. 그리고 이곳은 습한 해안지역으로서의 특성을 지녔다. 마하라슈트라의 대부분 지역은 건조한 내륙의 농업지역이었고, 전반적으로 료트와리 제도[14]가 실시되고 있었다. 콘칸의 코티지주들은 마라티어를 쓰는 치트파반[15] 브라만들로서, 널리 퍼져있는 부유한 카스트이자 지역 토박이였다. 그들의 소작인은 마하르, 쿤비, 아그리[16] 같은 몇몇 농업 카스트였다.[17] 1920년대에 최초의 반코티 입법안이 비브라만당의 아그리 지도자인 볼레에 의해 제기됐고, 1930년대 초에 소작인들은 열심히 조직을 꾸리기 시작했다.

1930년대 초에 콘칸에서 반지주투쟁이 일어났다. 이때 치트레는 지방의 한 쿤비 지도자와 함께 농민조합을 결성했지만 이 조직은 1932년에 법으로 금지됐다. 1934년에 이 금지조치가 해제되자 '콜라바 지역 농민대회'의 제3차 회의가 12월 16일에 소집됐고, 암베드카르가 이 회의를 주재했다. 그 후 1937년에 투쟁이 다시 격화됐고, 암베드카르는 코티 소작인 집회를 조직하기 위해 콘칸을 순방했다. 1937년 2월 19일자 〈인민〉은 한 농민대표가 코티의 철폐를 논의하기 위해 암베드카르를 만났다고 보도했다. 암베드카르는 자신도 노력하겠지만, 콘칸의 농민계급은 코티지주와 압제자에게 구걸해서는 안 되며 반대로 전투적 투쟁에 참가해야 한다고 대답했다. 그는 지주들이 그들의 보호자라고 떠들어대는 코티지주와 국민회의의 허위선전에 반격을 가해야 한다고 덧붙였다. 그리고 그는 국민회의가 실제로는 셰트지, 바트지, 사우카르, 자민다르[18]의 후원자라고 선포했다.

1937년 9월 암베드카르는 선거 후 처음으로 입법안을 상정했다. 코티제도의 폐지를 위한 법안이었다. 이때쯤 농민들이 처음으로 봄베이로 행진하는 사건이 발생했다. 콘칸에서 당선된 카야스타 독립노동당원인 파룰레카르와 치트레가 이 행진의 지휘자 그룹에 합세했는데, 이들은 구자라트 농민 지도자인 야그니크와 공산당 조직가 당게와 함께 최종 시위에서 주요 연사로 나섰다. 이때 공산당원들이 암베드카르의 운동에 합세해 대규모 시위를 벌였다. 그 중 한 시위는 10월 17일 차리에서 열렸다. 시위에서 3천 명의 농민들은 붉은 깃발을 흔들었고, 라나디베와 사르데사이 같은 공산주의 활동가도 참가했다. 그해 말 한 쿤비 지도자가 단결을 강조하기 위해 "먼저 먹을 것을, 그 다음에 신을"이라는 슬로건과 함께 그 운동에 합류했고, 이로서 쿤비와의 단결이 더욱 굳건해졌다. 이때 열린 집회에는 1만~1만 5천 명의 농민이 참가했다. 역설적이게도 이 집회에서는 평등주의적인 바르카리 전통의 신이 카스트적 위계질서의 상징으로 거론됐다. 이런 사실은 암베드카르가 왜 더욱 더 반힌두로 치닫게 됐는지를 설명해준다. 심지어 바르카리와 카비르판티를 포함한 반카스트 박티 운동조차 정통주류 이론을 옹호하는 쪽으로 빠져들었다.

1938년 1월 12일 2만 명의 농민들이 봄베이 상원의사당을 향해 행진할 때 시위는 절정에 이르렀다. 이것은 식민지 시기에 벌어진 가장 큰 시위들 중 하나로, 1936년 12월 파이즈푸르에서 국민회의가 연 당대회 기간에 1만 5천 명의 농민들이 참여한 '인도농민회의'의 시위에 겨룰 만한 것이었다. 이 시위에서 농민들은 '코티제도를 파괴하라', '지주지배를 박살내라', '암베드카르 박사 만세' 등의 구호를 외쳤다. 암베드카르가 시위를 주도했고 치트레와 야그니크, 시청 노무자들을 조직한 암베드카르의 카야스타 동료인 프라단, 두 명의 공산당원 등이 연사로 나섰다. 이 시위에서 암베드카르가 한 연설은 그가 점점 더 급진주의로 경도되고 있음을 보여주었다.

제대로 보자면, 세상에는 단지 두 개의 카스트만이 있다. 첫째는 부자 카스트요, 둘째는 빈자 카스트다. 그 사이에 중간계급이 있다. 이 계급

은 모든 운동을 파괴한 책임을 져야 한다!¹⁹⁾

그는 계속해서 조직화를 주창하고, 국민회의는 부자들을 지지한 다는 사실을 인식해야 한다고 주장했다. 이어 그는 마르크스주의에 대한 공감을 표현한 중요한 선언을 했다.

> 나는 이곳에 참석한 어떤 공산당 지도자보다 공산주의 철학에 관한 책을 더 많이 세심하게 읽었다고 자신한다. 그 책 속에 아무리 아름다운 공산주의 철학이 있다고 하더라도 …… 공산주의 철학의 검증은 현실 속에서 이루어져야 한다. 이러한 관점에서 우리의 노력을 기울인다면 인도에서는 러시아에서 성공하기 위해 필요했던 정도보다 적은 수고와 시간만이 필요할 것이라고 나는 생각한다. 땀 흘려 일하는 계급의 투쟁과 관련하여 나는 공산주의 철학이 우리와 가깝다고 느낀다.[20]

1938년 1월 12~13일 암베드카르가 마하라슈트라의 철도 중심지인 만마드에서 피억압계급 노동자대회를 소집했을 때 사회적 쟁점들에 대한 그의 진단이 명확하게 드러났다. 그는 이 대회가 노동자로서의 달리트가 여는 최초의 집회라는 점을 지적한 후 "사회적 고충은 우리의 인간성 자체를 압살한다"고 설명했다. 그러므로 인도의 노동계급에게는 2개의 적, 즉 브라만주의와 자본주의가 있다는 것이었다. 그는 좌익이 브라만주의를 타격의 대상으로 인정하지 않는다고 비판했다. "브라만주의는 자유, 평등, 박애의 정신을 부정함을 의미한다. …… 브라만들이 브라만주의를 만들어냈음에도 불구하고, 그것은 단지 브라만들에 한정되지 않고 모든 계급에서 날뛰고 있다."[21] 또한 브라만주의에 반대한다는 것은 단지 공동식사나 상호결혼 같은 사회적 권리를 얻는 문제가 아니라는 것이었다. 암베드카르는 브라만주의의 두 가지 핵심적인 사회구조로 시민권과 경제적 기회를 거론했다. 그에 따르면 공동우물, 교통수단, 도로, 식당이 모두 공적 자금으로 유지되고 있음에도 불구하고 수백만의 사람들은 그것들을 이용할 수 없었다. 경제적 기회도 카스트에 따라 차등화돼 있었다. 예컨대 인도인 기독교도, 영국계 인도인, 대학입학 허가도 받지 못한 카스트 힌두 등은 정기적으로 사무원으로 채용되나 달리트는 사무원이 될 수 없었다. 달리트 철도노동자는 말단직에 머물렀고, 짐꾼은 흔히 가내하인으로 일하는 직업이기 때문에 달리트는 짐꾼으로 거의 채용되지 않았고, 철도공장에서도 달리트를 기술자로 써주지 않았다. 그는 결론적으로 마르크스는 계급[22]을 사회적 평등의 결정적 요소로 간주하지 않았고, 유럽의 민족은 인도의 카스트처럼 노동자들을 계속해서 분열시킨다는 점을 지적했다. 그는 노동자들에게 그들의 이익을 대변하는 유일한 정당인 독립노동당을 지지하라고 촉구했다.[23]

사실 인도의 좌익운동은 거의 예외 없이 철학적, 체계적으로 카스트를 무시했다. 공산주의자들은 카스트는 사회주의 투쟁 과정에서 자동적으로 해결될 사안으로 간주했으며, 암베드카르를

'소부르주아 기만꾼'으로 낙인찍었다. 사회주의자들도 카스트를 부차적인 것으로 간주했다. 네루가 대표적인 사례다. 네루는 간디가 1932년 단식 때 분리선거라는 피상적인 사안을 쟁점으로 내세웠을 때 자신이 느꼈던 불쾌감을 토로한 바 있다. 물론 그는 나중에 그런 간디의 행동이 사람들에게 얼마나 활기를 불어넣는지를 보고 놀라워했다. 어쨌든 네루는 근본적인 문제는 경제적인 것이라고 계속 생각했다. 그에게 불가촉민은 무토지의 프롤레타리아였던 것이다. 1936년 2월 4일 런던에서 인터뷰를 했을 때 네루는 카스트에 관한 질문에 이렇게 대답했다. "억압받는 계급들을 보라. 그들은 사실 경제적인 의미에서 프롤레타리아이고, 그들 이외의 나머지 사람들은 부자다. 이 모든 문제는 경제적인 용어로 바꾸어 표현돼야 한다. 그러면 우리는 문제를 더 잘 이해할 수 있다."[24] 네루는 1936년 4월 12일 러크나우에서 열린 국민회의의 대회에서 의장연설을 통해 이렇게 선언했다. "사회주의자에게는 불가촉제 문제가 조금도 어려울 게 없다. 왜냐하면 사회주의에서는 어떠한 차별이나 희생양도 없을 것이기 때문이다."[25] 이처럼 사회주의자들은 카스트, 성, 종족 등의 차별보다 경제가 더 중요하다고 깊이 확신했고, 이런 점에서 볼 때 암베드카르가 점점 더 인도 사회주의자들에게 의구심을 품었던 것도 놀랄 일이 아니다.

카스트 문제를 무시하는 좌익의 태도는 그 이론적 근거가 마르크스주의의 철학적 전제에 있었다. 암베드카르는 〈인민〉에 게재된 논문에서 이 문제를 다루었다. 이 논문은 원래 1936년에 쓰어진 것이었는데, 1938년에 〈인민〉의 권두논문으로 게재됐다. 여기서 그는 마르크스주의의 '토대와 상부구조' 비유를 공격했다.

> 토대는 건물이 아니다. 경제적 관계라는 토대 위에 종교적, 사회적, 정치적 제도라는 건물이 세워져 있다. 이 건물은 토대만큼이나 현실적이다. 만약 우리가 토대를 바꾸기를 원한다면 그 위에 세워진 건물을 먼저 해체해야 한다. 마찬가지로 만약 우리가 사회의 경제관계를 바꾸고자 한다면 기존의 사회적, 정치적 제도를 비롯한 여타 제도들을 먼저 파괴해야 한다.

그는 계속해서 노동계급의 강화를 위해서는 종교에 끌려 다니는 정신상태를 파괴해야 하며, 이 점에서 카스트의 박멸이 단결된 노동계급 투쟁을 위한 전제라고 주장했다.[26] 카스트 파괴는 2단계의 혁명 중 '민주주의 단계'의 주요 과업이라는 것이었다. 이 논문은 국민회의 내 사회주의자들과 네루를 혹독하게 비판했다. 당시 국민회의 내 사회주의자들 중에는 공산당원도 포함돼 있었고, 이들은 국민회의 안에 좌익세력을 확산시키는 것을 목표로 삼았다. 암베드카르는 이들의 도움 없이 불가촉제 폐지투쟁을 수행해야 한다고 주장했다. 〈인민〉에 실린 글이나 시들은 모두 반카스트주의와 급진적인 계급적 주제를 결합한 것이었다. 이 장의 앞부분에 인용한 시도 이때 〈인민〉에 실린 것들 가운데 하나다.

운동 차원에서 맺어진 암베드카르와 공산당 사이의 동맹은 노사분규 과정에서 전환점을 맞았다. 공산당을 비롯한 급진주의자들의 영향력이 점점 더 커지자 봄베이 주의 국민회의 내각은 이를 저지하기 위해 산업분쟁법안을 의회에 상정했다. 수많은 반노동계급적 '악법들'[27] 가운데 최초로 상정된 이 법안은 강제조정제도를 규정하고 있었고, 매우 악의적으로 정의된 조건에서 파업을 불법으로 선언했다. 암베드카르는 파업권을 "자유권의 또 다른 이름"이라고 설득력 있게 변호하면서 이 법안을 앞장서서 비난했다. 그는 이 법안을 비판한 연설들 중 하나인 1938년 9월 15일의 연설에서 "이 법안에 규정된 조건에서는 이 나라에서 어떠한 자유노조도 자라날 가능성이 없다"면서 "따라서 이 법안은 '노동자의 시민적 자유 말살법'으로 불려야 한다"고 주장했다. 그는 이 법안을 "나쁜, 잔인한, 야만적인 법안"이라고 불렀다.[28]

독립노동당원이었지만 곧 공산당에 가입하게 되는 파룰레카르는 제네바에서 열린 국제노동기구(ILO) 회의에 참석한 후 1938년 9월 8일 인도로 귀국해서 노동자들에게 하루 동안의 파업을 촉구했다. 이때 암베드카르는 독립노동당 집행부가 그 파업을 조직할 것이라고 선포했다. 파업을 위해 구성된 행동위원회에는 독립노동당, 공산당, 그리고 온건파가 참여한 반면 사회주의자와 로이주의자들[29]은 파업이 반국민회의 성격의 정치적 파업이라는 이유로 참여하지 않았다.

11월 7일의 파업은 봄베이 노동계급에게 역사적 사건이었다. 다양한 조직의 지도자들이 노동자들의 동원에 나섰고, 암베드카르는 2천여 명의 평등군단[30]으로부터 호응을 받았다. 이들의 운동이 정점에 이른 것은 당게와 암베드카르가 10만 명이 넘는 대중의 시위에서 연설할 때였다. 이날 달리트 노동자가 전면적으로 파업에 참여했고, 가장 전투적으로 조직된 섬유노동자들뿐 아니라 시내의 달리트 노동자들도 참여했다. 행사는 폭력화되어 경찰과 충돌하면서 633명이 부상당했고, 독립노동당의 마하르 당원인 와그마레를 포함해 2명이 죽었다. 이들의 희생은 후에 타마샤[31] 전통에 따른 암베드카르 파의 축제행사에서 찬양됐다. 타마샤는 진리탐구회 운동에서 처음으로 급진적인 문화적 무기로 활용되기 시작한 것이다. 암베드카르는 죽은 노동자를 기리기 위해 공산당의 주도 아래 노동조합들이 조직한 행진과 집회에 참석했다. 연사들은 노동자가 지배하는 세상을 만들기 전에는 결코 끝나지 않을 투쟁의 과정에서 두 사람이 희생당했다고 강조했다.

마하르 와탄이 달리트들을 영국 정부와의 새로운 갈등으로 몰아넣으면서 계속 논란거리가 됐다. 달리트들은 와탄 토지를 통상적인 료트와리 보유지로 변경해줄 것을 요구했다. 료트와리 보유지는 소유자가 토지세를 내지만 토지에 대해 완전한 통제권을 갖는 방식이며, 그들이 제공하는 노동은 유상이었다. 정부는 비용부담을 이유로 이 요구를 거절했다. 한 추산에 의하면, 와탄 토지를 료트와리 보유지로 변경할 경우 지급돼야 하는 노동비용이 300만 루피에 달했다. 1939~1940년에 암베드카르는 마하르와 망의 와탄 관련자 집회를 조직하고, 정부쪽에서 만약 응답을 하지 않으면 전투적인 반정부 투쟁을 감행하겠다고 위협했다.

선거와 대중운동에서 다소간의 성공을 거둔 암베드카르는 국민회의의 대안이 될 만한 광범한 정치전선을 구축하는 일에 착수했다. 이런 행동은 인도 내 다른 지역의 달리트 운동, 모든 지역의 비브라만 흐름, 무슬림과 여타 소수집단의 운동, 그리고 자율적으로 성장하고 있던 노동계급과 농민들의 운동으로 그가 눈을 돌렸음을 의미한다.

인도 서부에서는 이런 그의 노력이 순조롭지 않았다. 왜냐하면 제데와 자발카르와 같은 젊은 지도자들이 운동세력을 국민회의 내부로 끌고 들어가면서 봄베이 주의 비브라만 정치세력이 거의 몰락했기 때문이다. 1937년 10월 9일자 〈인민〉은 사설에서 이러한 정치적 와해를 초래한 사람들을 비판하면서 풀레와 샤후 왕의 시절처럼 위대한 지도자가 없는 상황을 개탄했다. 암베드카르는 비브라만들이 정치적으로 깨어나지 못했다고 느꼈다. 마하드 사티아그라하 기념일 연설에서 그는 "마하르 사람들은 이제 각성됐다. 마하라슈트라에 한정해 말하자면, 브라만들과 마하르들만이 정치를 이해하고 있다"고 말했다.[32] 그는 마하라슈트라 사람들은 국민회의의 노예가 될 것이라고 예언했다. 1942년 7월 14일자 〈봄베이 파수〉에 따르면, 암베드카르는 비브라만당은 그 내부에 위대한 민주주의 원리의 싹을 갖고 있었지만 "그 정당을 와해시켜 버림으로써 비브라만은 정치적 자살을 했다"[33]고 말했다. 독립노동당의 근거지였던 봄베이와 중앙 주에서 비브라만당이 사라져

버리자 독립노동당은 정치적으로 다소간 고립됐다.

그러나 전국 차원에서는 사정이 좀 달랐다. 1937년 선거에서 국민회의가 1585개의 지역 하원의회 의석 중 711석을 차지하고 5개 주에서 절대다수 의석을 차지하면서 부상하긴 했지만 그 지배력에 대한 도전세력이 없지 않았다. 국민회의의 지배력에 맞서는 야당으로는 이슬람에 기반을 둔 다수의 지역정당들, 예컨대 벵골 지역의 주요 달리트 집단인 남수드라와 동맹을 맺은 벵골의 농민당과, 주로 힌두교와 이슬람을 믿는 자트[34] 농민을 모두 끌어들이고 망구 람이 이끄는 진리운동[35]의 지지를 받는 펀자브의 노동조합당이 있었다. 나아가 농민운동도 국민회의의 통제권 밖에서 성장하고 있었다.

암베드카르가 전국 범위에서 동맹을 맺을 만한 당으로는 마드라스 관구의 비브라만 운동세력인 정의당이 있었다. 이 당은 오랫동안 전국에서 가장 강력한 야당이었고 이념도 여러 측면에서 암베드카르와 유사했지만, 1930년대에 들어서서는 영향력이 위축되고 있었다. 새로운 정당인 페리야르 자존운동[36]이 정의당 밖에서 성장하면서 암베드카르에게 우호적인 세력으로 강력히 부상하고 있었다. 1931년 페리야르의 신문인 〈공화국〉[37]은 사설에서 분리선거에 반대한 간디를 비난했다. 정의당과 자결운동의 당원들은 항의시위를 벌이며 '공동체 결정'[38]의 이행을 촉구하는 결의문을 발표했다. 페리야르 자신은 반힌두어 선동[39]을 성공적으로 마친 후 1940년 1월 봄베이로 와서 대규모 빈민굴이자 타밀어를 사용하는 지역인 다라비[40]에서 집회를 열었다. 여기서 그는 브라만 지배는 대중을 종교적, 경제적, 정치적, 사회적인 예속에 묶어두었으며, 그에 대한 해법은 분리된 타밀나두 주를 만드는 것이라고 주장했다. 페리야르는 이때 진나 및 암베드카르와 대화를 가졌다.

그러나 마드라스 주 안에서 불가촉민과 다수파인 비브라만 카스트 간에 갈등이 생기고 있었다. 페리야르는 달리트의 지지를 거의 얻을 수 없었다. 라자는 여전히 가장 영향력 있는 지도자였고, 반면에 암베드카르를 지지했던 시브라지와 스리니바산은 대중적 기반이 거의 없었다.

암베드카르는 전국 각지에서 성장하는 농민운동에도 관심을 보였다. 〈인민〉은 비하르 농민회에 대항하기 위해 비하르 농업노동자연맹을 조직하려 한 자그지반 람[41]의 노력을 무시했고, 그 대신 비하르 농민운동에 대해 보도했다. 1938년 12월말 암베드카르는 그 지도자인 사하자난드와 개인적으로 만나 국민회의의 입장에 대해 논의했다. 사하자난드는 농민들은 독립적인 계급조직을 가져야 하며 광범한 반제국주의 조직인 국민회의에 합류해야 한다고 믿었다. 이는 당시 공산당 및 사회주의자들의 기본노선이었다. 암베드카르는 이런 입장을 논박하면서, 국민회의는 단지 자본가와 그 일당의 이익을 옹호할 뿐이며 1935년 인도정부법에 규정된 연방제를 지지하는 것은 민주주의에 반한다고 주장했다.

암베드카르는 연방제에 대한 반대를 기반으로 하여 반국민회의 전선을 형성하고자 했다. 다시 말해 그는 더욱 민주적인 구조의 독립 인도를 기획했다. 그는 1939년 1월 29일 푸네의 고칼레 정치경제연구소[42]에서 '연방제와 자유'라는 제목의 연설을 하면서 자신의 입장을 표명했다. 그는 당시 제안돼 있던 연방제 구조의 비민주적 성격을 강조했다. 그가 보기에 그것은 국가주권의 문제, 즉 왕정주와의 관계 문제를 미해결인 채로 남겨두고 왕에게 과도한 권력을 부여하는 것이었다. 그는 국민회의에는 독립 인도의 구조에 대한 명료한 정책이 전혀 없다고 비판했다. 그는 제2차 원탁회의에서 간디가 "영국 정부에게 자신이 인도의 실력자임을 각인시키느라 너무나 정신이 없었기 때문에 '누구와 협상해야 하느냐'가 아니라 '협상의 내용이 무엇이 돼야 하느냐'가 중요한 문제임을 망각해버렸다"고 지적했다. 또 간디는 "자신이 정치회담에 참석한다는 사실을 잊고 나르시 메타[43]의 노래를 부르면서 비슈누 사원[44]에 가는 것처럼 그곳에 갔다"[45]고 암베드카르는 지적했다. 그는 사하자난드와 다른 친국민회의 지도자들에게 만약 국민회의가 연방제에 반대한다면 자기도 국민회의를 지지하겠다고 말했다. 그는 또한 수바스 찬드라 보스[46]에게 만약 그가 국민회의와 단절하고 헌법안에 반대하는 독립정당을 만든다면 그를 지지하겠다고 제안했다. 이러한 암베드카르의 행동은 국민회의의 대안이 될 급진적 민주주의 전선을 만들려는 시도였다.

인도에서 이러한 대안의 전국전선이 성장하는 것을 방해한 주된 장애물은 공산당이었다. 공산당과 사회주의 좌익은 노동계급과 농민 문제에 대해 암베드카르와 같은 생각을 갖고 있었고, 따라서 암베드카르의 동맹세력이 되는 게 자연스러웠다. 그러나 상층 카스트의 좌익 지도자들 가운데 카스트 억압의 현실을 느끼거나 이해하는 사람은 거의 없었다. 마르크스주의가 경제문제를 너무 강조했기 때문에 그 지도자들은 달리트와 비브라만 계층의 문제를 별도의 사안으로 보았으며, 이러한 '문화적'인 문제는 당연히 부차적인 것이라고 생각했다. 그들은 마르크스주의의 틀 안에서 민족주의를 이해할 수는 있었지만, 카스트는 이해하지 못했다. 사회주의자들은 처음부터 국민회의에 들어가 있었다. 그러나 공산당은 동요했다. 1930년대 말경에 그들은 모든 비공산당 정치세력을 반동으로 규정하던 초기의 '계급 대 계급' 정책에 반발하면서 인도 최대의 '반제국주의 전선'인 국민회의에 대한 지지로 정책적 입장을 돌렸다. 이리하여 그들은 노동계급과 농민조직들, 그리고 그 영향력 아래 있는 활동가들을 모두 '국민회의 사회주의당'[47]으로 끌어들이는 것을 목표로 삼았다. 국민회의 사회주의당은 공식적으로 국민회의의 일부였다. 따라서 국민회의 사회주의당에 들어가는 것은 사실상 국민회의에 입당하는 것을 의미하는 동시에 별도의 노동자정당이나 농민정당을 만들려는 시도를 포기함을 의미했다. 이로 인해 1936년 타밀나두에서는 많은 수의 젊은 급진주의자들이 자신들이 조직하고 페리야르가 지지했던 정의자존연맹[48]에서 탈퇴했다. 마하라슈트라에서 그들은 독립노동당의 조직기반을 뒤흔들 수는 없었지만, 이 당의 간부요원을 뽑아가버렸다. 종합해 보면, 공산당의 정책은 암베드카르와 그가 대변한 달리트 세력을 고립시켰고, 국민회의에 대적할 전선을 만들려는 어떠한 시도도 불가능하게 만들었다. 민족주의 운동에서는 간디가 암베드카르의 주된 적이었다면, 국민회의를 극복하려는 암베드카르의 노력에는 공산당이 재를 뿌렸다.

6장

전쟁과 평화, 그리고 파키스탄 문제

"우리는 하나의 국민이 될 수 있다. 다만……"

전 세계가 2차대전에 휘말리게 되자 1930년대의 계급투쟁은 서서히 위축되기 시작했고, 그 대신 전쟁에 직면해 국민적 단결과 종교공동체 간 단결이 부각됐다. 인도는 대립하는 카스트나 계급들이 아니라 판이하게 상이한 종교공동체들로 구성된 나라로 보이기 시작했다. 그리고 이러한 외관은 점점 더 현실이 되어 갔으며, 종교공동체 간 차이는 갈등과 모순으로 변질됐다. 힌두교와 이슬람 사이의 분쟁이 증가했다. 무슬림들은 그들만의 순수한 조국, 즉 파키스탄을 건국한다는 희망을 품었다.

파시스트 국가들과 연합국 사이에 일어난 치열한 전쟁이 지구상의 다른 모든 갈등을 덮어버렸다. 민족주의 운동이 점차 성장하고 일본이 인도 동부국경을 위협하자 인도의 정치지도자들은 임박한 전쟁에서 인도가 어떤 역할을 해야 하느냐는 문제에 몰두하기 시작했다. 국민회의는 군사행동과 재정지원의 기지로서 인도를 필요로 하는 영국의 입장을 이용하고 싶어 했다. 국민회의 사람들 대부분은 전쟁이 요구하는 바를 완전히 무시하고 오직 독립을 위해서만 싸우기를 원했다. 네루를 비롯한 일부 사람들이 반파시즘 전쟁에 대한 조건부 지지를 주장했지만 그다지 효과가 없었다. 국민회의 밖에서는 소리없이 존경을 받는 수바스 찬드라 보스의 추종자들이 무장투쟁을 전개하기 위해 나치 독일과 일본의 지원을 받았다. 공산당의 정책은 소련의 상황에 따라 방향을 확확 바꾸었다. 스탈린이 히틀러와 협정을 맺은 후 공산당은 이 전쟁을 두 제국주의 그룹 간 전쟁으로 규정하면서 국민회의에 대해 단호하게 전쟁에 반대하라고 촉구했다. 그러나 독일이 소련을 침략하자 공산당은 이 전쟁을 '인민의 전쟁'이라고 선언하고 영국을 공개적으로 지지했다. 이러한 동요로 인해 공산당은 인도에서 신임을 거의 잃었다. 국민회의에서는 간디를 포함해 오로지 자기들의 투쟁에만 집중하고자 한 사람들이 득세했다.

1939년에 총독 린리트고우 경은 나치 군대에 대한 인도의 전쟁을 선포했다. 영국 통치자들은 국민회의 지도자들을 초청해 이 문제에 대해 토론을 벌였지만 전쟁 전에 권력을 어느 정도 이양하라는 국민회의의 요구는 받아들이지 않았다. 그러자 12월 22일에 여러 주의 국민회의 장관들이 항의의 표시로 사임했다. 국민회의 장관들은 그들이 관할하는 지역에서 무슬림들을 철저히 소외시켰기 때문에 그들의 사임은 힌두와 이슬람 간 적대감에 불을 붙였다. 당시 무슬림연맹의 지도자는 이 연맹의 성격과 어울리지 않게 온화한 성품을 가진 진나였는데, 그는 국민회의 장관들이 사임한 날을 '국민회의의 폭정으로부터 해방된 날'로 선언했다. 암베드카르는 즉시 지지의사를 밝혔고, 독립노동당 활동가들이 대거 축하행사에 참가했다. 다른 지역의 달리트들도 마찬가지 분위기를 보였다. 달리트가 무슬림과 정치적 동맹관계를 맺고 있던 벵골은 말할 것도 없고 마드라스 관구도 같은 분위기였다. 마드라스 관구에서는 라자가 달리트들의 그러한 움직임을 지지한다고 밝혔다.

암베드카르는 조금도 주저하지 않고 참전을 지지했다. 이런 그

무슬림연맹의 지도자인 진나

6장 전쟁과 평화, 그리고 파키스탄 문제 · 151

의 태도는 민족주의 운동과 관련해 그가 늘 견지했던 입장과 일치하는 것이었다. 그는 인도가 독립해야만 피억압 집단이 실질적인 권력을 획득할 수 있는 정치적 틀이 갖추어진다고 믿었지만, 독립을 획득하는 과정보다는 독립 이후에 등장할 국가형태에 더 많은 관심을 가졌다. 그는 반파시즘 전쟁이란 사활을 건 민주주의 투쟁이라고 생각했다. 그는 영국이 독일에 패배함으로써 인도의 독립이 이루어진다면 결코 진정한 평등이 인도에 실현될 수 없다고 보았다.

이 당시에 암베드카르가 가장 치열하게 고민한 정치적 문제는 카스트 문제가 아니라 파키스탄 문제였다. 그는 훗날 "나는 파키스탄에 관한 …… 철학자였다"고 말했다. 그는 1940년에 《파키스탄에 관한 사색》이라는 제목의 두꺼운 책을 출판했고, 1946년에 그것을 《파키스탄, 그리고 인도의 분할》이라는 제목으로 다시 출판했다.[1] 이것은 사회사와 철학 분야에서 그가 쓴 최초의 본격적 논저였다. 이 책에서 그는 예리한 분석으로써 파키스탄 문제를 다루고 논리적으로 결론을 이끌어냈다. 그의 결론은, 파키스탄의 건국은 불가피하지만 그 이유는 국가가 종교에 기초해야 하기 때문이 아니라 무슬림의 정치적 분위기가 진전되면 파키스탄의 건국으로 이어질 것이기 때문이라는 것이었다. 나아가 파키스탄의 건국은 무슬림뿐 아니라 힌두교도에게도 이로울 것이라고 암베드카르는 생각했다. 왜냐하면 파키스탄이 건국되지 않고 그 대신 무슬림이 다수인 지역들에 자치권력이 서게 되면 중앙집권적인 국가의 건설은 불가능할 것이기 때문이라는 것이었다. 그는 변증법적으로 자신의 주장을 전개했다. 처음에는 파키스탄을 지지하는 무슬림의 입장을 다루고, 그 다음에는 그에 반대하는 힌두의 입장을 다루고, 다시 그 다음에는 중립적인 어조로 양쪽 주장을 분석했다. 그가 다룬 주제들 가운데는 군대의 종교공동체 구성을 어떻게 해야 하는지, 그리고 이 문제가 독립된 나라에서 왜 중요한지에 대해 논한 것도 있었다. 이 주제는 거의 모든 사람이 언급하기를 회피하던 주제였다.

그러나 그의 분석 전체의 일관된 문제의식은 민족주의 국가에 대한 정의였다. 인도는 엄격한 의미에서 하나의 국가라고 부를 수 없다고 그는 주장했다. 그는 7세기의 유명한 중국인 여행자인 현장[2]이 인도를 방문한 시절에는 펀자브, 신드,[3] 카슈미르는 물론 아프가니스탄까지도 인도에 속했다고 지적했다. 그러나 무슬림의 침공이 돌이킬 수 없는 변화를 일으켰다. 암베드카르에 따르면 첫째, 파괴와 강제적인 개종으로 인해 힌두교도와 무슬림 사이에 생긴 적대감이 너무나 뿌리 깊었기 때문에 식민체제 하의 1세기에 걸친 정치활동도 그것을 완화시키지 못했다. 둘째, "이슬람 문화를 인도 북서쪽 구석의 기존 아리안 문화 위에 두껍게 퇴적시킨 것이 치명적이었다." 그 이슬람 문화에 비하면 "힌두교와 불교 문화의 잔재는 잡초더미에 불과하다"는 것이었다.[4] 만약 힌두 민족주의자들이 말하듯 문화가 국가의 기초라면, 그들은 이슬람 문화가 지배하는 지역에서는 무슬림들이 국가라는 정치구조를 요구할 모든 권리를 갖는다고 인정해야 한다. 10세기 전에 힌두 문화가 지배했다는 사실이 현재를 결정할 수는 없다. 현대 인도는 사실 다소간 갈등의 역사를 가진 매우 상이한 종교적, 문화적 정체성들이 공존하는 나라다.

그러나 암베드카르는 국가가 반드시 단일한 종교적, 문화적 정체성에 입각해야 한다고 믿지 않았다. 사실 다문화 국가는 과거에도 많이 있었다. "만약 무슬림들이 다른 국가의 국민이 되길 원한다면, 그것은 그럴 수밖에 없기 때문이 아니고 그들이 그것을 원하기 때문"이라는 것이었다. 암베드카르는 "진나는 인도인들이 하나의 민족일 수는 있지만 하나의 국민일 수는 없다는 입장에 서있는 것으로 보인다"고 했다.[5] 그러나 그 자신은 하나의 민족은 하나의 국가로 발전할 수 있다고 주장했다. 이것은 선택의 문제인데, 그는 분할이 바람직한 선택은 아니라고 보았다. 이슬람 국가와 나란히 힌두교 국가를 건설하는 것은 해결책이 될 수 없다는 것이었다. "왜냐하면 힌두교는 자유, 평등, 우애를 위협하기 때문"이라는 것이다.[6] 그러나 힌두트바의 힘이 강해진 것은 무슬림의 정치적 주장에 대한 반작용 탓이기도 했다. 만약 무슬림이 정치적 정체성을 강력히 주장하지 않고 대신 대다수 힌두교도와 공유할 수 있는 대의를 중시하게 되면 통일국가를 견지할 수 있다고 그는 말했다. 1920~1937년에 인도의 주들 대부분에서 무슬림들이 비브라만 및 달리트들과 함께 개혁에 동참한 일을 예로 들었다. 그러므로 브라만의 지배권 주장에 대한 거부가 종교적 소수파, 비브라만, 그리고 달리트를 포함한 대다수 민중의 단결을 위한 근거가 될 수 있었다.

그러나 무슬림이 파키스탄의 건국을 완강하게 요구한다면 암베드카르는 그것이 수용돼야 한다고 주장했다. 이에 대한 유일한 대안은 무슬림 사회와 힌두교의 사회를 분리선거구와 지역자치라는 정치적 틀 안에 묶어두는 것이었다. 무슬림을 인도에 남아 있게 하려면 이런 틀이 필요했다. 그러나 무슬림은 펀자브나 벵골처럼 힌두교도가 다수인 지역은 힌두 국가에 양보해야 한다. 일단 파키스탄이 건국되면 인도 내의 무슬림은 별도의 정치적 정체성을 주장할 근거를 상실하게 되고, 달리트나 힌두 하층계급과 공통의 명분을 만들어낼 것이다. 이것도 또한 힌두의 통치기반 중 상당부분을 잠식할 것이다.

이슬람 세력을 분석할 때 암베드카르는 인도에서 무슬림과 관련됐던 폭력을 과장하는 경향이 있었다. 또한 그는 무굴[7]이나 라지푸트[8]가 이룩한 정치적 협력관계나, 좀더 대중지향적인 수피[9]들이나 박티 성자들의 가르침 등 많은 공통적, 융화적 문화요소들을 무시했다. 그는 이슬람에 대해 그다지 우호적이지 않았다. 이 때문에 그의 책은 후에 힌두 우익세력에게 이용되기도 했다. 물론 그것은 그의 책의 전체 논지를 왜곡함으로써만 가능한 것이었다. 이 즈음 그는 터키의 이슬람 세력이 인도를 정복하던 시기[10]에 불교사원들을 파괴한 것이 인도에서 불교가 소멸하게 된 근본 원인이라고 믿고 있었다. 그렇다고 해서 그가 강요된 개종을 포함하여 모든 이슬람으로의 개종에 대해 힌두 민족주의자들과 같은 시각을 가지고 있었던 것은 아니었다. 그는 힌두 문화와 카스트 제도에는 차별과 억압이 내재돼 있다고 확신했다. 따라서 다른 많은 비브라만 운동 참여자들과 마찬가지로 그는 개종에 대해서 힌두 민족주의자들과 다른 관점을 갖고 있었다. 개종에 대한 힌두 민족주의적 관점과 다른 관점은 1883년에 조티라오 풀레가 쓴 책《농민의 채찍》에 가장 설득력 있게 제시돼 있다. 풀레는 수 세기 전의 이슬람 통치자들은 "수드라와 불가촉민들을 동정해서 이슬람으로 강제 개종시킴으로써 아리안 종교의 덫에서 해방시켰다. 그들은 무슬림이 됨으로써 여건이 좋아졌다"고 썼다.[11] 암베드카르는 무슬림 정복자들이 하층 카스트를 강제로 개종시킨 일이 있었다고 보는 점에서는 일부 힌두 민족주의자들과 의견을 같이 했지만, 그런 강제적 개종이 자생적 무슬림 개종자들에게 이로운 것이었다고 본 점에서는 그들과 의견을 달리 했다. 사실 대부분의 비브라만 지도자들은 인도에서 이슬람이 확산된 것은 이슬람이 주로 브라만주의의 억압적 카스트 위계질서에 대한 평등주의적 대안이었기 때문이라는 견해를 받아들였다.

흥미롭게도 암베드카르가 처음으로 쓴 장문의 분석적 사회사 논문에서는 그가 경제문제를 다룰 때 매우 유용하다고 주장한 경제사적 관점이 거의 보이지 않는다. 오히려 그는 문화적, 정치적 요소를 강조하기 위해 경제학을 무시했다. 그 결과 그의 논문은 종교집단 내의 경제적 이해관계나 계급분열을 거론하지 않으면서 이상적인 국가에 대한 상반된 주장들을 사회문화적 현실과 관련해 예민하게 평가했다.

비평가들은 암베드카르의 저서 《분리에 관한 사색》이 파키스탄 건국을 옹호한 책자라고 이해했지만, 암베드카르는 파키스탄 건국이라는 문제는 본질적으로 확정적인 것이 아니라 논의의 여지가 있는 것이라고 보았다. 1940년 2월에 그는 "인도는 하나의 나라"라는 국민회의의 입장에도, "인도는 하나의 나라일 수 없다"는 무슬림연맹의 입장에도 동의하지 않는다고 말하면서 자신의 입장을 이렇게 요약했다. "나의 확고한 희망은, 우리는 하나의 나라일 수 있다는 것이다. 다만 사회적 통합을 위한 적절한 절차가 제시돼야만 그것이 가능하고 할 수 있다."[12]

인도가 하나의 고정된 현실이 아니고 의지를 가지고 추구해야 할 하나의 지향점이라는 관념은 당시에는 매우 독특한 것이었다. 암베드카르가 지적했듯이 그것은 이슬람이 자신들의 국가 관념의 토대라고 보는 신흥 근본주의 무슬림의 주장과도 다르고, 인도는 이미 하나의 국가라는 국민회의의 신념과도 다른 것이었다. 인도는 하나의 나라라는 국민회의의 신념은 근본적으로 고대 베다에 기원을 둔 힌두교가 국가 관념의 기반이라는 암묵적인 가설에 입각한 것이었다. 가장 강력하게 힌두국가 이론을 주장한 조직은 대힌두협회였지만, 국민회의의 당원들 대부분도 그 가설을 받아들였다.[13] 심지어 무슬림에게 호의적이려고 애쓰고 인도 문화에 대한 그들의 기여를 인정하려고 애쓴 네루도 《인도의 발견》에서 무슬림이 인도에 들어오고 인도 사회에 융합하는 과정이 힌두 및 브라만 문화의 틀 안에서 전개됐다고 보았다. 힌두 및 브라만 문화란 궁극적으로 카스트와 고대 서적인 베다를 포함하는 것이었다. 네루는 불교가 보편적인 종교였던 반면 힌두교는 일종의 민족종교로서 발생했다고 주장했다. 그러나 네루는 경제성장을 가장 중요하게 생각했기 때문에 공통의 국민의식을 의도적으로 형성하기 위한 방안은 전혀 제시하지 않았다.

반면에 '국가는 계속 만들어가야 하는 것이며, 그것은 의도적이고 주도면밀한 과정이 돼야 한다'고 생각한 암베드카르의 입장은 비브라만 운동의 사상에서 많은 것을 끌어온 것이었다. 풀레도 그와 같은 작업을 시작했다. 그가 죽은 뒤에 출판된 그의 저서 《만인을 위한 진리》에 아래와 같은 구절이 들어있다.

> 위선적이고 이기적인 아리안 종교로 말미암아 교활한 아리아 바트[14] 브라만은 무지한 수드라를 열등하다고 여긴다. 무지한 수드라는 무지한 마하르가 열등하다고 여긴다. 그리고 무지한 마하르는 망이 열등하다고 여긴다. …… 이들 사이에서 결혼과 사회적 관계가 금지되기 때문에 당연히 그들의 다양한 관습, 식습관, 의례 등이 서로 합치되지 않는다. 어떻게 그토록 많은 낱알더미가 합쳐서 통합된 국민국가가 될 수 있겠는가?[15]

암베드카르는 국가를 만들어가는 과정은 인도 전통의 브라만적 측면에 대한 철저한 비판이 이루어져야 가능한 것으로 보았으며, 불교와 같은 비브라만적 요소의 기여를 인정해야 종교적 다원주의의 기초가 형성된다고 보았다. 이것은 무슬림과 민족주의 엘리트들에게 철저한 입장변경을 요구하는 견해였다.

그러나 1940년대에는 그러한 전면적인 국가건설이 이루어질 기미가 없었다. 국민회의는 바르나 위계질서나 브라만의 사회지배를 조금도 근본적으로 문제 삼고자 하지 않았다. 마찬가지로 무슬림들도 카스트 운동의 입장에 대해 별 관심을 보이지 않았다. 그들은 자신이 반대하는 힌두의 지배가 실은 브라만의 틀 안에 있으며 브라만의 틀은 가장 장구한 문화의 심층부에서 인도와 힌두를 동일시하게 한다는 것을 이해하지 못했고, 이슬람이나 기독교를 외국 종교로 낙인찍는 것은 하층 카스트를 억압하는 바르나 위계구조와 관련이 있다는 것도 이해하지 못했다. 결과적으로 국가건설 과정이 시작되자 암베드카르는 파키스탄 건국이 불가피하다고 보기 시작했다. 그는 국가건설 과정에서도 두 개의 상이한 종교공동체가 공존할 수 있다고 믿었다.《파키스탄에 관한 사색》에서 그는 상이한 종교공동체와 언어공동체가 서로 공존하는 사례를 많이 인용했다. 그럼에도 불구하고 그는 이슬람이 너무 많은 안전장치와 너무 광범한 지방자치를 요구하면 강력한 중앙정부가 성립될 수 없다고 지적했다. 1955년에 그는 지정카스트 연맹의 집행위원회에서 통일된 인도를 가능하게 할, 무슬림에 대한 안전장치와 지방자치 허용 수준에 대해 여러 가지 제안을 했다. 그러나 아마도 그 자신도 그런 제안들이 수용되리라고 기대하지는 않았을 것이다.

1940년대에는 한편으로는 전쟁, 다른 한편으로는 힌두와 이슬람 간 대립의 격화로 인해 암베드카르를 비롯한 달리트 지도자들이 자기주장을 펴볼 공간이 생겼다. 아시아에서 일본의 위협이 증대하던 1942년 3월에 처칠은 인도에 대한 타협적인 정치적 해결책을 마련하기 위해 스태퍼드 크립스 경을 위원장으로 하는 새로운 특별위원회를 구성했다. 크립스위원회는 당분간은 영국의 식민정권을 유지하되 전쟁이 끝난 뒤에는 인도에 자치령의 지위를 부여하고 제헌의회를 구성하자는 제안을 내놓았다. 국민회의와 무슬림연맹은 이 제안을 거부했다. 달리트도 역시 거부했다. 달리트의 대표권이나 분리선거구에 대한 언급이 없다는 이유에서였다. 3월 30일에 크립스와 만나 각자의 입장을 주장한 사람들 중에 암베드카르와 라자도 들어 있었다. 두 사람은 4월 3일에 대표권 문제를 누락시킨 데 대해 항의하고 분리선거구를 요구하는 공동서한을 크립스에게 보냈다. 두 사람은 크립스위원회의 제안은 "억압받는 계급을 힌두 지배체제에 그대로 내맡기자는 것"이라고 지적했다.[16]

크립스위원회의 노력이 실패로 끝나자 국민회의는 8월에 '영국의 인도퇴거 요구투쟁(Quit India struggle)'을 선포했다. 2년 이상 인도 전국이 심각한 혼란에 빠졌다. 이런 대중투쟁이 벌어졌다는 것은 영국이 더 이상 인도를 식민지로 유지할 수 없음을 보여주는 것인 동시에 국민회의의 주장, 즉 인도에서 국민회의가 가장 많은 수의 각성되고 활성적인 인도인들을 대변한다는 주장을 입증해주는 것이었다. 그러나 이 대중투쟁도 독립 인도의 건설과 관련해서 가장 심각한 문제인 파키스탄 문제를 해결하지 못했다. 이제 인도는 돌이킬 수 없이 분열되고 말았다.

영국은 달리트의 분리선거구 요구를 받아들이려고 하지 않았다. 그러나 영국은 정치사상가이자 경제사상가로서 암베드카르의 능력을 인정했고, 카스트 문제의 중요성을 인식했다. 1942년 7월 2일에 암베드카르는 총독이 새로 확대개편한 인도 내각에서 노동장관에 임명됐다. 그는 델리의 프리트비라즈 거리에 거처할 집을 구했고, 미국인 선교사이자 자신의 친구인 드레셔라는 여성의 도움을 받아 그 집에 가구를 들여놓았다. 그녀는 봄베이에 살면서 암베드카르와 가깝게 지냈고, 그가 봄베이를 방문할 때 정치적인 단원인들로부터 방해받기를 원하지 않을 경우에는 자기 집을 그에게 은신처로 제공해주었던 사람이다. 그녀의 도움으로 델리에 살 집을 마련한 그에게 이제는 전국적인 정치무대에서 자리를 잡는 일이 기다리고 있었다.

정치적으로는 당시의 몇몇 사건들로 인해 달리트 운동 전체가 큰 변화를 겪었다. 폭넓은 계급 간 연대를 구축하려던 독립노동당의 노력은 결실을 맺지 못했다. 영국은 암베드카르가 자기의 배후에 구체적인 지정카스트[17] 조직을 갖고 있지 않으면서 그가 어떻게 지정카스트의 대표가 될 수 있는지를 문제 삼았다. 그래서 암베드카르는 델리에서 달리트 지도자들과 논의한 후 독립노동당을 해산하기로 결정했다. 피억압계급대회 3차 회의가 1942년 7월 나그푸르에서 소집됐다. 본대회는 7월 18~19일에 열렸고, 여성들과 평등군단은 7월 20일에 별도의 모임을 가졌다. 암베드카르는 총독의 내각에 소속된 각료이기에 직접적인 정치활동 참여가 금지돼 있었고, 이 때문에 대회의 의장은 마드라스의 시브라지가 맡았다.

7월 18일에 7만 5천 명이 나그푸르에 모였다. 암베드카르의 청년 자원봉사자 조직으로 1930년대 초에 결성된 평등군단이 호위 책임을 맡았다. 이 조직은 1940년대에 마라티어를 사용하는 지역 전체로 확산됐다. 평등군단의 나그푸르 지역 조직은 열성적인 지도자 고드볼레의 지휘 아래 움직였고, 그는 나그푸르 시 전역에 여러 지부를 설치했다. 청년들은 붉은 셔츠와 카키색 바지를 입었고, 분대장과 중대장은 금색 혁대를 두르고 행진했다. 그들의 복장은 암베드카르가 선택한 디자인이었다. "희

평등군단의 청년들과 암베드카르

생제물이 되는 것은 염소와 양이다. 호랑이는 희생제물이 되지 않는다"라는 암베드카르의 유명한 말은 바로 이날 행진에 자발적으로 참여한 청년들을 가리키면서 한 말이었다. 평등군단의 전투적인 마하르 청년들은 호랑이가 되겠노라고 결심했다.

이 대회에서 지정카스트연맹이라는 조직이 만들어졌다. 독립노동당은 붉은 깃발을 사용했지만, 이 대회의 행진에 참여한 청년들은 지정카스트연맹의 푸른 깃발을 내세우고 다음과 같은 노래를 불렀다.

우리는 푸른 깃발을 위해 목숨을 바칠 것이다.
수백만이 푸른 깃발 앞에 머리를 숙일 것이다.
빔[18]이 원하는 것은 무엇이든 한다.
우리는 푸른 깃발을 위해 피를 흘릴 것이다.

독립노동당과 달리 지정카스트연맹은 진정한 전국정당으로서의 형태를 갖추었다. 그것은 1920년대에 인도의 주요 지역들에서 꽃피웠던 조직적 성취와 달리트 운동의 떠오르는 지도자들에 기반을 둔 것이었다. 거의 모든 지역의 주요 대표들이 나그푸르에 왔다. 마드라스에서는 시브라지 같은 지도자가 왔고, 벵골에서는 거대한 남수드라 집단의 가장 유능한 지도자로 떠오른 조겐드라나트 만달이 왔다. 만달은 벵골로 돌아가 그곳의 지정카스트연맹을 조직했다. 하이데라바드에서는 말라에 기반을 둔 달리트 운동의 분열된 모든 분파가 대표를 보냈다. 하이데라바드에서 온 대표들 중에는 공공사업 부문의 사업자로서 상당히 부유하면서 탁월한 연설가로 알려진 벤카트라오도 왔고, 나중에 하이데라바드에서 암베드카르가 가장 신뢰하는 간부요원이 되는 수비야도 왔다. 우타르프라데시에서도 새로운 그룹이 왔는데, 그들은 대부분 악추타난드의 원힌두 운동에 영향을 받은 사람들이었다. 암베드카르의 운동이 북인도 및 북서부 인도로 확산된 것은 이때부터였다. 마하라슈트라 자체에서는 가이콰드의 지휘 아래 마하라슈트라 서부 지역의 모든 단체가 참여했고 비다르바[19] 지도자들도 도착했다. 참바르 지도자 라지보지는 암베드카르를 지원하기 위해 국민회의를 탈당했다. 이 대회에 참석하지 않은 유일한 주요 지도자는 라자뿐이었다.

지역별로 다양한 정치적 특성이 대표들의 다양한 정치적 성향에 반영돼 있었다. 특히 힌두와 이슬람의 분열이 각 지역의 달리트들에게 다양한 충격을 주었다. 암베드카르와 대부분의 북쪽 지역 지도자들은 신중한 반면 무슬림이 많은 지역, 특히 하이데라바드와 벵골의 대표들은 무슬림과 달리트 간 연대를 위한 호소에 호의적으로 반응했다. 만달과 벤카트라오는 친이슬람이었다. 벤카트라오는 결국에 가서 하이데라바드 주의 독립요구를 지지했다. 반면 만달은 무슬림과 가까운 관계를 유지하다가 파키스탄 제헌의회의 초대 의장이 됐다. 만달은 그 후에 환멸을 느껴서 의장직을 버리고 인도로 돌아와 가난하게 죽었다. 그러나 이런 일들은 모두 미래의 일이었고, 1942년 당시에는 지정카스트연맹이 인도 전역에 걸쳐 달리트의 강력한 대변인으로 확실하게 부상했다.

이 대회는 몇 가지 중요한 결정을 내렸다. 대회에 참석한 대표들은 크립스위원회의 제안은 받아들일 수 없다고 판단하고 이의를 제기했다. 그들은 또 지정카스트는 힌두인들과 다르며 인도 국가의 중요한 구성부분임을 인정하지 않는 헌법은 받아들일 수 없다고 선언했다.[20]

그들은 초등교육과 고등교육, 공직과 정부에서의 대표권, 분리선거구, 시골마을 개선사업 지원 등을 요구했다. "지정카스트가 생계수단 없이 힌두에 비해 소수인 채 시골마을의 외곽에서 계속 사는 한 언제나 불가촉민으로 남아 힌두인들의 압제와 억압에 시달리면서 자유롭고 완전한 삶을 누리지 못할 것"[21]이라는 것이었다. 그리므로 마을체계의 근본적인 개혁은 경제적, 정치적 지역자치의 디딤돌이며, 이런 개혁에는 경작이 가능한 국유지에 마을을 건설하는 것이 포함돼야 한다는 주장이었다.

1942년 나그푸르 대회는 달리트들의 조직화에서 새로운 시대를 여는 출발점이었다. 독립노동당이 내세웠던 계급적 급진주의는 포기됐지만, 전국 규모의 지정카스트연맹이 출범한 것은 인도 전역에서 달리트 운동의 새로운 단계를 알리는 것이었다. 지역별로 고립적으로 진행되던 운동들이 이제는 모두 하나로 결집하면서 국민회의의 완강한 반대에도 불구하고 달리트 운동이 전국 차원의 독자세력으로 떠오르게 된 것이다. 그리고 암베드카르는 이 세력이 인정하는 유일한 지도자였다.

7장

독립 인도의 건설

"그는 마누의 법을 마하르의 법으로 바꾸었다."

지정카스트연맹이 확고하게 자리를 잡고 암베드카르의 주거도 안정이 되면서 그는 수도 델리에서 여전히 논란을 일으키는 인물이기는 했지만, 어쨌든 중요한 정계인사로 떠오르기 시작했다. 언론사 기자들이 그를 방문하기 시작했다. 친간디 입장인 루이스 피셔[1]를 비롯해 그에게 적대적인 기자들도 있었다. 피셔는 1946년에 어떤 책에서 암베드카르에 대해 "내가 인도에서 만난 사람들 가운데 최악의 사람"이라고 통렬하게 비난하면서 "그는 반간디, 친파키스탄 인사이며, 내가 만난 그 어떤 사람보다 친영국적인 인도인"이라고 주장했다.[2] 이와 달리 미국인 기자인 비벌리 니콜스는 암베드카르에 대해 "덩치가 크고 활동적이다. 아주 호감이 가는 태도를 갖고 있지만 과민해 …… 마치 모든 방향에서 던져지는 조롱을 피하려고 늘 준비하고 있는 것처럼 경계심을 늦추지 않는 것으로 보인다. 그런 일을 당하리라는 것은 늘 예상하고 있어야 하는 것이긴 하다"고 말했다.[3] 당시 암베드카르는 그 어느 때보다도 논쟁에 예민하게 반응했고, 언제든지 논쟁에 대응할 만반의 준비를 하고 있었다. 그는 상원이나 하원의 모든 토론에서 자신의 주장을 확고하게 폈다. 그는 자주 저지당했고, 많은 경우 악의적인 논평까지 감수해야 했지만 친절하게 대답하곤 했다. 그를 둘러싸고 벌어지는 이런 종류의 소란으로 인해 의회 안에서나 밖에서나 그의 조용하고 합리적인 주장이 도중에 중단되곤 했다. 그럼에도 그는 거의 혼자의 힘으로 카스트와 불가촉제의 문제가 세상의 주목을 받도록 하는 데 성공하고 있었다.

그는 저술가로서, 그리고 국민회의에 대한 탁월한 비판가로서 인정받게 됐다. 1945년 6월에 두 번째 주요 저서인 《국민회의와 간디는 불가촉민에게 무슨 짓을 했는가》를 출판하고부터는 명성이 더욱 높아졌다.[4] 이 책은 봄베이의 드레셔 집에서 주로 집필됐다. 드레셔는 이 책을 《궁지에 몰린 사람들》이라는 제목의 미국판으로도 출판하도록 주선해주었다. 인도판이 그의 런던 친구였던 '에프(F)'에게 헌납된 점이 눈길을 끈다. 이 책은 간디와 국민회의의 정책에 대한 가차 없는 공격이었고, 이로 인해 그는 인도에서뿐만 아니라 전 세계적으로도 일약 유명해졌다.

지정카스트연맹이 설립된 뒤에는 그의 정치활동에 소강상태가 이어졌다. 암베드카르는 조직 일을 간부요원들에게 넘겼다. 마하라슈트라에서는 가이콰드가 책임자였다. 그러나 가이콰드가 전쟁기간에 징집돼 군에서 장교 역할을 하게 됐고, 이에 따라 그 대신 간파트 마하데브 자다브가 마하라슈트라의 조직 책임자가 됐다. 그는 인기가 없었고, 그의 밑에서 일하던 청년들은 보수를 주지 않고 그가 나쁜 행동을 한다는 이유로 항명했다. 그들 가운데 몇몇은 지정카스트연맹의 한 회의에서 소동을 일으키기도 했다. 이것은 암베드카르가 죽은 뒤 본격화되는 당의 분열을 예고하는 분파주의의 시작이었다. 암베드카르는 교육받은 신세대 청년들에 대한 불만을 자주 토로했다. 1956년 그는 비서 라투에게 보낸 편지에서 "공부를 했다는 몇몇은 …… 쓸모없는 녀석들로 드러났고, 짓밟힌 동포에 대한 동정심도 갖고 있지 않다. 사회활동을 할 준비가 된 녀석은 한 명도 없다"고 불평했다. 암베드카르는 그들이 "지휘권과 권력을 얻으려고 자기들끼리 싸우고 있다"고 말했다.[5]

지정카스트연맹을 조직한다는 것은 암베드카르가 폭넓은 통일 선선을 형성하기를 포기하거나 일반적인 노동계급 및 농민 문제에 관한 대중투쟁을 수행하기를 포기해야 한다는 것을 의미했다. 그것은 그러고 싶어서가 아니라 시대적 요청 탓이었다. 암베드카르는 다가오는 독립을 고려하고 무슬림연맹과 국민회의 사이의 교착상태를 둘러싼 정치역학을 염두에 두어야 했고, 이 때문에 독립 인도의 구조가 어떻게 형성되느냐와 상관없이 그 구조 안에서 달리트의 정치적 권리를 확보하는 데 집중하지 않을 수 없었다.

델리에서 암베드카르는 노동장관이라는 중요한 직책에 있었지만 이와 별도로 본격적인 연구와 저술을 위한 시간도 확보했다.

노동장관으로 재직하던 시절의 암베드카르

그는 인도 고대사에 관련된 주제까지 독서를 했다. 그는 특히 카스트와 브라만주의의 관계를 천착했다. 이런 노력의 결실로 몇 가지 출판되지 않은 원고와 두 권의 책, 즉 《수드라는 누구인가: 어떻게 그들은 인도아리안 사회에서 네 번째 바르나가 됐는가?》(1947년)와 《불가촉민: 그들은 누구이며 왜 불가촉민이 됐는가?》(1948년)[6)]가 나왔다. 암베드카르는 노동 관련 회의에 참석했고, 달리트들에게 군대 재입대를 장려하는 정책을 다루기도 했다. 암베드카르가 달리트들의 군대 재입대 문제를 들고 나오고 3개의 마하르 대대를 편성함에 따라 달리트를 군대에서 축출했던 1890

년대의 정책이 도전을 받게 됐다.

파키스탄 문제는 여전히 인도를 괴롭히는 핵심 사안이었다. 암베드카르는 1945년 5월 6일에 열린 지정카스트연맹 집행위원회에서 '공동체 간 교착상태와 그 해결방안'이라는 연설에서 이 문제를 다시 끄집어냈다. 이 연설에서 그는 크립스의 제안 중 하나였던 제헌의회 설치안에 대해 불가촉민이 배제됐다는 이유로 반대했다. 대신 그는 힌두교, 이슬람, 불가촉민 등 3대 공동체 모두의 대표를 행정부에 두고, 주 차원에서는 소수집단들에게 충분한 대표권과 분리선거구를 부여하는 '통합된 인도' 안을 제시했다. 그리고 여러 주를 그룹화해 무슬림이 다수인 지역, 즉 나중에 파키스탄이 된 지역이 하나의 그룹이 되도록 하자고 했다.

이 안은 영국 내각이 마지막으로 인도에 보낸 사절단에서 크립스가 최종 제안한 내용과 비슷한 것이었다. 그러나 어느 누구도 이 안을 심각하게 고려하지 않았다. 무슬림연맹은 계속해서 파키스탄의 건국을 요구했지만, 간디는 자기 시체를 밟고 가지 않는 한 파키스탄은 건국될 수 없을 것이라고 고집했다. 그럼에도 불구하고 상황은 파키스탄 건국을 향해 곧장 나아갔고, 그 과정에서 달리트 문제는 주변으로 밀려났다. 1942년에 나그푸르 대회가 열렸던 일은 이미 과거지사가 됐고, 영국은 인도인들의 마음을 다소나마 사로잡기 위해 국민회의 지도자들을 감옥에서 석방했다. 1943년 이래 총독으로 있던 와벨 경은 네루, 간디, 진나와 대화하기 시작했다. 그는 2대 정당과 중앙정부를 꾸리는 문제를 논의했고, 1944년 10월에는 모든 정당이 참석하는 회의가 소집됐다. 이런 배경에서 불라바이 데사이가 국민회의를 대표해 진나와 협상을 벌였다. 두 사람은 각 주정부에는 공동체별 대표를 두되 중앙정부는 2대 정당의 대표만으로 꾸리는 안을 만들었다. 두 사람 사이에 와벨협정이 최종 서명됐고, 이에 대해 암베드카르와 자유주의자를 포함한 다른 6명의 위원은 반대했다. 불가촉민에게는 단 하나의 의석만을 배정하는 내용의 제안서가 수용될 것처럼 보이자 지정카스트연맹은 반대의견서를 총리에게 보냈다.

이런 정치협상이 진행되는 동안 암베드카르는 달리트 교육사업에도 착수했다. 그는 오래 전부터 달리트를 위한 대학의 설립을 구상했다. 봄베이의 시크 칼사 대학에 대한 당초 생각도 그 일부였다. 1945년 그는 '인민교육센터'의 설립을 위한 제안서를 작성했고, 이를 위해 정부가 60만 루피를 지원하기로 약속했다. 그러나 바로다 주의 재무장관은 110만 루피를 지원해달라는 요청을 거부했다. 그럼에도 불구하고 1945년 7월에 인민교육센터는 설립됐고, 1946년 4월에는 싯다르타 예술대학이 세워졌다. 나중에 아우랑가바드에는 밀린드 대학이 설립됐다.

이 기간에 암베드카르는 인도의 초기 관개정책에도 관여했다. 그가 맡은 노동장관 직은 노동 관련 업무뿐만 아니라 관개, 전력, 공공사업도 관할하는 자리였다. 1945년 1월 3일에 그는 캘커타에서 중앙, 벵골, 비하르 등 3개 주정부가 참여하는 대표자 통합회의를 소집해서 홍수통제 문제를 논의했다. 1945년에는 대재난을 동반한 다모다르 강의 홍수를 계기로 이른바 '다모다르 유역 치수사업'이 수립됐다. 암베드카르는 미국의 테네시 유역 치수사업을 모델로 삼은 계획안을 만들었다. 이때 그는 저명한 기술자인 코슬라 박사를 초대 의장으로 하는 '중앙 수로, 관개, 운항 위원회'를 설치했다. 암베드카르는 오리사의 히라쿠드 댐 건설계획에도 관여했다. 그는 인도의 발전과정에서 대규모 댐이 하게 될 역할에 관한 자기 생각을 실제 댐 건설사업에 반영했다. 댐 사업은 관개, 발전, 수상교통을 포함한 다목적 사업이 돼야 한다고 그는 생각했다. 총독의 내각위원 중 한 사람으로서 그는 초기의 전후 복구사업에도 관여했다. 그는 재건위원회의 위원이었고, 관개 및 전력 소위원회의 위원장이었다. 그는 공업화의 중요성과 전력 및 관개의 역할에 관한 관점을 발전시켰고, 독립 인도의 총체적 경

아우랑가바드의 밀린드 대학

제발전 계획이 추진되도록 뒷받침했다.[7]

이어 1945년 3월에 총선거가 실시됐다. 이 선거는 1937년 이후 인도에서 처음으로 열린 하원의원 선거였고, 지정카스트연맹이 인도의 전국에 걸쳐 달리트 정당으로서 후보자를 낸 첫 선거였다. 이 선거는 종교의 지리적 분포에 따른 분열양상을 분명히 드러냈다. 일반선거구는 국민회의가 휩쓸었고, 무슬림 의석은 무슬림연맹이 거의 장악했다. 하지만 지정카스트연맹은 별로 성과를 올리지 못했다. 마드라스와 펀자브에서 당선된 2명을 빼고 거의 모든 지정카스트연맹 후보자들이 낙선했다. 이렇게 된 데는 많은 이유가 있었다. 무엇보다 국민회의가 모든 반대세력을 절멸시키고자 했다. 국민회의는 독립을 주도하는 정당임을 공격적으로 내세웠고, 일부 지역에서는 국민회의의 이런 공격성이 비방, 협박, 폭력을 동반했다. 나그푸르의 청년 활동가인 바산트 문[8]은 달리트 유권자의 기표소가 어떻게 해서 모두 다 카스트힌두가 통제하는 구역에 설치됐는가를 설명했다. 나그푸르에서는 지정카스트연맹이 국민회의에 대적할 수 있는 유일한 정당이었고, 여기서 평등군단의 깃발행진을 포함한 전투적 저항운동이 벌어졌다. 선거 직전의 들뜬 분위기 속에서 "우리는 마하르의 피를 마실 것"이라는 식의 슬로건, 암베드카르를 반역자라고 비난하는 담벼락 낙서 등이 난무했다. 달리트에 대한 적개심이 의도적으로 조장됐다. 이런 모든 상황으로 인해 소위 '마하르-힌두 폭동'이 터졌다. 거친 씨름꾼들과 평등군단이 이끈 마하르들이 많은 성과를 냈다.

나중에 문화운동의 일부로 만들어진 노래들은 이 시기를 추억하며 자부심을 표현했다. 예를 들어 "우리가 어떻게 싸웠는지 용감한 시바지에게 물어보라"거나 "우리는 그들의 젊은이들을 하나씩 죽였다"는 가사도 있다.[9]

폭력과 일반적인 선거구 조작을 차치하더라도 암베드카르의 분석에 따르면 선거과정 자체가 국민회의의 승리에 유리하게 진행됐다. 푸나협정에 따라 제정된 법 규정에 의하면, 달리트만 투표하는 예비선거는 4명 이상의 달리트 후보가 있는 선거구에서만 실시하도록 돼 있었다. 이 예비선거는 전체 151개 선거구 중에서 40곳에서만 실시됐고, 그 각각의 선거구에서 4명의 후보만을 선출하도록 규정돼 있었다. 봄베이 관구에서는 지정카스트연맹 후보가 2만 8489표를 얻어 전체 12개 의석 중 5석을 차지했고, 국민회의는 5333표로 3석을 차지했다. 지정카스트연맹의 강세지역인 중앙 주에서는 지정카스트연맹이 8685표를 얻어 전체 20개 의석 중 11석을 차지했고, 국민회의는 1131표로 5석을 차지했다. 마드라스에서는 지정카스트연맹 후보들이 선전하면서 3만 199표를 얻어 24석을 차지했고, 국민회의는 2만 7838석의 득표로 10석을 차지했다. 상대적으로 조직활동이 뒤처졌던 우타르프라데시에서도 지정카스트연맹이 3093표를 얻어 12개 의석 중 5석을 차지했고, 국민회의는 4101표로 4석을 차지했다. 벵골에서는 무소속 후보들이 많이 당선됐다. 전체적으로 보면 지정카스트연맹은 9만 1595표로 전체 168개 의석 중 51석을 차지했고, 국민회의는 10만 3449

표로 38석을 차지했다. 그리고 무소속은 11만 9273표를 얻었다. 지정카스트연맹의 입장에서 그리 나쁜 결과는 아니었다. 지정카스트연맹은 봄베이와 중앙 주에서 대단한 힘을 갖고 있고 마드라스 관구에서도 주요 세력의 하나임이 명백해졌다. 반면 뱅골 주에서는 독자적으로 조직된 남수드라와 여타 달리트 그룹이 국민회의로의 흡수에 저항하고 있었다.

푸나협정에 대한 암베드카르의 반대가 타당했음이 입증됐다. 그는 법정유보 의석에도 불구하고 결국 카스트힌두의 투표가 일반선거구에서 압도하게 될 것이라고 주장했던 것이다. 예비선거가 있더라도 국민회의로서는 선거구별로 4명의 후보자단에 포함되는 정도의 성과만 예비선거에서 올리면 일반선거에서 카스트힌두 표의 도움으로 최종적으로 당선된다는 것이 명백했다. 결론적으로 말하면 두 개의 큰 소수 집단인 무슬림과 달리트가 소외감을 느끼는 가운데 인도는 독립을 향해 움직이고 있었다.

선거 결과는 달리트가 앞으로 계속해서 정치적으로 배제될 것임을 의미했다. 와벨 경은 무슬림연맹이 지명한 무슬림과 국민회의가 지명한 힌두교도로 행정내각을 구성하는 안을 제출했다. 달리트는 국민회의 쪽에 포함됐다. 불가촉민은 더 이상 독립적인 정치세력으로 취급되지 않았다. 크립스는 "지정카스트연맹은 선거에서 졌으며, 우리는 인위적으로 그 지위를 회복시켜줄 수 없다. 물론 억압받는 계급은 국민회의의 부속조직을 통해 스스로를 충분히 대변할 수 있다"고 진술했다.[10] 이리하여 6월 16일에 5명의 국민회의 당원과 5명의 무슬림연맹 당원 및 5명의 소수집단 대표가 포함된 내각 명단이 발표됐다. 불가촉민의 대표로는 자그지반 람이 임명됐다. 진나는 람이 실질적으로 국민회의의 대표일 뿐이라고 항의했다. 진나의 항의가 받아들여져 람 대신 만달이 지명됐다. 암베드카르는 만달이 지명된 것을 환영했다. 다만 이것이 진정한 자치를 의미하는 것은 아니라는 토를 달았다. 암베드카르가 이런 태도를 취한 것은 달리트가 이미 강력한 정당들 속으로 흡수돼 흩어졌고, 그들에게 종속돼 있기 때문이었다.

1946년 8월 25~26일에 열린 지정카스트연맹 집행위원회 회의에서 암베드카르는 패배에 대한 대응으로 전국의 국민회의 우세 지역에서 사티아그라하를 개시한다고 선언했다. 수천 명이 구속됐다. 나그푸르와 푸네가 가장 치열했다. 암베드카르는 1946년 11월 런던으로 가서 윈스턴 처칠을 비롯한 영국의 정치지도자들과 만나 로비활동을 폈다. 이번에 그는 보수당에 동조했다. 이는 암베드카르 자신의 전반적인 노동계급 지향성과 모순되는 태도였지만, 노동당이 계급 문제 이외의 문제에 대해서는 관심을 기울이지 않는 국민회의식 사회주의를 채택하고 있었기에 그로서는 불가피한 선택이었다.

이번 집행위원회 회의를 위해 암베드카르는 헌법, 공동체 문제, 지정카스트의 권리 등과 관련된 사안을 다룬 보고서를 작성했다. 1년 뒤에 《국가와 소수집단》이란 책으로 출판된 이 글은 사회적 선언서인 동시에 경제적 선언서였다. 암베드카르는 이 글에서 소수집단의 탈퇴권을 인정하지 않는 인도합중국을 제안했다. 이와 더불어 그는 분리선거구, 분리된 마을거주지, 불가촉민에 대한 사회적 배척을 금지하는 강력한 조치를 요구했고, 기초산업의 국유화, 토지국유화, 집단화를 포함한 소위 '국가사회주의' 정책 프로그램을 제시했다. 이 선언서는 그의 경제적 급진주의가 최고점에 이르렀을 때 그가 갖고 있던 생각이 담겨 있다. 그는 이 선언서의 한 장을 기본권에 관한 내용에 할당했고, 여기에서 "국가는 적정한 법절차에 의하지 않고서는 어떠한 개인의 생명, 자유, 재산도 박탈할 수 없다"는 구절을 넣었다. 그러나 그는 자본가의 권력은 자유를 증진하는 것으로 볼 수 없다고 지적했다. 자본가의 자유는 "지주가 지대를 인상하는 자유이고, 자본가가 노동시간을 늘리고 임금을 줄이는 자유"라는 것이었다. 암베드카르는 이 글에서 "인도의 신속한 공업발전을 위해서는 국가사회주의가 필수적"이라고 주장했다.[11] 암베드카르가 '국가사회주의'라는 표현을 사용한 것은 그 내용을 헌법에 규정함으로써 의회권력이 그것을 변경시킬 수 없게 하려는 의도에서였다.

헌법과 관련된 많은 제안들 중에서 특히 암베드카르의 글이 세간의 관심을 끌었다. 그래서 제헌의회가 열렸을 때 암베드카르는 논란의 초점이자 상당한 명성을 가진 사람으로 떠올랐다. 그는 봄베이 주에서 낙선한 뒤에 벵골에서 당선됨으로써 제헌의회에 참여할 수 있었다.[12] 1946년 12월 13일 독립결의안이 의회에서 통과됐다. 독립결의안 채택은 네루의 제안이었고, 자야카르와 시암

프라사드 무케르지가 협의를 가진 뒤에 암베드카르에게 연설을 해달라고 요청했다.

민족주의 지도자들은 틀림없이 당혹스러운 내용의 연설을 하리라고 예상하고 전전긍긍하며 대비했겠지만, 실제로 그가 행한 연설은 그들에게도 고무적이고 감동적이었다. 그는 《국가와 소수집단》에 썼던 자기 입장을 다시 설명하는 것으로 연설을 시작했다. 그는 사회주의 경제와 공업 및 토지의 국유화를 추구하는 목표가 장기적으로 설정돼야 한다고 말했다. 그는 또한 기본권에 관한 규정이 좀더 많아야 한다고 지적했다. 그는 통일 인도를 향한 자신의 희망을 이렇게 표현했다. "나는 지금 우리가 서로 싸우는 전투부대의 일원이라는 것을 알고 있으며, 나도 그러한 전투부대의 지도자 중 하나일지도 모르는 상황이라고 봅니다. 그러나 의원 여러분, 이 모든 것에도 불구하고 시간과 여건만 주어진다면 세상의 그 무엇도 이 나라가 하나 되는 것을 막을 수 없다고 굳게 믿습니다."[13] 그가 이 말을 할 때 환호와 갈채가 터져 나왔고, 무슬림도 통일된 인도가 자신들에게 더 낫다는 것을 알게 될 것이라고 말했을 때도 마찬가지였다. 비록 자신은 강한 중앙정부의 수립을 원하지만(여기서 다시 한번 박수갈채가 터져 나왔다), 무슬림연맹을 통일 인도에 머무르게 하기 위해서는 주들을 다시 몇 그룹으로 나누어 무슬림이 다수인 지역을 분리시키는 게 필요할 것이라고 그는 주장했다.[14]

이 연설을 계기로 네루를 비롯한 국민회의 지도자들이 암베드카르를 달리 보게 됐다. 암베드카르는 분할에 반대하고, 통일 정부를 변호하고, 강력한 중앙정부를 지지하고, 좌익에 동조하는 것으로 이때 널리 알려졌다. 국민회의가 스스로 불가촉민의 유일한 대표라고 아무리 주장을 해도, 그리고 지정카스트연맹이 총선거에서 아무리 철저히 패배했다 해도 지정카스트연맹은 마라티어 지역, 다수의 타밀어 지역, 우타르프라데시의 일부 지역에서 확고한 기반을 갖고 있었다. 네루와 파텔 같은 지도자들은 이런 사실을 잘 알고 있었다. 달리트 자신들의 투표성향이 어떤 것인지, 그리고 지정카스트연맹이 얼마나 큰 동원력을 갖고 있는지도 당시의 정치지도자들은 잘 알고 있었다. 봄베이 주의 대표인 자야카

헌법초안 작성위원들

르 변호사가 제헌의회 의원직을 사임하자 네루와 파텔이 1947년 7월 그 공석에 암베드카르를 추천한 것은 바로 이런 배경에서였다. 따라서 암베드카르는 국민회의의 지지로 제헌의회 의원이 된 셈이었다. 8월 29일에 그는 헌법초안 작성위원회의 위원이 됐고, 곧 이어 의장으로 선정됐다. 인도 헌법 초안은 1948년 11월 4일에 제헌의회에 상정됐다. 그것은 불가촉민 출신인 암베드카르에 의해 만들어진 것이었다.

이때쯤 암베드카르의 개인적인 삶에 중요한 사건이 생겼다. 그는 당뇨병, 심장질환, 고혈압을 앓고 있었고, 치료를 위해 당시 봄베이에 있는 말방카르 의사가 운영하는 병원에 다니고 있었다. 1948년 1월의 어느 날 그는 말방카르의 조수인 샤르다 카비르라는 여성을 알게 됐다. 두 사람의 관계는 곧 사랑으로 바뀌었고, 1948년 4월 15일에 두 사람은 결혼했다. 그의 아내가 된 카비르는 사비타라는 새 이름을 갖게 됐다. 이렇게 이름을 바꾸는 것은 마하라슈트라의 관습이었다. 이제 암베드카르는 사비타를 얻음으로써 친구 겸 가정간호사도 함께 얻은 셈이었다. 암베드카르의 건강이 계속 좋지 않았지만, 예전의 라마바이나 마찬가지로 사비타도 남편이 늘 과로하는 것을 통제할 수 없었다. 그러나 사비타는 그에게 필요한 친구가 돼주었다.

암베드카르는 결혼하기 전에 사비타의 어머니에게 보낸 편지에서 사비타와와 그녀의 어머니에게 자기가 어떤 사람인지에 대해 미리 알려 주었다. 1948년 1월 1일자 편지에서 그는 명확하고도 설득력 있게 자기 자신을 설명했다.

> 나는 원만하지 않은 사람입니다. 나는 흔히 물처럼 조용하고 풀처럼 소박합니다. 그러나 내가 성질을 부리게 되면 통제가 되지 않습니다. 나는 과묵한 사람입니다. 여자들과는 말을 하지 않는다는 비난도 듣습니다. 하지만 친한 사람이 아니면 남자에게도 나는 말을 걸지 않습니다. 나는 분위기를 타는 사람입니다. 때로는 한없이 말하지만 어떤 때는 한 마디도 말을 하지 않습니다. 때로 나는 아주 진지합니다. 때로는 우스갯소리를 쏟아냅니다. 나는 명랑한 사람은 아닙니다. 일상생활의 즐거움은 나의 관심이 아닙니다. 나의 친구들은 나의 내핍과 금욕주의를 견뎌 주어야 합니다. 책은 나의 친구입니다. 나에게는 책이 아내나 자식보다 더 소중합니다.[15]

사비타와의 결혼은 암베드카르를 따르는 사람들 사이에서 오랫동안 논란거리가 됐고, 그의 인생에서 아직 풀리지 않고 남아있는 수수께끼 가운데 하나다. 암베드카르를 따르던 사람들 가운데 많은 사람들이 사비타를 싫어했고, 암베드카르의 죽음과 관련해 그녀를 비난하기도 했다. 그러나 일부 사람들은 그녀를 변호했다. 마하라슈트라의 암베드카르 추종자들 모두에게는 라마바이가 여전히 그의 사랑하는 아내로 남아있었다. 그런데 아주 놀라운 반응이 달리트 여자들이 만든 노래로 표현됐다. "나는 공동체의 어른인데 누구와 결혼해야 할까?" 그들에 따르면 암베드카르가 브라만 여자를 부인으로 찾았다는 것은 그다지 놀랄 일이 아니라는 것이었다! 달리트 여자들이 만든 노래 중에는 이전에는 '에프(F)'로, 당시에는 '루시'로 알려진 암베드카르의 영국인 여자친구에 대한 노래도 있다.

암베드카르가 헌법제정 과정에 참여한 것은 사비타와의 결혼으로 그의 개인적 생활이 어느 정도 안정되고 난 다음이었다. 그가 헌법초안 작성위원이 되고 이어 내각위원이 된 것은 헌법을 잘 아는 법률가이자 불가촉민의 지도자로서의 능력을 인정받은 결과였다. 그러나 헌법에 들인 그의 노력에 대한 다른 사람들의 평가에는 여러 가지 감정이 개입돼 있다. 많은 사람들이 그를 "인도 헌법의 아버지"라고 부르고 "인도에 새로운 민주주의 체제를 가져다준 현대의 마누"라고 칭송한다. 이런 이들은 한 걸음 더 나아가 "헌법을 개정하는 것은 그게 무엇이라도 암베드카르에 대한 모독"이라고 주장한다. 그런가 하면 반대편 극단에 있는 비판자들은 욕설까지 퍼붓는다. 이들은 암베드카르가 헌법초안 작성 당시에 자기 자신은 "단순한 일꾼"에 지나지 않았다고 한 말을 인용하면서 그는 독자적인 역할을 거의 하지 못했다고 주장한다. 이런 주장은 인도 헌법이 주로 국민회의 정책이 주도적인 역할을 한 장기간의 과정을 거쳐 만들어졌다는 점, 그리고 초안작성 단계에서도 관료 고문인 라우 경이 주요한 역할을 했다는 점을 강조하기 위한 것이다. 그러나 이 문제에 대해 가장 지적이고 균형 잡힌 견해를 밝힌 사람은 네루의 전기를 쓴 마이클 브레처일

제헌의회 의원 시절의 암베드카르

것이다. 그는 암베드카르를 "인도 헌법의 최고 설계자, 정확히 말하자면 새 헌법 제정작전의 야전사령관"으로 묘사했다.[16)]

헌법 초안을 작성할 때 수많은 쟁점들을 둘러싸고 종종 격론이 벌어졌다. 암베드카르는 모든 쟁점에 대해 자기 의견을 밝혔고, 토론을 조정해 합의가 이루어지도록 노력했다. 강력한 중앙정부의 필요성 여부와 같은 핵심적인 문제에서는 그의 입장과 국민회의 지도자들의 입장이 비슷했다. 지정카스트 계급과 관련해서 그는 공직과 의회 의석의 법정유보 측면에서 자신이 원했던 것을 거의 다 얻었다. 더 나아가 그는 '사회적, 경제적으로 후진적인 계급'으로 정의된 사람들이 필요한 시설을 얻도록 하는 데 기여했고, 이런 성과는 이후 수년간 반복해서 제기되는 여타후진카스트[17]의 법정유보 문제로 이어졌다. 분리선거구 문제는 더 이상 거론되지 않았으나, 성인들의 보통선거가 실현되고 안전장치가 마련된다면 법정유보만으로 충분하다는 것이 암베드카르의 일관된 입장이었다.

1949년 11월 25일 암베드카르가 헌법에 대한 최종연설을 하기 직전에 많은 의원들이 개별적으로 그에게 경의를 표했다. 비브라만 지도자인 케샤브라오 제데를 포함한 몇몇은 인도의 신시대를 선포하면서 암베드카르를 마누에 비유했다. 마하라슈트라 출신인 칸데카르는 "암베드카르는 마하르이기에 나는 우리의 헌법을 마하르의 법이라고 부르겠다. 이제 우리는 마누의 법을 마하르의 법으로 바꾸었다. 이 나라에 번영을 조금도 가져오지 못한 마누의 법과 달리 마하르의 법은 인도를 사실상 천국으로 만들기를 바란다"고 말했다.[18]

연설에서 암베드카르는 비교적 짧은 기간에 완결된 위원회의 방대한 작업을 설명했고, 라우를 비롯한 초안작성 위원들과 무케르지에게 영광을 돌렸다. 그는 헌법에 대해 두 가지 주요 비난이 있음을 지적했다. 하나는 의회민주주의와는 전혀 상관없는 것을 원했던 공산당의 비난이었고, 다른 하나는 모든 사유재산을 국유화하거나 사회화하고 국가를 전복시킬 수도 있는 무한권력을 원했던 사회주의자들의 비난이었다. 그는 사회주의자들에 대해 개

헌에는 한계가 있음을 지적하고, 어느 한 세대가 뒤에 오는 세대들을 구속할 권리는 없다는 토머스 제퍼슨[19]의 유명한 말을 인용했다. "만약 그럴 권리가 있다고 한다면 이 땅은 산 자의 것이 아니라 죽은 자의 것이 되기 때문"이라고 제퍼슨은 말했다. 암베드카르는 뒷 세대들을 구속할 권리가 없다는 제퍼슨의 말이 절대적 진리라고 인정했다. 그의 관점에서 보면 헌법은 무오류의 문서가 아니었다.[20]

계속해서 그는 새로운 민주주의에서는 사회를 변화시키는 수단으로서 폭력과 사티아그라하는 폐기돼야 한다고 주장했다. 그리고 민주주의에 더욱 위험한 것은 전통적 스승인 '구루'를 신과 비슷한 존재로 떠받드는 인도인들의 경향이라고 주장했다. "종교에서는 영웅숭배가 영혼을 구제하는 길인지 모르지만, 정치에서 영웅숭배는 확실한 타락의 길이고 결국은 독재로 이어지는 길"이라는 것이었다. 그는 또 새로운 인도 사회는 자유, 평등, 우애를 인정하는 삶의 방식으로서의 사회민주주의에 기초해야 한다고 주장했다. 암베드카르는 개인의 주체적 삶을 위해서는 자유가 필요하다고 인정했지만, 자유보다는 평등과 우애에 더 많은 관심을 가졌다. 대체로 인도에는 평등이란 존재하지 않는 것이었고, 정치적 평등과 사회적 불평등 사이의 모순이 존재하는 한 민주주의는 위험하다는 게 그의 생각이었다. 그는 "우리는 이 모순을 가급적 빠른 시간 안에 제거해야 한다"고 제안하고 "그렇게 하지 않으면 불평등으로 고통을 받는 사람들이 제헌의회가 그토록 애써서 만들어 놓은 정치적 민주주의 구조를 날려버릴 것"이라고 말했다.[21] 그는 이후의 연설에서도 이 말을 반복하면서 사회적, 경제적 평등의 필요성을 거듭 강조했다.

마지막으로 그는 국가로서 인도의 발전에 관한 자신의 이론을 다시 밝혔다. 그에게 인도는 형성 중인 국가이지 그 자체로 이미 국가인 것이 아니었다. "우리가 사회적, 심리학적 의미에서 아직은 하나의 국민이 아니라는 사실을 빨리 인식할수록 우리에게 좋은 일이다. 왜냐하면 그래야 비로소 우리는 하나의 국민이 돼야 할 필요성을 자각하게 되고, 그런 목적을 달성하기 위한 방법과 수단에 관해 진지하게 고민할 것이기 때문이다." 인도에서는 반사회적인 카스트 체제가 있기에 자유, 평등, 우애를 실현하는 것이 어렵고, 특히 미국에 비하면 훨씬 더 어렵다고 그는 말했다. 그는 인도에서 정치권력은 오랫동안 소수의 전유물이었으며, 반면 다수는 짐을 나르는 짐승이거나 먹을 것을 위해 희생되는 짐승이었다고 지적했다. 그러나 짓밟혀온 사람들은 이제 자치를 간절히 원한다는 것이었다. 그는 "피억압 계급들 사이에서 생겨나고 있는 자아실현 욕구가 계급투쟁이나 계급전쟁으로 발전하도록 놔둬서는 안 된다"고 지적했다.[22] 계급투쟁이나 계급전쟁을 피하기 위해서는 평등과 우애를 확립하는 것이 필요하다는 것이었다.

이 연설은 암베드카르의 생애에서 결정적 국면을 상징하는 것이었다. 그는 새로운 내각에서 법무 장관에 임명됐다. 헌법 제정에 쏟은 노력으로 인해 그는 인도의 건국과정에서 지워질 수 없는 위상을 얻었다. 달리트들에게 이 현대의 마누는 진보의 상징이었고, 독립 인도를 향한 일보전진의 상징이었다.

8장 독립 이후의 시기

"똥 더미 위에 궁궐을 지으려는가"

파키스탄의 분리독립에 수반된 대학살[1]은 힌두교와 이슬람교의 대립을 해결하지 못한 대가를 피로 치른 것이었다. 인도는 달리트를 비롯한 인도인 모두에게 비극을 초래할 암운을 드리운 채 독립국가로서 새로운 역사를 쓰기 시작했다. 달리트는 힌두와 이슬람 사이에 벌어지는 대재난에 점점 더 휘말려들었다. 파키스탄에서 넘어오는 난민에는 불가촉민이 대거 섞여 있었다. 그들은 파키스탄에서 화장실 청소를 비롯한 하급 노동을 제공했던 사람들이었다. 파키스탄 정부는 그런 일을 할 다른 사람들을 찾기가 어렵다고 보고, 그들이 파키스탄을 떠나도록 허용하지 않으려 했다.

파키스탄에 살던 불가촉민들은 인도로 탈출하는 데 성공하더라도 동부 펀자브의 힌두와 자트 시크교도에게 다시 핍박을 받았다. 1947년 12월에 암베드카르가 불가촉 난민들에 대한 공정한 대우를 촉구하기 위해 네루에게 편지를 보내보기도 했지만, 그 후에도 변한 것이 거의 없었다. 불가촉 난민은 토지를 보유할 수 없는 사람들로 간주됐기 때문에 정착을 위한 토지를 얻을 수 없었다. 그들은 델리 시내에 정착했지만 움막에서 거주해야 했고, 불가촉민이 아닌 다른 난민들보다 훨씬 가난하게 살아야 했다. 카스트힌두 난민이나 시크 난민은 도시의 잘 지어진 주택에서 정착하거나 시골마을에서 토지를 제공받았다.

하이데라바드에서 새로운 긴장이 고조되고 있었다. 하이데라바드는 인도에서 가장 큰 왕정주였고, 통치자는 대중의 민주주의 열망에 양보할 생각이 거의 없는 독재자였다. 그렇지만 이곳에는 수세기 전에 초기의 힌디어와 우르두어, 즉 힌두스타니어[2]를 낳은 데칸 문화가 있었다. 주민 가운데는 달리트가 많았고, 그 가운데 일부는 이슬람으로 개종했다. 하이데라바드 주에서는 달리트 운동이 강력했지만 분열된 상태였다. 달리트 운동의 주된 기반은 마하라슈트라의 마하르와 위상이 유사한 카스트로 텔루구어[3]를 쓰는 말라라는 카스트였다. 말라보다 교육수준이 낮은 마디가[4]는 동원이 잘 되지 않았고, 동원될 때는 말라와 거리를 두면서 국민회의와 힌두교를 지지하는 경향이 있었다. 마라트와다 지역[5]에서 마라티어를 사용하는 마하르도 동원이 잘 되지 않았고, 하이데라바드의 지도에 따르지 않았다.

이처럼 다루기 힘든 달리트 집단을 포함한 달리트 운동세력이 1942년 지정카스트연맹의 창립대회에는 모두 참가했지만 그 가운데 많은 집단이 떨어져 나갔고, 그 바람에 수비야가 조직의 전체적인 지도자가 됐다. 수비야는 총기가 있고 주장이 강한 사람이었지만 조직관리에는 그다지 유능하지 않았다. 개종을 지지한 1936년 마하르 대회에서 의장을 맡았던 부유한 건설업자이자 또 한 명의 주요 지도자인 벤카트라오는 무슬림과 가깝게 지내는 경향이 있었다. 친니잠[6] 그룹에서는 데칸 무슬림 문화권에 속하는 전투적 활동가 시암 순데르가 지도자가 됐다. 니잠은 몇 가지 양보를 했고, 그중에서도 특히 중요한 것은 달리트에게 황무지를 넘겨준 것이었다. 이 때문에 마라티어 사용 지역인 마라트와다에서는 이슬람으로 많이 개종했다. 마라트와다에서는 국민회의의 영향력이 컸고 텔랑가나[7]의 친공산당 그룹과 같은 급진성향을 갖고 있지 않았다. 순데르 그룹은 하이데라바드의 독립을 지지했고, 벤카트라오를 설득해 합류시키려고 했다. 그러나 암베드카르는 순데르 그룹의 이런 노력에 반대했다. 1947년 11월에 그는 다음과 같이 주장했다.

> 하이데라바드의 지정카스트는 어떠한 상황에서도 니잠과 이테하드 울 무슬리멘[8]의 편이 되어서는 안 된다. 힌두가 우리에게 가하는 폭정이나 압제가 무엇이든 간에 그로 인해 우리가 방향을 잃고 우리의 의무를 회피해서는 안 된다. 지정카스트에게는 자유가 필요하며, 그들의 모든 운동이 하나의 자유였다. …… 그러므로 지정카스트는 니잠을 지지할 수 없다.[9]

그러나 하이데라바드의 달리트들은 점차 증대하는 무슬림과 힌두교도간의 폭력적 대결에 얽혀들어 갔다. 1948년 무슬림이 주 전역에서 무장을 개시했고, 극단주의적이고 호전적인 무슬림 조직인 라자카르[10] 소속 무슬림들이 달리트에게 잔혹행위를 한다는 소식이 전해졌다. 1948년 1월에 암베드카르는 지정카스트연맹의 의장으로서 라지보지와 시브라지를 동반하고 아우랑가바드와 나시크를 시작으로 주 전역을 순방했다. 그때 국민회의는 '경찰활동', 정확하게 말하면 군대의 개입을 승인했다. 군인들은 민주주의 체제를 건설하기 위한 기초를 닦는 일을 해야 했다. 그러나 도망갔다가 다시 돌아온 카스트힌두 농민들은 자신의 적들 가운데 가장 무력한 달리트에게 분노를 쏟아 부었고, 그러는 동안 군인들은 방관하는 태도를 보였다. 카스트힌두의 야만적 공격이 끊임없이 보고됐다. 카스트힌두는 달리트가 니잠과 한 편이 된 것을 비난했다. 그 밑바닥에는 토지문제가 깔려 있었다. 달리트가 니잠에게서 받은 토지를 카스트힌두 농민들이 도로 뺏으려고 했던 것이다. 라지보지가 지역순방을 마치고 지정카스트연맹의 마라트와다 지역 담당인 모레와 함께 그 결과를 정리해 상황보고를 했다. 마지막으로 1949년 1월에 암베드카르가 다시 한번 이 지역을 순방했다. 아우랑가바드에서 10만 명이 참가하는 대규모 시위가 열렸고, 모든 기차역에서 거대한 수의 달리트 인파가 그를 맞았다. 마라트와다의 달리트는 조직활동에는 굼떴지만 이때 전투적인 모습을 보여주었다. 토지문제가 독립 인도 최초의 '토지 사티아그라하'로 전개됐고, 지정카스트연맹이 그 운동을 조직했다.

이 모든 일이 진행되는 동안에도 암베드카르는 연구와 저술을 계속했다. 그는 전에 《수드라는 누구인가: 어떻게 그들은 인도아리안 사회에서 제4의 바르나가 되었는가》를 썼고, 이 책은 풀레에게 헌정됐다. 이 책은 인도 사회에서 비불가촉 하층 카스트의 위상을 분석한 것이었다. 이어 그는 《불가촉민: 그들은 누구이고 왜 불가촉민이 되었는가》에서 달리트 문제를 다루었다. 이 책은 1947년에 저술됐고, 달리트 수도승인 난드나르, 라비다스, 코카멜라에게 헌정됐다. 계속해서 그는 고대 인도의 갈등과 카스트의 기원을 분석했다. 그 원고들은 '고대 인도의 혁명과 반혁명'이라는 제목으로 발간됐다.[11] 그의 새로운 입장은 그 당시까지의 대다수 카스트이론과는 상이한 것이었다.

암베드카르는 아리안 이론에 대해서는 전혀 관심을 갖지 않았나. 아리안 이론이란 유럽인들이 먼저 해놓은 연구에 따라 아주 많은 인도인들이 채택한 카스트 해석 틀로서, 아리안 침략자가 토착 원주민을 정복한 결과로 바르나의 분열이 생겼다고 보는 관점이었다. 달리트도 이 이론의 입장을 가장 선호했다. 풀레에 따르면 이것은 원래의 토착 사회를 평등하고 번영한 사회로 그리기 위해 본말을 전도시킨 이론이었다. 이것은 본질적으로 인종차별적 이론이라서 암베드카르는 이 이론을 인정하지 않았다. 암베드카르는 《누가 수드라인가》에서 이 이론에 대해 매우 강력한 반대 의견을 피력했다. 이 책에서 그는 《리그 베다》[12]에 그 근거가 없다는 점을 들면서, 어떠한 인종적 차이가 있다거나 아리안이 인도 밖에서 들어왔다거나 하는 주장들을 부인했다. 암베드카르는 《누가 수드라인가》에서 수드라는 원래 아리안 부족이었는데 브라만과 갈등을 일으켜 결국 상층 신분으로의 가입이 거부됨으로써 낮은 신분 집단이 됐다고 설명했다. 그렇지만 그는 이 책에서도 현재의 하층계급 힌두인들은 인도아리안 사회의 토착 수드라와는 혈통이 다른 별도의 인종 집단이라고 규정함으로써 아리안과 비아리안 사이의 종족구분을 받아들였다.[13] 그런데 그는 《불가촉민》에서는 '아리안'이라는 용어가 인종을 가리키는 말인지 여부를 알 수 없다고 하면서 '아리안 문제'에 대해 불가지론적인 입장을 취했다. 이 책에서 그는 나가족(이들은 자신들 나름의 독특한 언어를 사용하면서 당시에 인도 전역에 퍼져 있었다)을 고대 드라비다 인종에 상응하는 것으로 묘사함으로써 두 개의 인종집단[14]이 존재함을 인정하는 경향을 보였다. 암베드카르에 따르면 남인도와 북인도의 차이는 북인도인들이 결국 아리안계 언어를 받아들였다는 점뿐이었다. 그러나 그가 아무리 나가족에 매료되어 그들이 마하라슈트라 마하르의 조상이라고 보았다고 해도 인종적인 카스트 이론에 대해서는 여전히 반대하는 입장을 유지했다. 불가촉민은 인도의 모든 지역에 있었고, 각 지역의 불가촉민은 신체적인 특징 면에서 그 지역의 브라만과 크게 다르지 않았다. 그는 아리안 이론을 카스트에 대한 적절한 설명으로 받아들일 수 없었다. 그는 "카스트는 인종에 따른 구분이 아니라 인종을 분열시키는 것"이라고 주장했다. 이런 그의 주장은 카스트를 사회적 노동분업의 반영으로 본 전통 마르크스주의 해석에 대한 그의 거부를 상기시키는 것이기도 했다. 그는 1936년의 논문 《카스트의 박멸》을 비롯한 여러 저술들에서 "카스트는 노동분업의 한 형태가 아니다. 그것은 노동자들을 분열시키는 것"이라고 주장했다.[15]

'혁명과 반혁명'이라는 연구노트에서도 일부 엿볼 수 있지만, 그는 완결된 이론을 만들려는 노력에서 인도역사의 주요 변증법적 요소로 브라만주의와 불교의 이데올로기적 갈등을 강조했다. 초기 아리안 사회는 후진적인 부족사회였고, 불교는 마우리아 왕조의 역대 황제들이 추진한 혁명을 대변하는 종교였다. 그런데 마누가 선포하고 마우리아의 브라만 봉건귀족 숭가가 반란으로 호응한 반혁명으로 카스트 제도가 확립됐다. 그 과정에서 수드라와 기타 하층 카스트, 그리고 여자의 신분이 낮아졌다. 이런 암베드카르의 이론은 인노의 역사과정에서 정치적, 이데올로기적 요인을 가장 중시하는 이론이었다. 불가촉민 문제에 대해서도 암베드카르는 불교와 관련지어 설명했다. 《불가촉민》에서 그는 불가촉민은 승리한 부족의 마을 바깥에 거주하는 패배한 부족에 속하는 '몰락한 사람들'[16]이었다고 주장했다. 그들은 대부분 불교도였고, 종교를 포기하기를 거부했기 때문에 브라만에 의해 최악의 신분격하를 당했다. 불교의 호소력과 동물을 희생시키는 데 대한 신랄한 비판에 맞서기 위해 브라만은 채식주의를 채택했다. 원래는 자신들이 최대의 쇠고기 소비자 집단이었음에도 불구하고 그들은 쇠고기를 먹는 것을 타락의 주된 상징으로 만들었다. 이리하여 쇠고기를 먹는 행위는 마을 바깥에 거주하는 몰락한 사람들의 타락을 상징하게 됐다. 결론적으로 암베드카르는 불가촉제가 4세기와 6세기 사이에 형성됐다고 보았다. "불가촉제는 불교와 브라만주의 사이의 지배권 장악투쟁의 결과로 기원후 400년경의 어느 시점에 생겼다. …… 불교와 브라만주의의 투쟁은 인도역사를 철두철미하게 규정했지만, 그에 대한 연구는 인도역사가들에 의해 참담할 정도로 무시됐다."[17]

암베드카르는 당시의 관심사들을 분석의 주제로 삼았다. 카스트의 기원에 관한 책을 출판한 시점과 비슷한 시기에 그는 《동일언어 지역으로서의 마하라슈트라》란 소책자를 출판했다. 이것은 1947년 10월에 주재편위원회에 제출한 보고서를 책으로 펴낸 것이었다. 이 책에서 그는 봄베이가 마하라슈트라의 일부여야 한다고 주장했다. 나중인 1955년에 출판된 《동일언어 주에 관한 사색》에서 그는 각각의 주가 언어에 기초해 만들어져야 하지만 비하르, 우타르프라데시, 마디아프라데시 등 규모가 큰 주들은 분할돼야 한다는 입장을 취했다. '하나의 주, 하나의 언어'라는 그의 원칙은 황당한 공식인 '하나의 언어, 하나의 주'를 의미하는 것이 아니었다. 효율적인 행정에 대한 요구와 지역별로 다양한 요구사항을 수용할 수 있으려면 보다 세분된 주가 유리했다. 달리트의 입장에서도 각 지역에서 달리트가 수적으로 우세한 지배적인 농민사회와 맞서는 데는 세분된 주가 더 유리했다. 마라티어 지역과 관련해 암베드카르는 4개의 주를 둘 것을 제안했다. 그 가운데 세 개의 주는 콘칸을 포함한 서부의 마하라슈트라 지역, 마라트와다, 비다르바에 설치하고, 네 번째로 봄베이를 독립적인 '도시주'로 만들 것을 제안했다. 암베드카르는 또한 남인도와 북인도 사이의 사회적 분열에 대해서도 언급했다. 당시 남인도인들은 진보적인 남부에 비해 후진적인 북인도의 덩치 크고 힌디어를 사용하는 주에 의해 지배를 당하게 될지도 모른다고 우려했기 때문이다.

인도가 독립한 직후의 혼란기에 암베드카르가 벌인 활동 중에서 가장 많은 논란을 일으키면서 널리 알려진 것은 역시 힌두가족법안을 통과시키려고 노력한 것이었다. 힌두가족법안은 여러 가지 측면에서 식민지시대 이래 계속돼온 여성들의 사회개혁 노력을 총결산하는 것이었다. 영국 법정에서 적용한 전통 브라만법 아래서(브라만법 아래서는 하층 카스트의 다소 자유주의적인 관습법이 무시됐다) 여성은 이혼할 권리가 없었고, 남편과 살도록 강요될 수 있었고, 상속권이 거의 없었다. 게다가 여성은 합법적으로 돈을 관리할 수 없었고, 자기 이름으로 은행계좌를 개설할 수도 없었다. 이로 인해 여성은 재산을 갖지 못했고, 이런 여성의 상태를 개선하고, 특히 여성에게 이혼권과 상속권을 부여하려는 입법노력이 1930년대부터 이어져 내려왔다. 정부는 1941년 힌두가족법위원회를 구성했고, 이 위원회는 두 개의 관련 법안을 제출했다. 그러나 이 두 개의 법안은 정통주의자들의 완강한 반대로 통과되지 못했다. 수정된 법안이 1943년 3월에 다시 제출됐다. 이 법안은 의회에서 토론된 뒤에 라우가 위원장을 맡고 암베드카르가 법무장관으로서 자문하는 전문위원회에 회부됐다. 새로운 법안을 준비하면서 암베드카르는 초안을 약간 수정했다. 그는 특히 개인상속인의 권리가 공동상속인 제도에 의해 제약되는 방식이었던 원안의 미타크샤라[18] 체제 대신, 개인상속인이 완전한 재산권을 갖는 다야바가[19] 전통법 체계를 개혁법안의 기초로 삼았다. 이러한 개인권리 지향은 그의 철학 전체와 부합하는 것이었다.

새 법안이 1948년 8월 16일 제출됐다. 그러나 이 법안은 고난의 길을 걷게 된다. 이 법안은 3년 동안 논란의 대상이 됐지만 결론이 나지 않았고, 전통주의자들은 힌두식 결혼의 신성함을 선포하면서 이 법안을 공격했다. 그들은 결혼과 가족은 힌두사회의 진정한 기초라고 선언했고, 결혼제도의 와해는 수천 년을 견디어온 사회를 망가뜨린다고 주장했다. 그들은 새 법안을 지지하는 여자들에 대해 "지나치게 도발적이고", "야하고 화려한 의상을 입고", "너무 진하게 화장을 한다"는 공격까지 했다. 한 전통주의자는 새 법안이 통과되면 남편이 밥을 해야 하느냐고 물었다. 무케르지는 이 법안에 반대하면서, 만약 법안이 통과되면 평지풍파를 일으킬 것이라고 위협했다. 그는 서양에서 양성 간 부적응이 나타난 것을 비판하면서 모든 변화는 자발적으로 이루어져야 한다고 주장했다.[20] 의회 밖에서는 특히 델리와 캘커타에서 전통주의자들이 집회와 시위에 동원됐다. 한 집회는 수도승들이 주도했는데, 암베드카르의 젊은 여성 측근인 다니는 그날 암베드카르가 이런 말을

여성활동가들

했다고 회상했다. "나는 수도승인 여러분이 왜 상속재산에 대해 관심을 갖는지 이해하시 못 하겠소."[21]

법안은 1951년 9월 18일 마지막 검토에 들어갔다. 토론은 하나의 조항에 대해 며칠씩을 끌면서 질질 늘어졌다. 9월 20일 암베드카르는 법안에 대한 비판에 대답하는 긴 연설을 했다. 그는 힌두 사회의 불변성과 존속 자체에 관한 주장은 아무런 의미도 없다고 주장했다. 오히려 문제는 존속하는 것의 성격이라고 지적했다. 새 법안에서 제안된 새로운 결혼제도는 서구를 흉내 낸 것이 아니라 헌법상의 가치인 자유, 평등, 우애에 기초한 것이라고 그는 강조했다. 반면 전통주의자들이 주장하는 '신성한 결혼'이란 "남자에게는 다처제요, 여자에게는 영원한 노예제"라고 그는 말했다.[22] 이 연설 이후 그는 언론으로부터 심하게 공격받았고, 특히 라마와 시타[23]에서 보여지는 이상적인 힌두 부부상을 모독했다는 비난을 받았다. 암베드카르라는 한 불가촉민에게는 힌두사회법을 바꾸는 것이 헌법초안 작성에 참여하는 것보다 훨씬 더 큰 죄가 되었던 것이다.

힌두가족법안은 결국 통과되지 못했다. 네루는 이 법안을 지지한다고 공언했지만 국민회의 의원들에게 등원 명령 한 번 내린 적이 없었고 관습에 젖은 그들을 설득할 능력도 의지도 없는 게 분명했다. 이제는 암베드카르도 더 이상 참을 수가 없었다. 그는 이미 몸도 병들고 정부에 대한 혐오감도 갖고 있었다. 1951년 9월 10일에 그는 네루에게 자신은 사임하고자 하며, 새 가족법안의 좌절이 그런 결심을 굳히게 했다는 내용의 편지를 보냈다. 그는 9월 27일 사직서를 제출하고 10월 10일 의회에서 진술했다. 법안의 좌절은 그러나 그가 사직하게 된 많은 이유들 가운데 하나였을 뿐이다. 다른 한 가지 이유는 그가 법무장관이 아니라 계획위원회 위원장이 되고 싶었다는 점이었다. 그는 정부가 지정카스트를 계속해서 무시하고 있다고 비난했다. 그는 또 인도의 외교정책을 거론하면서 중국과의 우호관계가 인도를 미국에서 멀어지게 한다고 지적했다. 그는 네루와 달리 중국보다는 미국 정부가 민주주의 권력에 더 가깝다고 보았다. 늘 논란이 되던 카슈미르 문제에 대해서는 그는 이슬람 지역을 파키스탄으로 넘기는 분할 안을 제시했다.

그러나 가장 중요한 문제는 역시 힌두가족법안이었다. 그는 사직서와 연설문의 결론부분에서 힌두가족법안의 중요성을 지적했다. 그 지적은 오늘날까지도 강한 여운을 남기고 있다.

> 힌두가족법은 인도의 입법부가 지금껏 수행한 사회개혁 조치 중 가장 위대한 것이다. 과거에도 미래에도 중요성에서 이 법에 견줄 만할 것은 없다. 힌두 사회의 정신인 계급 간 불평등과 양성 간 불평등 문제를 건드리지 않은 채 경제 관련 법안만을 계속 통과시키는 것은 우리의 헌법을 웃음거리로 만드는 것이고 똥 더미 위에 궁궐을 건설하는 것이다.[24]

정말 놀라운 표현이었다. 그것은 계획경제, 국가주도 경제, 그리고 실질적인 국유경제 채택에 관한 주장이 부각되는 데서 보였던 그의 경제적 급진주의가 사회적 급진주의와 결합되지 않았음을 드러낸다. 암베드카르의 관점에서 보면 네루는 브라만적 힌두 정통주의파 의원들에게 굴복했다. '똥 더미'란 표현은 마르크스주의의 '토대와 상부구조' 비유를 뒤집은 것이었다. 그에게 '토대'는 가부장제와 카스트이며(여기에서 그가 말한 '계급'이 카스트를 지칭하는 것이 명백하기 때문) 그 위의 궁궐은 '경제관계'를 지칭하는 것이 분명했다. 그는 마찬가지로 중요한 것으로 외교정책을 거론했는데, 그 내용은 그가 사회주의 국가로부터 마음이 점점 더 멀어지고 있음을 보여주었다. 이러한 그의 심적 변화는 중국이 인

네루

도 북쪽의 주요 불교국가인 티베트를 점령한 것을 계기로 가속화된 것이 틀림없었다.

이러한 모든 것을 배경으로 그는 자신의 경제정책을 재검토했다. 이 점은 1952년 1월 선거 때 지정카스트연맹이 발표한 선언서에서 명백하게 나타났다. 이 선언서는 사회주의를 전혀 거론하지 않았고, 국유산업도 거의 언급하지 않았다. 단지 보험을 국유화하라는 요구만 들어있었다. 대신 인도의 빈곤과 관련해 경제성장이 강조됐다. 선언서는 과세를 하면 주요한 세입원이 될 수 있는데 주류 판매를 금지하는 것은 생각이 얕은 미친 짓에 불과하다고 비난했다. 암베드카르는 실용주의의 기반 위에서 경제정책을 바라보았다.

> 우리 당의 정책은 공산주의, 사회주의, 간디주의와 같은 특정한 교리나 이데올로기에 묶여 있지 않다. …… 우리 당은 출처와 상관없이, 그리고 당의 원칙에 합치하기만 한다면 인민의 사회경제적 향상을 위한 모든 계획을 기꺼이 채택할 것이다. 우리가 채택하는 계획의 세계관은 순수하게 합리적이며 근대적인 것이 될 것이다.[25]

암베드카르는 산업조직은 "어떤 교리나 형태에도 구속되지 않아야" 하고, 기업을 그대로 유지할지 아니면 국유화해 공적 부문으로 전환시킬지의 결정은 국유화가 가능하고 필수적인지에 따라 정해져야 하며 "미리 정해진 형태"는 없어야 한다고 주장했다. 실용주의와 효율적인 개발정책을 내세운 이런 주장은 그로서는 새로운 것이었다. 그러면서도 암베드카르는 종래와 마찬가지로 복지와 공업화에 관심을 가졌다. 농업부문에서는 주정부가 기계를 제공하는 방식의 기계화를 지지했다. 그는 집단적 방식 또는 협동조합식의 대농장 설치를 촉구했고, 버려진 땅이나 미개간 황무지로 분류돼 있는 토지를 불가촉민들에게 공여할 것을 요구했다. 이런 주장은 농민의 개인적인 토지개간에 대한 암베드카르의 부정적인 태도를 보여주는 것이었다.[26] 그의 선언서는 언어에 따른 주 편성을 지지했다. 선언서는 선거동맹을 형성할 때 후진계급과 후진부족을 대표하는 정당에게 우선권을 주어야 한다고 기술했다. 필요하다면 지정카스트연맹이 여타후진계급을 대표할 수 있도록 그 이름을 '후진계급연대'로 바꿀 수도 있다고 했다(이런 정책은 어떤 의미에서는 1980년대에 바후잔공동체당이 채택한 정책을 예고한 것이었다). 앞으로의 선거에서 국민회의, 특정 공동체 편향의 정당, 그리고 공산당과는 연대하지 않을 것이라는 선언도 있었다. 이 선언서는 또 지정카스트연맹은 독립노동당이 참고했던 영국 노동당과 유사하면서도 이데올로기적 색채는 좀더 강한 당으로 발전해야 한다는 생각도 내비쳤다.

선거유세 기간에 지정카스트연맹은 사회주의당과 연대하기도 했다. 하지만 암베드카르는 이런 연대는 단지 선거용일 뿐이고, 자신은 어떤 '주의'도 따르지 않으며, 현실주의와 합리주의가 당 강령의 기초라고 거듭 강조했다. 1952년 12월 22일 푸나의 지역법률클럽 도서관에서 의회민주주의에 관해 연설할 때도 그는 사회주의보다 민주주의에 중심을 두는 경향을 보였다. 이 연설을 하기 전에 그는 민주주의에 관한 존 듀이의 오래된 논문을 검토했다. 그는 민주주의의 전제조건으로서 법 앞의 평등, 사회의 도덕적 질서, 공적 양심의 작동, 그리고 극단적인 사회적 불평등의 해소 등을 강조했다. 암베드카르는 1954년 8월 26일 인도 상원에서 한 연설에서 국제문제에 대한 자신의 생각을 좀더 상세히 설명했다. 이 연설에서 그는 공산주의에 대해 "그것은 산불과 같다. 그것은 자기 앞에 나타난 것이면 무엇이든지 끊임없이 태우고 모두 삼켜버린다"면서 정부의 친러시아 정책을 또 다시 공격했다.[27]

그는 소련이 동유럽에서 한 행위를 예로 들고, 중국의 라사[28] 점령을 소련이 방관한 점도 언급했다. 당시는 그가 카트만두를 방문하고 불교에 더 많은 관심을 가진 뒤여서 티베트를 걱정한 것은 어쩌면 당연했다.

이런 모든 연설, 선언서, 강연 등은 그가 국가사회주의 경제 형태를 지지하던 종래의 입장에서 한 발 물러섰음을 명확히 보여주었다. 계획위원회에 대한 관심에서 증명됐듯이 그는 여전히 국가의 기능에 관심을 갖고 있었지만 "어떤 교리나 미리 결정된 형태는 없다"고 강조한 점을 볼 때 마르크스주의 경제학과는 의식적으로 절연했다. 다시 말해 그는 사회민주주의자가 되고 있었다. 그의 저술과 연설을 통해서 볼 때 이러한 변화과정은 그가 점점 불교로 기울어지고 있던 것과도 관련이 있었다. 사실 마르크스주의는 전체주의 정치이론으로서는 강점이 있었다. 그런데 그 '종교적' 측면, 다시 말해 전체주의적 요소를 제거해 버리면 이른바 '수정주의'에 빠지기 쉬웠다. 어쨌든 암베드카르는 마르크스주의 사상과 불교를 비교했고, 이런 비교가 경제조직에 관한 그의 견해에 영향을 미쳤던 게 분명하다.

1956년에 암베드카르는 카트만두에서 열린 세계불교인대회에서 '마르크스주의와 불교'에 관해 연설했다. 이 연설은 '부처냐 마르크스냐'라는 제목의 미출판 논문의 내용을 미리 보여준 것이었다.[29] 이 논문에서 그는 계급투쟁, 착취, 사유재산의 국유화나 철폐를 포함한 마르크스주의 가설은 인간의 문제, 즉 고통의 해결책으로 제시된 것이라고 지적했다. 그러고 나서 그 가설 중 많은 것이 이론과 경험에 의해서 무너졌다고 비판하면서도 여전히 '남아있는 불꽃'이 있다고 했다. 여전히 남은 불꽃이란 계급투쟁 사상, 착취의 기반으로서의 사유재산을 폐지해야 할 필요성, 철학의 기능은 세계를 재구축하는 것이라는 사상 등이었다. 논문의 나머지 부분에서 그는 민족주의는 더 이상 해방의 틀이 될 수 없으며, 이보다는 오히려 승가회[30]의 자발적 공동체주의가 더 나은 대안이라는 점을 명백히 했다. 그는 불교의 초기 경전인《디가 니카야》[31]의 내용 중 한 부분을 거론했다. 그것은 빈민에게 재산을 제공하지 못했기 때문에 몰락한 어떤 왕국의 이야기였다. 국가의 복지기능이 대단히 중요하다는 점을 강조하기 위해서였다. 그러나 그는 가정 또는 사적 개인은 정당하고 공정하게 부를 취득해야 한다는 점도 특별히 강조했다. 암베드카르가 상인, 재산취득, 정당한 재산취득의 기쁨 등을 존중하는 팔리어[32] 문헌들을 읽을 때 그의 경제사상 전반이 그 영향을 받았던 게 분명해 보였다.

그는 자유, 평등, 우애의 필요성을 거론하면서 논문을 마무리했다.

> 프랑스혁명은 자유, 평등, 우애의 구호 때문에 환영을 받았지만 평등을 실현하는 데는 실패했다. 러시아혁명이 평등을 지향했기에 우리는 그것을 환영했다. 그러나 사회가 평등을 추구하는 과정에서 우애와 자유를 희생시켜서는 안 된다는 점은 아무리 강조해도 지나치지 않다. ……

이 세 가지를 공존하게 할 수 있는 방법은 부처의 길을 따르는 것 외에는 없어 보인다.[33]

다시 말해 불교로 인해 암베드카르는 경제조직에 대해 더욱 실용주의적으로 접근하게 됐으며, 이런 그의 변화는 1952년 선거 때 발표된 지정카스트연맹의 선언서에 그대로 반영됐다.

그러나 지정카스트연맹은 이 선거에서도 참패했다. 지정카스트연맹은 의석을 거의 차지하지 못했다. 라지보지와 캄블레가 인도 국회와 봄베이 주하원에서 각각 당선됐을 뿐 그 외에는 아무도 당선되지 못했다. 독립 쟁취자로서의 국민회의가 걸어놓은 마술이 아직도 효력을 발휘하고 있었다. 그러나 그 효력이 1957년 선거까지 이어지지는 못했다. 지정카스트연맹이 인도공화당으로 재편되어 마라티어를 사용하는 집단의 분리주 건설을 지향하는 좌익 정당들을 포함한 폭넓은 연대조직인 연합마하라슈트라협회[34]의 일부로서 참여했다. 아무튼 이런 일은 암베드카르가 죽고 난 뒤에 벌어진 일이었고, 1952년에는 사회주의당과 달리트는 선거의 참패로 고통을 겪었다. 암베드카르 자신도 아성인 봄베이에서 낙선했고, 그는 자신의 패배가 공산당 탓이라고 비난했다. 사실 봄베이에서 공산당과 암베드카르의 지지기반은 동일했다. 즉 달리트와 여타후진카스트가 오랫동안 정착해서 일하며 살아온 섬유공장 지대가 공산당과 암베드카르의 공통된 지지기반이었다. 1952년 선거 후 암베드카르는 선거사기 혐의로 당게가 이끌던 공산당을 고소했다. 그의 주장은 단순했다. 당시 선거체제에서 법정유보 선거구는 일반선거구와 합쳐져 있었고, 유권자는 각각 1표씩 2번 투표했다. 7만 8천여 개의 무효표가 나왔는데, 그 가운데 절반은 당게를 찍은 것이었다. 암베드카르의 주장은 공산당이 유권자들에게 두 개의 투표권을 모두 한 후보자에게 행사하라고 선동했다는 것이었다. 당시 두 번의 투표에서 모두 한 후보자를 찍는 것은 불법이었다. 암베드카르는 패소했지만, 그의 분노는 가라앉지 않았다. 그는 상원의원으로서 계속 의원직을 유지했지만, 이는 국민회의에 대한 계속적인 의존을 의미했다.

그러는 동안에 그의 중요성은 국제적 차원에서 점점 더 인성받게 된다. 1952년 6월에 그는 모교인 컬럼비아 대학에서 명예법학 박사학위를 받았다. 이를 위해 그는 미국으로 갔고, 고질적인 건강문제를 해결하기 위해 병원도 방문했다. 컬럼비아 대학의 학위증은 그의 학위를 나열한 뒤에 그를 "헌법의 기초자, 내각과 주행정부 위원, 인도의 지도적 시민, 위대한 사회개혁가, 용감한 인권옹호가"라고 표현했다.[35] 그러나 그가 용감하게 옹호했다는 인권이 독립 인도에서 실제로 구현될지, 그리고 정의사회라는 건물 밑에 놓인 똥 더미가 제거될지는 여전히 불확실했다.

9장

마지막 몇 년간

"종교가 필요하다면 그것은 부처의 종교일 수밖에 없다"

독립 인도가 카스트에 찌든 가부장 사회의 문제를 방치한 채 사회주의 사회를 구현한다고 주장하면서 미래로 향하는 동안 암베드카르는 더욱 더 불교를 향해 움직였다. 그는 불교를 해방의 힘이라고 보았다.

그러나 1950년대가 진행되면서 여전히 많은 문제가 그의 마음을 빼앗았다. 특히 중요했던 것은 앞으로의 정치판에서 달리트 세력을 어떻게 재편할 것인가 하는 문제와 동일언어 주로서의 마하라슈트라 문제였다.

정치적 대표권의 문제는 지정카스트연맹을 더 폭넓은 문제를 다루는 정당으로 개편하는 문제였다. 이 정당이 전국적 구성을 갖게 된 것은 분명했지만, 그 형태는 암베드카르가 선택한 것이 아니었다. 독립노동당으로 상징되는 그의 초기 구상은 달리트에 기반하면서도 모든 가난한 사람들의 이익에 합치되는 정책을 제시하는 정당이었다. 독립노동당은 실제로 비달리트 유권자 집단에게도 인기가 있었다. 그가 달리트에 한정된 정당을 창당했던 이유는 정부 쪽에서 그에게 불가촉민의 이익을 대표한다는 증거를 요구했기 때문이다. 이제는 적어도 법정유보의 측면에서 달리트의 요구가 어느 정도 충족됐고, 성인 보통선거에 기초한 일반 선거구에서 경쟁할 필요성도 생겨났기 때문에 당을 확장하는 문제가 다시 한번 떠올랐다. 이는 독립 인도에서 사회의 일반적 흐름이 달리트 지도자에게 건설적인 역할을 수행할 광범한 기회를 주는 쪽으로 움직였다는 사실과 관련이 있었다. 암베드카르 자신이 모든 전선에 대응하여 활동하게 되었으므로 자신의 당을 확장하고 혁신하자고 제안한 것은 당연했다.

그가 채택하자고 한 것은 사회주의의 유산보다는 민주주의의 유산이었다. 이 점은 그의 정치사상 및 경제사상의 방향전환을 다시 한번 확인시켜준다. 새로운 당은 자유, 평등, 우애의 원리에 입각해 설립되겠지만, 붉은 깃발을 내걸었던 예전의 독립노동당과 같은 전투적인 노동계급 정당으로서의 성격은 더 이상 갖지 않을 것이라고 그는 말했다. 암베드카르는 미국의 노예제 폐지를 상징하는 정당의 이름, 즉 링컨의 정당인 공화당을 새로운 당명으로 선택했다. 이렇게 해서 탄생하는 인도공화당은 사회민주주의 정책을 표방하면서, 인도에 남아있는 모든 형태의 카스트 노예제에 반대하는 정당이 되는 것으로 상정됐다. 당 간부진은 거의 전적으로 달리트의 정당이었던 지정카스트연맹의 재판이었지만, 당 활동은 사회의 모든 피억압 집단을 더욱 폭넓게 포용할 것이 틀림없었다. 인도공화당은 암베드카르가 죽은 뒤에야 정식으로 창당됐지만, 그 기초는 암베드카르가 마련해준 것이었다.

또 다른 현안은 동일언어 주, 특히 마하라슈트라 문제였다. 언어에 기초하여 주를 편성하자는 요구가 인도에서 생겨나고 있었고, 특히 텔루구어를 사용하는 주를 만들어야 한다는 주장이 전면에 대두됐다. 1953년에 국민회의의 한 늙은 활동가가 단식 중 사망함으로써 감정이 격앙된 분위기 속에서 암베드카르는 인도 상원에서 언어에 따른 주 편성을 지지하는 연설을 했다. 1955~1956년에는 마라티어를 쓰는 사람들은 봄베이를 포함한 연합마하라슈트라의 결성을 강력히 요구했고, 암베드카르는 이것도 역시 지지했다. 4개의 마라티어 사용 주에 대한 그의 예전 주장은 이제 불투명해졌고, 마하라슈트라 통일운동이 엄청난 대중적 지지를 얻고 있었다. 암베드카르는 마하라슈트라를 양분해 구자라트어 사용 주와 마라티어 사용 주를 설치하고, 봄베이 시는 마하라슈트라 주에서 분리된 채로 두되 2언어 사용 주로 만들자는 국민회의의 제안에는 확고하게 반대했다. 그는 자본가는 구자라트어를 사용하는 사람들인 반면 노동계급은 대부분 마라티어를 사용하는 사람들이라는 점을 고려한다면, 국민회의의 제안은 봄베이를 '구자라트의 마하르 지구'로 만드는 것에 불과하다고 지적했다. 암베드카르는 통일 마하라슈트라를 위한 대중시위에 참가했다. 그가 사망한 뒤 인도공화당은 주로 좌익 정당들의 광범한 연대인 연합마하라슈트라협회에 공식 합류했다. 이런 결정은 인도공화당이 창당된 후 처음 실시된 1957년도 주의회와 인도 하원 선거에서 인도공화당이 큰 승리를 거두는 데 기여했다.

다른 모든 바쁜 일거리, 고질병, 집필의 부담에도 불구하고 당시 암베드카르의 마음을 사로잡았던 것은 무엇보다 개종 문제였다. 1940년경에 이르자 불교는 인도 달리트의 불가피한 선택으로 보이기 시작했다.

어떤 점에서 보면, 이는 달리트가 집단적으로 불교로 접근해간 장기적 흐름의 정점이었다. 인도에서는 19세기 이래 불교를 인도의 주요 유산으로 재발견하고 불교로 개종한 몇몇 상층카스트의 사람들이 있었지만, 대중적 차원에서 불교를 처음으로 부활시킨 것은 한 달리트였다. 그는 타밀나두의 판디트 이요티 타스다. 그는 마드라스의 신지학회[1]를 이끄는 올컷 대령을 찾아갔고, 이어 스리랑카로 가서 위대한 스리랑카 수도승 다르마팔라와 다른 스리랑카 불교도들을 만났다. 그 후 그와 그의 추종자들은 1901년에 석가불도회를 설립했다. 석가불도회라는 이름은 부처가 속했던 부족의 이름인 석가족에서 가져온 것이었고, 타스와 그의 추종자들은 이 부족이 타밀 파라이아[2]의 선조라고 믿었다. 그래서 타스의 추종자들에게 불교로의 개종은 사실상 달리트가 고대 종교로 복귀하는 것을 의미했다. 1920년대의 다른 달리트 지도자들도 불교로 기울어졌다. 그들 중에는 하이데라바드 원힌두 운동의 1세대 지도자로 유명한 바르마와, 우타르프라데시에서 원힌두 운동을 개척하고 라비다스와 카비르 같은 성자들이 불교를 전파했다고 믿은 악추타난드가 포함돼 있었다. 케랄라에서는 결국은 스리 나라야나 구루의 베단타 식 접근법이 널리 퍼지긴 했지만, 1920년대에는 이곳의 달리트와 여타후진카스트 사이에서도 불교로의 개종에 관한 논의가 있었다.

1940년에 암베드카르는 락스미 나라수가 쓴 중요한 조사보고서 《불교의 진수》를 재출판했다. 이는 불교에 대한 현대적 해석으로서, 윤회로서의 업을 부인하고 교리의 사회적 측면을 강조했다. 나라수는 이렇게 썼다.[3]

> 생리학적으로 보자면 개인은 자신의 후손으로 다시 태어나고, 육신의 업이 그들에게 전달된다. 종족적으로 보자면 개인의 정신적 삶은 그가 속한 공동체의 정신적 삶과 분리될 수 없다.

나라수와 석가불도회는 이처럼 불교를 사회적, 도덕주의적으로 해석했으며, 암베드카르는 후에 《부처와 불법》[4]에서 같은 방식으로 불교를 해석했다. 암베드카르는 또한 불교의 의미와 중요성에 관한 해설논문들을 〈인민〉에 게재하기 시작했다.

1930년대에 많은 사람들이 중요하다고 생각했던 기준, 즉 재정적, 조직적으로 강한 공동체와 결합할 필요성이란 관점에서 보면 불교는 의외의 선택이었다. 비록 불교는 세계적으로 확산된 종교였지만 인도에서는 거의 영향력이 없었다. 남부의 석가불도회는

1920년대에 소멸했고, 불교가 달리트에게 줄 수 있는 도움이 전혀 없었다. 그러나 암베드카르는 이제 달리트가 개종함으로써 얻을 수 있는 도움에 대해 그다지 개의치 않았다. 이 시기에는 달리트가 조직력을 발휘할 수도 있게 됐고, 약간의 자금을 조달할 능력도 자체적으로 갖게 됐다. 이런 배경에서 불교는 다른 장점을 가지고 있었다. 즉, 달리트가 인도의 주요 불교공동체가 되면 그 발생지에서 불교의 미래를 만들어갈 수 있는 위치에 있었다.

동시에 마하라슈트라를 비롯한 여러 달리트 사회에서 불교에 호의적인 움직임이 거대한 해일처럼 일어났다. 바산트 문의 자서전 《인도에서 불가촉민으로 성장하기》(2001)는 나그푸르에서 그런 분위기가 어떻게 전개됐는가를 보여준다. 나그푸르에서는 불가촉민들이 '하리잔'으로 불리길 거부했고, 교육받은 전투적 청년들이 카스트힌두의 정치깡패에 맞서 가두투쟁을 불사하며 그들 고유의 문화 복원을 선도했다. 그들은 힌두 축제에 참가하기를 거부하고 종교적 노예상태를 상징하는 우상들을 박살내면서 구래의 관습에 도전했다. 그들은 전통적인 부와, 바바, 사두[5]들과 맞붙어 논쟁했으며, 그들 중 다수가 달리트 운동에 뛰어들었다. 교육받은 청년들은 도서관을 개관했고, 지역의 상층카스트 불교도를 찾아내어 강의를 들었고, 토론회를 열었다. 1950년에 이르면 그들 사이에 집단적 불교로의 개종 움직임이 명확히 드러난다.

이 기간 내내, 그리고 연방내각 법무장관직을 사임한 뒤에도 암베드카르는 계속 델리에 거주했다. 건강은 여전히 나빴다. 그는 당뇨병, 관절염, 고혈압, 다리에 빈번하게 오는 극심한 통증으로 고생했다. 그럼에도 그는 오랜 시간 일했고, 종종 밤 늦게까지 글을 썼다.

그는 이제 불교연구에 집중했다. 1차 자료를 연구하는 동안 그는 팔리어를 공부하기 시작했고, 기존의 팔리어 사전에서 잘못된 설명을 수정하고 마라티어와 구자라트어에서 같은 의미를 가진 단어를 추가해 넣으면서 사전을 하나 편집하기도 했다. 1949년부터 그는 사적인 토론의 자리에서 불교를 전파하기 시작했다. 1950년에 그는 잡지 〈큰깨달음〉에 '부처와 그 종교의 미래'란 제목의 논문을 발표했다. 이 논문에서 그는 불교가 전 세계를 위한 종교라고 주장했다. 그는 "만약 종래의 세계와 아주 다른 새로운 세계가 만들어지고 그 세계가 종교를 가져야 하며 새로운 세계가 종래의 세계보다 종교를 훨씬 더 많이 필요로 한다면, 그것은 오직 부처의 종교일 수밖에 없다"[6]고 주장했다. 1950년 12월에 그는 세계불교대회에 참석했고, 1951년 7월에는 인도불도회[7]을 설립했다. 인도불도회는 1955년 5월에 대인도불도회[8]로 이름이 바뀌었다.

암베드카르가 불교를 대안의 종교로 옹호한 논거는 도덕성과 합리성에 집중됐다. 그는 기원후 처음 천 년간의 혼란스러운 세계가 그랬듯이 '새로운 세계'도 도덕으로서의 종교(이에 가장 적절한 종교는 불교라고 그는 보았다)를 필요로 한다고 지적했다. 그가 보기에 이 세상은 혼란의 세계였다. 경제성장의 잠재력은 매우 컸지만, 엘리트 세계의 번영과 권력에 대비하면 가난한 사람들은 점점 심각한 빈곤과 낙후에 시달리고 있었다. 세상은 지속적 변동, 사회운동, 전쟁, 파시즘, 대량학살, 핵무기에 의한 파괴 등으로 초래된 엄청난 심리적, 정신적 문제에 직면해 있었다. 경제성장의 약속 자체가 너무나도 상업주의와 기술적 처방에 사로잡혀 있기 때문에 도덕적 기초를 재정립할 필요가 있는 게 명백했다. 암베드카르가 해결책으로 기대한 것은 사회주의가 아니고 불교가 상징하는 도덕성이었다.

1954년의 버마 여행 때 암베드카르는 인도에서 전개되는 불교로의 개종 운동을 위한 후원을 버마정부에 요청했다. 7월 19일 버마불교최고위원회에서 연설하면서 그는 인도는 불교의 전파에 좋은 여건에 있다고 주장했다. 그 이유로 그는 불교의 발생지인 인도에서 부처는 단지 비슈누 신의 현신으로서만 알려져 있긴 하지만 이미 잘 알려져 있고, 사람들도 얼마든지 불교를 수용할 준비가 되었다고 주장했다. 그러나 그는 브라만에 초점을 두고 기독교를 선교하기 시작하면 다른 사람들도 따라올 것이라고 생각했던 기독교 선교사들의 실수를 반복하지 말라고 주의를 주었다. 그는 대신 처음부터 초점을 "하층계급, 불가촉민, 후진계급"에 두어야 한다고 주장했다. 그리고 방대한 불교경전을 축약한 간단한 '불교복음서'를 만들자고 했다.

그러나 버마인들이 후원하려고 하지 않았기 때문에 암베드카르는 혼자 힘으로 그 일을 감당하기로 했다. 그래서 그는 단순명쾌하고 설득력 있고 합리적인 불교 해설서를 쓰기 시작했다. 암베드카르는 달리트에게 전통적인 불교를 그대로 전달하고자 하지 않았다. 《부처와 불법》의 서문에서 그는 일반적인 불교 해석 중 잘못됐다고 판단되는 네 가지를 지적했다. 그것은 싯다르타가 죽은 자, 병자, 노인을 본 후에 출가했다는 것, 윤회사상, '모든 것이 고통'이라는 생각, 사회에서 격리된 조직으로서의 통상적 불교 승단의 형태였다. 고통 또는 슬픔에 관한 그의 진술은 그의 새로운 불교관을 요약해 보여준다. 그는 고집멸도(苦集滅道)의 진리를 거부하면서 이렇게 썼다. "이 교리는 불교를 뿌리에서부터 흔든다. 만약 삶이 고통이고, 죽음이 고통이고, 윤회가 고통이면 모든 것이 끝장이다. …… 이른바 '네 개의 진리(四諦)'는 불교의 전파에 가장 큰 걸림돌이다."[9] 다시 말해 그는 세상을 정면으로 거부하는 종교가 아니라 자유, 평등, 우애라는 기반 위에 세상을 재구축할 수 있는 도덕률을 제공하는 현세적인 종교를 원했다.

《부처와 불법》의 나머지 부분에서 그는 계속해서 불교에 대한 자기 나름의 해석을 제시했다. 그는 업을 윤회와 환생으로 이해하지 않고 모든 행동에는 결과가 따른다는 도덕률을 의미하는 것으로 재해석했다. 그렇지만 그 결과는 반드시 특정 개인을 통해 나타나는 것이 아니라 사회적 차원에서 작용한다고 보았다. 그는 이것을 브라만의 업(카르마) 개념과 구분하기 위해 팔리어 용어인 '깜마'라고 불렀다. 나아가 그는 싯다르타가 집을 버리고 떠난 것은 병자, 노인, 죽음을 목격함으로써 생긴 종교적 의문 때문이 아니라 석가족과 콜리야족 사이의 관개용수 전쟁을 막기 위한 것이었다고 설명했다(이런 설명의 근거는 자타카[10]에 나오는 고대의 이야기였다). 그리고 분쟁이 해결됐을 때 싯다르타는 집으로 돌아가지 않고 사회 내의 더 큰 갈등과 충돌을 해결하기로 결심했다는 것이다. 그는 다음과 같이 서술했다.

"전쟁의 문제는 갈등의 문제다. 그것은 더 큰 문제의 일부일 뿐이다. 갈등은 왕들 사이와 국가들 사이에서만이 아니라 귀족들 사이, 브라만들 사이, 가장들 사이, 친구들 사이, 식구들 사이에도 늘 존재한다. …… 국가들 사이의 갈등은 드문드문 일어난다. 그러나 계급 간 갈등은 지속적이고 영속적이다. 세상 모든 고통의 뿌리는 바로 이것이다. 사회적 갈등의 문제에 대한 해결책을 찾아야 한다."[11]

이는 마르크스가 착취의 관점에서 다루었던 문제에 대해 싯다르타가 그 전에 이미 해법을 찾고 있었다는 이야기였다. 암베드카르는 불교에서 말하는 고통을 사회적 고통인 착취라는 관점에서 주로 이해했다. 어쨌든 암베드카르는 해법을 집단적 혁명과 사회주의에서 찾지 않고 도덕적, 정신적 깨달음에서 찾았다. 이 주제는 암베드카르가 세 가지 의미로 '열반'을 정의할 때 반복된다. "그중 첫 번째는 우리가 해탈이라는 높은 경지에 이르렀을 때 느끼는 기쁨이다. 두 번째는 윤회하는 인간이 살아 있는 동안 누리는 기쁨이다. …… 열반에 대해 그가 가진 세 번째 생각은 항상 불타오르고 있는 욕망의 불길을 통제하는 것이다."[12] 욕망과 감정의 불길을 제어하는 힘은 인간 사회를 제어하는 기초가 된다.

그리고 이것이 부처의 깨달음의 기본요소다. 암베드카르의 설교는 바로 이 지점에서 시작됐고, 바로 그러한 현세적 접근을 강조하기 위해 최초의 다섯 제자가 보인 반응을 들려준다. 그는 이렇게 말한다. "지금까지의 세계사에서 스스로의 노력으로 얻은 지혜의 힘만 가지고 '구원이란 이승이나 현세에서 사람이 얻은 행복을 축복하는 것'이라고 이해한 사람은 없었습니다."[13] 책의 거의 모든 내용(그리고 부처 자신의 모든 가르침)이 실제의 팔리어 경전에서 인용됐지만, 최초 제자들의 반응은 불교 교리의 도덕적 성격을 강조하기 위해 암베드카르가 추가한 것으로 보인다. 이와 동일한 방식으로 그는 상당히 많은 노력을 기울여 불교의 '담마(불법)'를 카스트와 결부된 브라만의 '다르마'와 대비시켰다.

이것은 부분적으로 마르크스주의의 질문에 대해 불교적 대답을 제시한 것이다. 이것은 집단주의적 유물론에 대한 명백한 거부이며 심리적, 도덕적 해법을 강조한 것이다. 그러나 테라바다[14]를 포함한 전통 불교의 순수한 정신 지향과는 달랐다. 암베드카르가 말했듯이 그 목표는 그가 인생 초기부터 견지했던 목표, 즉 사회의 재구축이었다. 마르크스주의의 대답은 더 이상 그를 매혹시키지 못했다. 그는 불교에 매료됐다. 그러나 그의 불교는 일종의 심리학적 유물론이라고 할 만한, 재해석된 불교였다. '불법'과 '종교'를 구분할 때 암베드카르는 전통 종교의 경우 도덕성은 2차적이고 파생적인 것이지만, 불교도에게 불법은 비록 신성화된 도덕성이긴 하지만 사회통합에 필요한 도덕성이라고 주장했다.

이러한 기본적인 통찰에 기반하여 암베드카르의 불교 해설서인 《부처와 불법》이 만들어졌다. 《부처와 불법》에는 부처와 그의 제자들에 관한 일화들과 주요 팔리어 경전에서 뽑은 부처의 가르침이 들어있다. 일화는 사회의 모든 공동체와 모든 계급에서 부처를 따르는 사람들이 나왔다는 점을 강조했다. 아울러 부처의 지혜와 힌두 교리의 차이점을 강조했고, 불교의 합리성을 강조했다. 해석의 문제에 대해 암베드카르는 "합리적이지 않은 부처는 아무런 의미가 없기" 때문에 이성이 지침이 돼야 한다고 썼다. 그의 주장은 학술적 검토를 해볼 만한 내용이었지만 기존의 불교단체들, 특히 힌두가 지배하던 큰깨달음회[15]의 모임에서 반론을 불러일으켰다.

그것은 더 큰 힌두사회라는 관점에서 문제가 될 수 있었다. 1957년 중반에 이 책이 완성됐을 때 암베드카르는 출판을 위해 네루에게 편지를 보내 2만 루피의 정부지원을 요청했다. 네루는 지원을 거절하는 답장은 보냈지만, 원고를 당시 부처의 득도 2500주년 기념위원회를 이끌고 있던 라다크리슈난에게 전달했다. 라다크리슈난의 불교 해석은 그의 《불경》 번역본에 나타나 있는데, 그것은 불교와 베단타, 그리고 불교와 기타(Gita)의 가르침 사이의 유사성을 강조했기 때문에 《부처와 불법》과는 어울리지 않았을 게 분명하다. 정통 브라만주의자들은 불교를 힌두교의 일부로 재해석 하는 방식으로 적개심을 일부 감추기도 했지만, 그와 다른 방식으로 해석된 책은 어떤 책도 출간하길 거부하는 것을 통해 불교에 대한 적개심을 여지없이 드러냈다.

그러나 암베드카르와 그의 추종자들은 더 이상 정치지도자에게 많은 것을 기대하지 않았다. 그들 스스로 새로운 종교를 공개적으로 받아들일 준비를 계속했다. 이는 아주 오래 전에 선언된 것이었지만 그 실천에 대해서는 열렬한 소망과 강렬한 반발이 교차해 왔다. 길일로서 10월 14일이 정해졌다. 원래 암베드카르는 불법서원[16] 의식을 자기가 조직활동을 많이 했던 봄베이에서 하겠다고 선언했다. 그런데 평등군단의 전투적인 조직가인 고드볼레를 따라온 나그푸르의 한 대표가 나그푸르에서 불법서원 의식을 하자고 설득했다. 그는 나그푸르가 봄베이와는 달리 불교와 역사적인 관계가 있다고 주장했다. 나그푸르는 고대 불교의 중심이라는 것이었다. 나그푸르에는 동조자에게 얻은 4에이커의 장소가 있었고, 무서운 힌두 반동세력으로부터 바바사헤브[17]를 보호할 조직도 있었다.

누가 그 의식을 주재할 것인가? 인도에는 이에 적합한 기존 조직이 없었다. 큰깨달음회가 유명한 조직이긴 했으나, 전통적 사고에 젖은 힌두에 의해 독점돼 있었다. 영국인 불교 승려인 상가락시타가 봄베이에서 암베드카르를 만나 알려주었듯이 당시 큰깨달음회는 민초회[18]의 지도자 무케르지가 의장이었다. 암베드카르는 당시 인도에서 가장 나이 많은 불교 승려이면서 쿠시나가라 수도원에 살고 있는 한 버마인에게 자신의 불법서원 의식을 주재해달라고 부탁했다.

개종식은 엄청난 규모로 열렸다. 개종식은 암베드카르의 민중 장악력을 보여주었을 뿐 아니라 새로운 종교로 들어가겠다는 달리트들의 거대하고도 감동적인 맹세의 현장이 됐다. 마하라슈트라 전역의 시골마을과 도시에서 온 사람들이 가장 좋은 흰옷으로 차려입고 광장에 모였다. 의식이 열리는 한 주일 동안 불가촉민 남녀와 아이들 40만 명이 도시를 사실상 장악하다시피했다. 엄청난 인파 앞에서 암베드카르는 서원을 했다. 누구든 불교도가 되려면 불법승(佛法僧) 삼보(三寶)[19]에 귀의할 것을 서약해야 하는데, 그는 삼보 중에서 세 번째인 승단에 대해서는 귀의서약을 하지 않으려 했다. 그는 기존의 승단을 강력하게 비판했다. 그는 승단이 사회봉사에도 헌신적이어야 하며, 신할라[20] 수도승과 그가 만난 인도의 브라만 수도승 대부분이 무의식적으로 내비치는 카스트주의에 대해 단호하게 반대하는 조직이어야 한다고 믿었다. 그러나 곧 양보했다.[21] 그리고 그는 뒤돌아서서 전에는 보인 적이 없는 태도로 자신이 직접 추종자들의 서원을 주재했다. 그는 브라만 힌두교의 모든 측면에 대한 포기를 포함한 21개의 서원을 추가로 진행했다. 거대한 군중은 그의 지휘에 따라 브라마, 비슈누, 시바, 라마, 크리슈나에 대한 숭배를 포기하고, 힌두교식 제사의식을 따르지 않으며, 대신 불교의 가르침에 복종해 거짓말하지 않고 도둑질하지 않고 음주하지 않을 것을 맹세했다. 이런 집단적 맹세 속에서 달리트는 새로운 삶으로 뛰어들었다. 새 삶은 힌두교에서 겪었던 위계질서와 잔혹행위에서 벗어나 부처, 불법, 승

개종식에서 연설하는 암베드카르

단에 의지하는 삶이었다. 이 일은 암베드카르가 행한 연구활동, 정치활동, 그리고 세상에서 가장 억압받는 집단 중 하나인 인도의 달리트를 위해 만능의 지도자로서 그가 전개한 활동 중에서 가장 빛나는 것이었다.

10장 암베드카르와 달리트의 자유투쟁

"그의 투쟁은 아직 끝나지 않았다"

개종식을 치른 지 2달이 채 지나지 않은 12월 6일 오전 암베드카르는 밤늦게까지 작업하던 서류더미 위에 엎어져 죽은 채 발견됐다. 그가 죽자 불법서원 의식 때 나타났던 희망의 물결만큼이나 거대한 애도의 인파가 모였다. 마하라슈트라를 비롯한 전 인도의 달리트들은 자기 아버지가 죽은 것처럼 통곡했고 전 세계에서 조문이 답지했다.

암베드카르는 다양한 주제에 관한 방대한 양의 자료와 책을 남겨두고 떠났다. 마하라슈트라의 박티 수도승에 관한 집필계획은 착수도 못했다. 《고대 인도의 혁명과 반혁명》, 《불가촉민: 인도 빈민굴의 아이들》을 포함한 몇몇 미완성 초고는 극히 중요한 것들이었다. 마지막에 그는 새로운 인도 사회문화사 집필을 계획하고 있었다. 마르크스주의의 해석처럼 그는 갈등과 모순을 강조하려 했으면서도 마르크스주의와 달리 그는 역사를 주로 이데올로기

암베드카르의 장례식에 모인 인파

적, 종교적 관점에서, 즉 브라만주의와 불교 사이의 사활을 건 투쟁이라는 관점에서 보려고 했다.

20세기 전반부를 살았던 암베드카르의 삶은 인도 자유투쟁의 모든 결정적 국면과 함께 했다. 그러나 그는 인도 자유투쟁과도 관련이 있지만 이와는 또 다른 종류의 자유투쟁, 즉 인도 사회의 가장 억압받는 집단의 해방을 위한 자유투쟁에 투신했다. 그것은 반식민지 투쟁보다 더 넓고 깊은 해방운동이었으며, 새로 건설될 국가형태에 초점을 맞춘 것이었다. 이러한 그의 투쟁은 진공 속에서 생겨나온 것이 아니었다. 그것은 전통적 위계사회에서 '수드라'와 '불가촉민'으로 분류된 사람들이 벌여온 끈질기고 광범한 운동의 정점이었다. 많은 '유기적 지식인들',[1] 예컨대 조티라오 풀레, 이요티 타스, 페리야르, 망구 람, 악추타난드 같은 사람들이 달리트와 바후잔의 대중 틈에서 성장해서 그 운동을 대변하고 이론화했다. 식민지 인도의 명망가 상층 지식인들보다 이들이 진정한 근대화 일꾼이었고, 새로운 계몽의 전령이었다. 인도에서 최하층 피억압 카스트 집단에서 태어나 누구도 쫓아갈 수 없을 만큼 교육을 받은 암베드카르가 부활한 베다, 베단타 중심의 전통에 대한 옹호자가 아니라 혁명에 대한 옹호자로, 특히 프랑스 혁명에서 천명되고 점차 전 세계로 확산된 '자유, 평등, 우애'의 혁명에 대한 옹호자로 나선 것은 충분히 있을 수 있는 일이었다. 그런데 그가 그 뿌리를 인도 자체에서, 다시 말해 수천 년 전에 선포된 부처의 메시지에서 찾아낸 것은 놀라운 일이었다.

그의 자유투쟁, 즉 달리트의 자유투쟁은 여러 국면을 거쳤다. 마치 달리트들이 초기에 공용도로, 교통수단, 학교 등을 이용할 권리와 같은 간단한 권리를 위해서 싸웠듯이, 그의 투쟁은 공동 우물에서 단순히 식수를 요구하는 것에서 시작했다. 입법부와 시 당국은 몇 년에 걸쳐 이러한 시설들을 모두에게 개방하는 결의안들을 통과시켰지만 그런 결의들은 지켜지지 않고 무시됐다. 모든 기본적인 생존자원에 대한 권리를 쟁취하려는 암베드카르의 운동(이는 공공장소를 진정한 공공장소로 만들려는 운동이기도 했다)은 전통주의자들의 저항에 부딪혔으며, 달리트와 그의 지도를 따르던 몇몇 카스트힌두들이 카스트 노예제의 법적, 문화적 상징인 브라만의 고대 법전인《마누 법전》을 불태워 버렸을 때 그의 운동은 문화적인 도전으로 전환됐다. 그리고 브라만 전통에 도전하는 과정에서 암베드카르는 민족주의의 입장에 섰음에도 불구하고, 그리고 그 자신도 새로운 지도자에 희망을 걸었음에도 불구하고 인도 민족주의운동에서 가장 유명한 인물인 마하트마 간디와 정면으로 대결했다. 원탁회의 때부터 1935년 암베드카르가 "나는 힌두교도로 죽지 않을 것"이라고 선언할 때까지 계속된 그의 이런 대결정치는 전 인도를 떠들썩하게 했다.

그가 대결한 상대방은 국민회의 내의 노골적인 전통주의 지도자가 아니라 개혁 이미지를 가진 사람이며 인도 빈민의 편이 되어 당시까지 존재하던, 사회개혁과 정치개혁 간의 간극을 극복하려 한 인물이었다. 그러나 결국에 드러났듯이 간디의 개혁주의는 달리트의 열망을 충족시키지 못했다. 그것은 간디가 바르나 법의 본질을 건드리지 않은 힌두교 틀에 뿌리를 두고 있었다는 바로 그 점에 기인했다. 간디는 비슈누 헌신운동[2]에서 영감을 얻었지만 카비르, 라비다스, 투카람과 같은 가장 급진적인 박티 수도승들(이들은 정통 이슬람뿐 아니라 성직자에 의한 의식 집전과 위계질서도 함께 거부했던 사람들이다)의 특징인 평등에 대한 진실한 열정은 받아들이지 않았다. 간디의 비슈누주의는 구자라트 발라바이 운동[3]에서 보이는 온건한 전통주의의 형태였다. 이는 브라만 경전에 나오는 가장 극단적인 형태의 카스트 불평등조차 죽을 때까지 포기하지 않는다는 것을 의미했다. 그는 '카스트 의무', 즉 자식은 아버지의 직업을 따라야 한다는 법도를 긍정하는 것을·포함해 피상적으로만 현대화된 바르나 법칙을 믿는다고 선언했다. 그는 모든 직업은 동등하게 존중돼야 한다는 가치관으로써 그것을 포장하려고 했다. 나아가 이런 그의 태도는 그의 반공업주의와도 연결되고, 그가 전통 마을사회와 그 사회체제를 조화롭고 안정된 체제라고 미화한 것과도 연결된다. 그는 라마의 통치라는, 가장 무식한 인도인들조차 이해할 수 있는 말로써 그것을 수식했다. 그렇지만 달리트에게 라마의 통치는 열악한 처지를 벗어나려고 한 샴북[4] 같은 불가촉민을 박해한 체제를 의미했다. 암베드카르를 따르는 근대의 달리트들은 그들의 처지를 벗어나고, 나아가 그것을 파괴하겠다고 결심했다.

만약 간디가 단순히 힌두 사회의 지도자로만 활동했더라면 그와 암베드카르의 대결은 그렇게 중요하지 않았을 것이다. 그러나 간디는 민족운동의 지도자라고 자칭했고, 힌두교와 이슬람의 단결에 관심을 보이면서도 자신의 종교를 민족주의 운동에 투영시켰다. 많은 국민회의 당원들과 마찬가지로 그는 힌두교를 민족주의와 분리할 수 없었다. 이리하여 인도 민족주의 운동은 오늘날 지칭되는 바대로 '힌두트바', 즉 다소 의식적인 힌두교 국가의 이데올로기 속에서 성장했다. 힌두교가 인도 아대륙의 국가종교라고 선포한 것은 사바르카르 같은 초기 인물들이었지만, 간디가 불가촉민들은 외국종교로 개종해서는 안 된다고 열렬히 주장할 때 그가 취한 입장도 그들과 그리 다르지 않은 것이었다. 그가 무슬림과의 단결을 끌어낸 방식은 각 종교의 요구를 인정해주는 것이었고, 그렇게 함으로써 그는 인도가 종교공동체들로 구성되어 있다는 가설을 유지했다.

따라서 간디와 암베드카르 간의 대결은 단순히 두 명의 괴팍한 지도자 간의 대결이 아니라, 매우 상이한 인도 국가개념간의 대결이었다. 암베드카르가 발전시키고자 한 것은 인도의 새로운 국가개념이었고, 그 내용은 그의 미출판 초고들과 《누가 수드라인가》와 같은 그의 몇몇 저서에서 윤곽을 드러냈다.

암베드카르는 급진적 경제정책을 주장하면서 조직활동을 시작했다. 그는 대규모 파업과 콘칸의 반지주제도 투쟁에서 공산당과 연대했고, 소작농과 노동자 문제의 해결에 투신했다. 그가 조직한 첫 정당인 독립노동당은 공산당과 마찬가지로 붉은 색 깃발을 들었다. 그의 좌익 성향은 상당한 정도 진행되어 그가 제시한 경제정책에도 마르크스주의의 영향이 보였다. 그리고 그는 한동안 자기의 경제정책을 '국가사회주의'라고 불렀다. 그러나 결국 그는 인도의 문제를 푸는 데 마르크스주의는 부적절하다고 판단했다. 그것은 마르크스주의가 이데올로기적, 문화적 주제를 경시했거나 인도의 맥락에서 가장 중요한 카스트에 대해 철저히 몰이해했기 때문만이 아니라 충분히 민주적이지 않았기 때문이기도 했다. 인생 말년에 그는 자유주의적 사회복지국가의 경제이론으로 옮겨갔다. 그것은 공업화에 초점을 둔 계획을 수반하는 것이었지만, 경제성장을 촉진하기 위해 경쟁의 메커니즘을 이용하고 사회정의를 보장하기 위해 국가를 활용하는 식의 실용주의에 강조점을 두는 것이었다. 비록 그는 자기 생각이 마르크스주의와 다르다고 공공연히 선언했지만, 마르크스주의의 흔적은 그의 생애 내내, 그리고 그가 불교를 해석하는 방식에도 남아있었다. 정통 마르크스주의와의 유사성은 빈곤을 극복하는 수단으로서 경제개발과 공업화에 깊은 관심을 기울이는 그의 태도 속에 유지됐다. 바로 이 지점이 오늘날까지 낭만주의로써 많은 사람들을 매혹시키는 간디식 세계관과 가장 결정적으로 결별하는 지점이다.

경제와 문화에 대한 암베드카르의 방대한 분석을 고려한다면, 그는 인도의 국가 형태를 결정지은 사람들 중에서도 가장 선두에 위치해야 마땅하다. 그러나 그는 결코 그러한 반열에 속하는 인물로 받아들여지지 않았다. 광범한 정치동맹에 실패했기 때문에, 파키스탄 문제에서부터 독립 인도의 경제건설 문제에 이르기까지 당시의 중대 현안들에 대해 수많은 저술을 하고 정책을 제시했음에도 불구하고 암베드카르는 인도의 집단적 기억 속에서 주로 인도 불가촉민의 지도자라는 위치에 머물렀다. 그의 운동이 국민회의의 지배체제에 대한 정치적 위협이 안 되는 시점에 이르러서야 비로소 인도는 그의 지도력을 인정하고 이용했다. 즉, 그는 인도 헌법초안 작성위원회 의장이 됐고, 이어 독립 인도의 초대 내각에서 법무부장관이 됐다. 그러나 그것은 달리트와 비브라만이 새로운 국가를 위해 구상했던 광범한 개혁안의 좌절을 의미했고, 이런 좌절이 결국 독립 인도에서 호전적 힌두트바 세력이 새로이, 그리고 종종 추악하고 잔인한 모습으로 성장하도록 길을 열어주었다. 결혼과 상속에 관한 개혁법안인 가족법안의 통과가 좌절된 후 암베드카르가 사임연설에서 한 말, 즉 "똥 더미 위에 궁궐을 짓는다"는 표현은 독립 후 인도의 핵심적인 특징을 명쾌하게 포착한 것이었다. 그가 말한 똥 더미가 바르나 법칙이라는 문화적, 사회적 유산을 가리킴은 물론이다. 암베드카르는 그것에 반대하고 자유, 평등, 우애라는 계몽주의의 가치를 내세웠다. 그의 투쟁은 아직 끝나지 않았다.

옮긴이 후기

이 책은 게일 옴베트(Gail Omvedt)의 *Ambedkar: Towards an Enlightened India*, New Delhi(Penguin Books India, 2004)를 번역한 것이다.

  이 책이 다루고 있는 내용은 보통의 한국 사람들에게는 여러 모로 생소한 것이다. 인도라는 나라의 역사나 문화 등이 아직은 우리에게 그리 친숙하지 못할 뿐더러, 암베드카르라는 인물에 대해서는 거의 알려진 바가 없기 때문이다. 나 자신도 그러한 문외한의 수준을 크게 벗어난다고 할 수 없는 사람이다. 하지만 나는 이 책을 처음 접했을 때 신대륙을 발견한 듯한 흥분에 휩싸였으며 이 책을 번역해야겠다고 결심했다. 몇 번 더 읽었을 때는 그러한 흥분이 어느 정도 사라지기도 했고 이 번역이 그리 호락호락한 일이 아니라는 것을 알게 되었지만, 기왕에 결심한 것이라 계속 추진하다보니 번역본의 출간에까지 이르게 되었다. 과연 독자들도 내가 이 책을 처음 접했을 때 느꼈던 그 흥분에 공감할 수 있을지 자신이 없다. 그러나 꼼꼼히 읽어본다면 인도 전문가나 일반 독자들에게 상당한 영감을 줄 수 있을 것으로 본다.

이 책을 번역하면서 일반 독자의 편의를 위하여 원본에 없는 몇 가지를 추가하였다. 첫째, 번역자 서문을 달아서 이 책을 이해하는 데 필요한 기본 시각과 정보들을 정리해 보았다. 인도 내의 주류적 견해와는 차이가 있어 보이지만, 그러한 관점을 이해하지 못하면 이 책을 이해하기 어렵다고 생각되었기 때문이다. 둘째, 본문에서는 인도의 사회문화에 익숙하지 않은 독자들을 위하여 많은 번역자 주를 달았다. 번역자 서문에서 거론된 내용이나 본문의 어느 구석에 있는 내용이더라도, 독자의 이해에 도움을 줄 것으로 보이면 번역자 주에서 거듭 다루었다. 셋째, 인도의 지리에 익숙하지 못한 우리 독자들을 위하여 지도를 부록으로 붙였다. 본문에 거론되는 모든 지명을 가급적 지도에 표시하려고 했다. 지도와 대조해 가면서 책을 읽는다면 훨씬 실감이 날 것이다. 넷째, 암베드카르의 연표도 부록에 추가하여 전체적인 이해에 편의를 주고자 했다. 독자들에게 번역자 서문을 읽은 후 본문을 읽을 것을 권한다. 이 책에서 다루는 내용이 우리에게는 다소 생소하지만, 먼저 번역자 서문을 읽은 후 번역자 주, 지도, 연표 등을 참고하면서 본문을 읽는다면 그 요지를 이해하는 데 큰 무리가 없을 것이다.

인도에 관한 깊이 있는 지식이 없는 나로서 이 책을 번역하는 것은 쉽지 않은 일이었다. 특히 인도의 문화적 배경이나 현지 언어를 알지 못하면 이해할 수 없는 부분에서는 즉시 나의 한계가 노정되곤 했다. 그럴 때 크게 도움을 준 분은 칸난(T. Kannan) 박사였다. 그는 철학 및 사회학의 학문적 토대 위에서 인도의 불가촉민에 관한 연구를 해 박사학위를 받은 분으로서, 이 책의 번역에 결정적인 역할을 했다. 완성된 한글 원고에 대해서 인도전문가의 입장에서 검토를 해 주신 분은 연세대학교 인문과학연구소의 이옥순 박사였다. 바쁜 일정에도 불구하고 원고를 꼼꼼히 읽고 용어를 다듬어 주셨다. 우선 두 분 전문가에게 감사를 드린다.

그 외에도 이 작은 책이 출간되는 데 많은 분들이 도움을 주었다. 인도의 여러 친구들과 한국의 몇몇 동료 교수들이 끊임없이 격려해주었을 뿐만 아니라, 실질적으로 원고를 개선하는 데도 도움을 주었다. 그리고 나의 처와 두 아들은 언제나처럼 내가 수행하는 모든 작업을 곁에서 관심있게 지켜봐 줌으로써 내가 지치지 않고 일할 수 있도록 도와주었다. 모두에게 감사드린다. 그리고 마지막으로 그다지 상업성이 있을 것 같지 않은 이 책의 출판을 선뜻 수락해 준 필맥출판사의 이주명 대표와 세세하게 원고를 검토하고 사진을 추가하는 등 마무리작업을 해준 이성원 씨에게도 깊이 감사드린다. 모두들 감사합니다.

2005년 봄, 화암정사에서 이상수

암베드카르 연보

1891년 4월 14일 모우에서 14번째 아들로 출생. 아버지는 람지, 어머니는 비마바이.
1896년 가족이 사타라로 이사. 어머니가 죽음.
1904년 가족이 봄베이로 이사하여 파렐에 거주. 엘핀스톤 고등학교에서 수학.
1907년 SSLC 시험을 마침.
1908년 라마바이와 결혼.
1912년 BA시험 합격. 엘핀스톤 대학에서 수학.
1913년 바로다 주의 군대에 입대하여 잠시 근무. 아버지가 죽음.
1913년 7월 바로다 왕의 도움으로 미국 컬럼비아 대학 정치학과에서 수학.
1915년 석사학위 취득(학위논문 주제는 '동인도회사의 행정과 재정').
1916년 5월 9일 인류학세미나에서 '인도의 카스트: 구조, 기원, 전개과정'을 발표함. 이는 후에 1917년 5월 〈인도고대사 학술지〉에 게재됨.
1916년 6월 컬럼비아 대학에 박사논문 제출('인도의 몫—역사적 분석적 연구')

1916년   10월 12일 런던정경대학 대학원 및 그레이 법학원 등록.
1917년   컬럼비아 대학에서 박사학위 취득(1925년 '영국통치하 인도에서 지방금융의 진화과정'이란 제목으로 런던에서 출판됨).
1917년   7월 인도로 귀국. 장학금 계약서에 따라 바로다 주의 행정직에 취직했다가 불가촉차별을 심하게 당한 후 떠남.
1918년   11월 11일 봄베이 시데남 대학에 정치경제학 교수로 임용됨.
1919년   1월 사우스버러위원회에서 증언함. 억압받는 계급은 분리선거를 요구함.
1920년   1월 마라티어의 격주간지 〈민중의 지도자〉 출간.
1920년   5월 30일~6월 1일 콜라푸르의 샤후 왕이 주재한 제1차 인도피억압계급대회에 참가.
1920년   9월 런던정경대학 대학원 복학.
1921년   6월 정치학석사학위 취득(학위논문의 주제는 '영국령 인도에서 제국금융의 지역적 분산화').
1922년   그레이 법학원 변호사자격 취득.
1922년   런던정경대학 대학원에 정치학박사학위 제출('루피화의 문제—그 기원과 해법').
1922년   베를린 대학에서 공부하기 위해 독일로 감.
1923년   런던정경대학 대학원에서 정치학박사학위 취득(같은 해에 출판됨).
1923년   6월 봄베이 고등법원에서 법률실무 시작.

1924년 7월 20일 피억압계급복지회 창립.

1925년 6월~1928년 3월 봄베이의 보틀리보이 회계학교에서 상법을 시간제로 강의함.

1927년 2월 18일 봄베이 상원입법회의에 5년 임기로 지명됨. 1932년에 5년 연장됨.

1927년 3월 20일 마하드에서 초다르 저수시설 사티아그라하 개시.

1927년 4월 3일 마라티어의 격주간지 〈소외된 인도〉의 발간 개시 (1929. 11. 15까지 출간).

1927년 9월 4일 '평등사회모임' 출범.

1927년 12월 '평등군단' 출범.

1927년 12월 25일 마하드에서 마누법전을 태움.

1928년 3월 19일 봄베이 상속법(1984) 개정을 위한 법안 제출.

1928년 3월 20일~1929년 3월 사이먼위원회에서 진술함. 봄베이 국립법과대학의 교수가 됨.

1928년 6월 14일 봄베이에 피억압계급교육센터 설립.

1928년 6월 29일 격주간지 〈평등〉의 발간 개시(1929년에 중단됨).

1928년 10월 23일 사이먼위원회에서 증언함.

1930년 3월 2일 나시크의 칼라람 사원에서 사티아그라하 개시. 이후 간헐적으로 5년간 계속됨.

1930년 4월 24일 마리티어 격주간지 〈인민〉의 발간 개시.

1930년 8월 8일~9일 나그푸르에서 열린 제1차 인도피억압계급대회의 의장이 됨.

1930년   11월 12일~1931년 1월 19일 제1차 원탁회의에 참가.

1931년   9월 7일~1931년 12월 1일 제2차 원탁회의에 참가.

1932년   5월 1일 인도선거권위원회에 보고서 제출.

1932년   9월 24일 푸나협정.

1932년   11월 17일~12월 24일 제3차 원탁회의에 참가.

1935년   5월 27일 부인 라마바이가 죽음.

1935년   6월~1938년 6월 봄베이 국립법과대학의 학장 역임.

1935년   10월 예올라 대회에서 힌두교 포기를 선언.

1936년   《카스트의 박멸》 출간.

1936년   8월 15일 독립노동당 출범.

1938년   11월 7일 산업분쟁법에 항거함.

1939년   《연방과 자유》 출간.

1940년   《파키스탄에 관한 사색》 출간.

1942년   7월 18일~20일 지정카스트연맹 출범.

1942년   7월 27일 총독내각의 노동장관직 역임(1946년 7월까지).

1943년   《라나데, 간디 그리고 진나》 출간.

1943년   《간디 씨와 불가촉민 해방》 출간.

1945년   《공동체 문제와 그 해법》 출간.

1945년   《국민회의와 간디는 불가촉민들에게 무슨 짓을 했는가?》 출간.

1945년   7월 8일 봄베이에 시민교육센터 설립.

1946년   《수드라는 누구인가? 어떻게 그들은 인도-아리안 사회

	에서 제4의 바르나가 되었는가?》 출간.
1946년	싯다르타 예술 및 과학대학 설립.
1946년	7월 19일 벵골에서 제헌의회 의원으로 당선.
1947년	《국가와 소수집단》 출간.
1947년	7월 23일 봄베이에서 제헌의회 의원으로 당선.
1947년	8월 3일 독립인도의 법무장관으로 지명됨.
1947년	8월 19일 인도헌법 초안작성위원회 의장이 됨.
1948년	《불가촉민: 그들은 누구이며 왜 불가촉민이 되었는가?》 출간.
1950년	11월 26일 인도헌법이 채택됨.
1950년	5월 25일 불교 체험을 위해 콜롬보 방문.
1951년	9월 8일 네루 내각에서 사임.
1952년	1월 봄베이에서 인도 하원선거에 출마했으나 낙선.
1952년	3월 봄베이 하원입법회의에서 인도 상원 위원으로 당선됨.
1952년	6월 5일 콜롬비아 대학에서 명예법학박사학위 취득.
1954년	12월 버마 랑군의 세계불교대회에 참가.
1955년	《언어별 주에 관한 생각》 출간.
1956년	10월 14일 나그푸르에서 불교로 개종.
1956년	11월 15일~16일 카트만두의 세계불교대회 참석.
1956년	12월 6일 델리에서 사망.
1957년	《부처와 불법》 사후 출간.

주석

들어가는 글
1) 인도인에게 발은 매우 비천한 것을 상징한다. 따라서 슬리퍼로 만든 화환을 동상에 걸어놓는 것은 그 인물에 대한 지독한 모독과 경멸감을 표현하는 것이다.
2) 단결력이 어느 정도 갖추어진 달리트 집단은 자신들의 깃발을 만들어 세움으로써 집단의 힘을 과시하고 사회적인 진출을 도모했다. 이에 대해 카스트힌두는 그 깃발을 훼손함으로써 그들을 모독하고 그들의 진출을 가로막고자 했다. 또한 달리트는 암베드카르 동상을 세우고, 카스트힌두는 그것을 훼손하고 있다. 결국 '깃발과 동상의 정치판'은 달리트 운동을 상징적으로 표현하는 말이다.
3) 힌두가족법안(The Hindu Code Bill)은 관습법으로 규제되는 결혼 및 상속에 관한 규범을 통일법전화하려는 것이었다. 이 법의 제정은 실질적으로 여성의 지위 상승을 의미하는 것이었다. 암베드카르의 치열한 노력에도 불구하고 이 법안은 결국 의회에서 통과되지 못했고, 그 결과 인도에는 아직도 통일적인 가족법전이 없다.
4) 인도 사람들은 흔히 재봉질하지 않은 천으로 허리 아래를 가리고 다니는데, 이 천을 도티(dhoti)라고 한다. 간디는 민족주의 운동을 시작하면서 서양식 옷을 입지 않고 도티를 입었다.
5) 간디의 생전에 인도 사람들은 간디를 바푸(Bapu)라고 불렀다. 바푸는 '아버지'라는 뜻이다.
6) 간디가 마하트마 간디(Mahatma Gandhi)라고 불리는 데 비해 암베드카르는 흔히 바바사헤브 암베드카르(Babasaheb Ambedkar)라고 불린다. 마하트마는 '위대한 영혼'이란 뜻이고, 바바사헤브는 '어른'이란 뜻이다. '바바'는 바바사헤브와 동일한 뜻이다.

1장 교육과 불가촉민으로서의 자각
1) 조티라오 풀레(Jotirao Phule, 1827~1890)는 뒤에 거론되는 진리탐구회(Satyashodak Samaj)의 설립자로서 카스트 없는 사회를 주장했다. 암베드카르는 1946년에 출간한 자신의 책 《수드라는 누구인가》를 그에게 헌정했다.
2) 모우(Mhow)는 마디아프라데시 주에 있는 소도시로서 암베드카르의 고향이다.

부록의 마하라슈트라 지도를 참고하라.
3) 마하르(Mahars)는 카스트(자티)의 하나다.
4) 망(Mangs)은 마하라슈트라의 거대 불가촉 카스트의 하나다.
5) 군사혈통이론이란 군인이 될 수 있는 혈통(카스트)은 따로 있다는 이론으로, 불가촉민을 군대에서 배제하기 위해 활용됐다.
6) 박티 운동은 라마난다(Ramananda, 1400~1480)가 시작한 힌두 내의 한 분파운동으로, 카스트에 관계없이 누구나 성인이 될 수 있다고 주장했다. 이 운동은 구원이란 경전 읽기, 카스트의 의무 수행, 브라만에 대한 봉사에서 오는 것이 아니라 신에 대한 완전한 헌신(bhakti, devotion)에서 오는 것이며, 신에 대한 완전한 헌신은 불가촉민을 포함한 모든 카스트가 할 수 있는 것이라고 주장했다. 암베드카르는 이 운동의 전통이 진보적인 측면을 갖고 있긴 하지만 혁명적이지는 않고 개혁적이라고 보았다.
7) 카비르(Kabir, 1440~1518)는 박티 운동의 창시자인 라마난다의 열두 제자 가운데 가장 존경받은 사람이었다. 그는 우상숭배와 경전추종을 비판했다. 그의 추종자들을 카비르판티(Kabirpanthi)라고 부른다.
8) 인도에는 우리나라와 같은 주민등록 제도가 없기 때문에 학교의 학적부에 이름을 등록하는 것이 개인의 이름을 공적으로 확정하는 중요한 방법 중 하나다.
9) 원탁회의(Round Table Conference)는 인도 헌법의 틀을 만들기 위해 1930년부터 3차례에 걸쳐 영국 런던에서 소집된 회의다. 89명의 각계 대표(영국 정당대표 16명, 인도의 여러 단체 대표 53명, 인도의 주 대표 20명)가 참석했으며 주요 쟁점은 인도내의 힌두, 무슬림, 시크, 불가촉민 등 여러 공동체간 권력배분 문제였다. 원탁회의의 결과로 인도정부법(the Government of India Act 1935)이 만들어졌다. 이 법의 내용은 인도 독립 후 제정된 인도 헌법에도 많이 반영됐다. 이 회의에 대해서는 3장에서 상세히 서술된다.
10) Khairmode, 1968, 1:59.
11) 마라티어(Marathi)는 주로 마하라슈트라 주에서 사용되는 언어다. 언어지도를 참고하라.
12) 모디 문자(Modi script)는 마라티어를 표현하기 위해 사용됐던 문자다. 지금은 거의 사용되지 않는다.
13) 왕정 주(princely state)는 인도인 왕(maharaja)이 통지하는 사실상의 왕국이었다. 인도에서 왕이 통치하는 지역이 완전히 없어진 것은 1960년대 이후다. 바로다는 현재의 구라자트 지방에 있었던 왕정 주다. 부록의 인도 독립 이전 지도를

참고하라.
14) 마라타(Maratha)는 마라티어를 쓰는 사람을 말한다.
15) 아리안협회(Arya Samaj)는 스와미 다야난드 사라스와티(Swami Dayanand Saraswati, 1824~1883)가 1875년에 조직한 강력한 힌두민족주의 운동조직이다. 이 협회는 베다로 돌아가자는 구호를 내걸고 힌두개혁 운동을 주도했다.
16) 랄라 라지파트 라이(Lala Lajpat Rai, 1865~1924)는 펀자브 출신의 힌두민족주의자로서 아리안협회의 지도적 인물이며 국민회의의 지도자였다.
17) 파르시교(Parsi)는 조로아스터교의 한 종파로, 8세기에 이슬람의 박해를 피해 페르시아에서 인도로 도피해 형성된 교파다.
18) 클럽(club)은 회원제로 운영되는 일종의 식당 겸 휴게시설이다. 지금도 인도에는 클럽이 많이 있다.
19) 시데남 대학(Sydenham College)은 1913년 시데남 경이 봄베이에 설립한 대학이다.
20) Khairmode n.d., 2:65~67; 1998b, 7:53~59.
21) 파렐(Parel)은 봄베이의 섬유공장 노동자들이 주로 거주하던 주거지역 이름이다. 부록의 지도에는 표시돼 있지 않다.
22) 로크마니아 틸라크(Lokmanya Tilak, 1856~1920)는 마하라슈트라에서 주로 활동한 힌두민족주의자이자 브라만이었다. 힌두교도끼리의 사소한 차이를 넘어 힌두교의 대통합을 이루자고 주장했다. 전투적 민족주의자로 평가받고 있다.
23) 카스트힌두(Caste Hindu)는 불가촉민을 제외한 힌두교도 모두를 지칭하는 말이다.
24) Khairmode n.d., 2:104.
25) Ambedkar 1989, 6:233~34.
26) 정숙주의(quietism)는 기존 생활의 모든 것을 있는 그대로 받아들이고 그것의 변화를 시도하지 않는 것이 최선이라는 입장이다.
27) Ambedkar 1979, 1:489~91.
28) Ambedkar 1979, 1:489~91.
29) '토지에 대한 과도한 압력'이란 농업 발전에 과도하게 기대고 의존하며, 그에 따라 농업을 신속히 발전시켜야 한다는 관념이 매우 강하게 일어난 상황을 의미한다.
30) 브라만 전통에 따르면 인생에는 4단계, 즉 학생기, 가장기, 수도기, 방랑기가 있다. 학생기에는 금욕하면서 공부만 하고, 가장기에는 가정을 꾸리고 세속적 출

세를 도모하고, 수도기에는 사회를 떠나 도를 닦고, 방랑기에는 다시 사회로 돌아와 탁발수도승으로 살다가 죽어야 한다는 것이다. 본문에서 '금욕기'란 학생기를 의미한다.
31) 아마르티아 센(Amartya Sen, 1933년~)은 인도 출신의 유명한 경제학자로서 1998년 노벨경제학상을 수상했다.
32) 간디는 인도 전역을 무대로 민족주의 운동을 했다. 당시의 주된 교통수단은 기차였는데, 간디는 가난한 민중과 같이 3등 칸에 타고 기차여행을 했다.
33) 자와할랄 네루(Jawaharlal Nehru, 1889~1964)는 부유한 집안 출신이었다. 인도의 자유를 위한 투쟁에 몰입한 그는 간디와 함께 인도 민족주의의 양대 지도자였다. 그는 인도 국민회의 당수였고, 인도가 독립한 뒤에는 17년간 인도 정부를 이끌었다.
34) 비협조 운동(the non-cooperation movement)을 가리킨다. 이는 인도의 민족주의자들이 영국의 인도 지배에 항의하기 위해 관공서, 학교 등의 공적 활동을 전면 보이콧한 운동이었고, 1920년에 대규모로 실시됐다. 당시에 많은 민족주의자들이 관직을 사직했으며, 많은 학생들이 학교를 자퇴했다.

2장 달리트의 인권을 위한 투쟁에 나서다

1) 여기서 브라만주의는 상층 카스트와 하층 카스트가 존재한다는 의식이다. 브라만 중에도 이런 의식이 없는 사람이 있고, 하층 카스트 중에 이런 의식이 있는 사람도 많다. 암베드카르는 이런 의식을 척결하고자 했다. 심지어 불가촉민에 속하는 카스트도 자기보다 더 낮은 불가촉 카스트를 경멸하는 태도로 대한다. 이런 의식은 모두 암베드카르가 말한 브라만주의다.
2) 몬터규-쳄스퍼드 개혁(Montagu-Chelmsford Reform)은 1차 세계대전 뒤에 영국이 식민지 인도에서 실시한 정치개혁을 말한다. 영국의 인도 담당 국무장관 E. S. 몬터규와 총독 쳄스퍼드의 공동보고에 근거를 두고 제정된 '1919년 인도통치법'을 통해 실시됐다.
3) 진리탐구회는 사티아쇼다크 사마지(Satyashodhak Samaj)를 말한다. 이것은 19세기에 조티라오 풀레가 설립한 급진적 개혁운동 조직으로서 반카스트, 반브라만을 주장했다.
4) 하층 카스트들은 상층 카스트에 대항하기 위해 서로 연대했다. 서로 다른 카스트 간에 연합이 이루어지기도 했고, 같은 카스트 안의 하위 카스트들끼리 연합하기도 했다.

5) 국민회의(Indian National Congress)은 1885년에 설립된 최초의 민족운동 조직이며, 1930년대 후반 이후에는 본격적인 정당으로서 활동했다. 간디, 네루, 사다르 파텔 등이 이 정당에서 활동했고, 인도가 독립한 뒤에 집권당이 됐다.
6) 대힌두협회(Hindu Mahasabha)는 1915년에 설립된 힌두민족주의 운동조직이다. 문제가 이 조직에서 활동했으며, 1930년대 중반 이후 '힌두트바 이데올로기'의 창시자인 사바르카르가 이 조직을 이끌었다.
7) 피억압계급활동대(the Depressed Classes Mission)는 비탈 람지 신데(Vitthal Ramji Shinde)가 만든 사회개혁조직이다. 여기서 저자는 이 조직의 문제점을 지적하고 그 활동의 한계를 지적하고 있다.
8) 기도회는 프라르타나 사마지(Prarthana Samaj)라는 힌두교 개혁운동 조직을 가리킨다.
9) 비브라만당(Non-Brahman Party)은 브라만의 지배에 반대하는 비브라만 중심의 정당이다.
10) '불가촉민의 구원을 위한 대회'는 '아스프루시아타 니르바란 대회(Asprushyata Nirvaran conference)'를 말한다.
11) 가바이(G. A. Gabai)는 초기 마하르 개혁가였고, 중앙 주의 상원입법의회 의원을 역임했지만 암베드카르의 운동에는 합류하지 않았다.
12) 무슬림연맹(Muslim League)은 인도 독립 이전의 이슬람교도 정당이다. 1906년 결성되어 국민회의파가 지도하는 민족운동의 대항세력으로 성장했다. 진나가 시노자가 된 이후 무슬림국가의 분리 독립에 매진하여 1947년 파키스탄 독립을 실현시켰다.
13) 많은 불가촉민들은 불가촉제 문제는 힌두교 자체에 그 원인이 있다고 보고, 불가촉제를 극복하기 위한 수단으로 집단적 또는 개인적으로 이슬람이나 기독교 등으로 개종했다. 불가촉민의 개종은 정치적인 세력균형이라는 점에서 매우 중요했기 때문에 힌두교, 이슬람, 시크교 등 각 종교가 불가촉민을 끌어들이기 위해 노력했으며, 특히 간디를 비롯한 카스트힌두들은 불가촉민을 힌두교의 틀 안에 묶어두기 위해 많은 노력을 했다. 이에 대해서는 4장에서 자세히 설명된다.
14) 독립 이전 인도의 행정구역은 영국이 직접 관할한 곳(presidency), 영국이 간접적으로 관할한 곳(province), 왕정 주(princely state)로 나누어졌다. 이들 세 행정구역을 이 책에서는 각각 관구(管區), 주, 왕정 주로 번역했다. 관구는 봄베이, 마드라스, 캘커타 등 세 곳이 있었다. 독립 이전 지도를 참고하라.
15) 당시 달리트들은 아리아인의 침략 이전부터 인도 아대륙에 살아온 종족이 자신

들의 조상이라고 생각했다. 타밀나두 지역의 많은 달리트들은 자신들이 드라비다인의 후손이라고 주장했고, 안드라 지역의 여러 달리트들은 자신들이 안드라인의 후손이라고 주장했으며, 북부 인도의 많은 달리트들은 자신들이 힌두인이나 다르미인의 후손이라고 주장했다.

16) 샤후(Shahu Chhatrapati, 1874~1922)는 콜라푸르의 왕으로 비브라만 개혁군주였다.
17) 시바지(Shivaji)는 17세기에 마라타 왕국을 건설하고 통치한 인물이다. 그는 무슬림 장수였던 아프잘 칸(Afzal Khan)을 제거한 후 집권했으며, 지금도 마하라슈트라 지역의 사람들은 그를 영웅시하고 있다.
18) 인도의 법정유보제도(reservation system)는 하층 계급에게 일정 비율의 의석, 공무원직, 학교 입학자격 등을 법률적으로 보장하는 제도를 말한다.
19) 인도에는 차를 파는 곳이 유난히 많다. 예전에는 찻집에 두 종류의 찻잔이 비치돼 있었다. 한 종류는 카스트힌두용이고, 다른 한 종류는 불가촉민용이었다. 불가촉민이 건드린 잔은 오염된다고 보았기 때문이다. 그러니 왕이나 왕과 어울릴 정도의 사람이 불가촉민이 운영하는 찻집에서 차를 마신다는 것은 당시로서는 상상할 수도 없는 사건이었다고 말할 수 있다. 인도의 시골에는 아직도 두 종류의 찻잔을 비치해 놓은 찻집이 있다. 이런 찻집에서는 카스트를 확인할 수 없는 외지인이나 외국인에게 불가촉민용 찻잔을 이용하게 한다.
20) [원저자 주] 1975년 샨카라오 카라트(Shankarrao Kharat)가 필자에게 이 사건에 대해 알려주었다.
21) '민중의 지도자'는 이 격주간지의 제호 'Mooknayak'를 의역한 것이다. 'Mooknayak'를 문자 그대로 풀이하면 '벙어리들의 지도자(leader of the dumb)'라는 뜻이다.
22) All-India Conference of the Boycotted(Akhil Bharatiya Bahishkrut Parishad).
23) 바히슈크루트 히타카르니 사바(Bahishkrut Hitakarni Sabha)를 가리킨다. '피억압계급의 복지증진을 도모하는 모임'이란 뜻이다.
24) 바히슈크루트(bahishkrut)라는 말에는 거절, 부인, 무시 등의 의미가 담겨 있다. 여기서 바히슈크루트는 불가촉민을 의미한다. 이 당시 식민정부는 불가촉민을 억압받는 계급(depressed classes)이라고 불렀다.
25) 케어모드(C. B. Khairmode)는 마라티어로 방대한 분량의 암베드카르 전기를 쓴 작가로, 이 책에서도 그의 책이 많이 인용됐다.
26) Khairmode, 1958, 2:99, 144~45.
27) 인도의 의회에는 상원과 하원이 있다. 상원은 Legislative Council이라고 하고,

하원은 Legislative Assembly라고 한다.
28) 콘칸(Konkan)은 봄베이 남부의 해안지역을 지칭한다. 마하라슈트라 지도를 참고하라.
29) 마하르 와탄(the Mahar Watan)은 마하르들에게 이용권을 준 토지로서 그 대가로 마하르들은 마을 청소, 시체 처리, 행사 동원 등의 일을 무제한 무상으로 해야 했다. 이 제도는 인도 독립 후에 비로소 폐지되었다.
30) 카야스타(Kayasthas)는 카스트 이름이다. [원저자 주]원래 명칭은 찬드라세니야 카야스타 프라부스인데 마하라슈트라에서는 CKP로 알려져 있었다.
31) 독립노동당(Independent Labour Party)은 암베드카르가 1936년에 설립한 정당이다.
32) 암베드카르가 창간한 잡지 〈Janata〉를 가리킨다.
33) 여기서 정화의식(purification ceremony)이란 불가촉민에 의해 접촉된 저수시설을 다시 깨끗하게 만드는 의식이었다. 이 정화의식은 브라만 승려가 주문을 외는 동안에 소의 분뇨와 요구르트를 담은 주전자를 물 속에 담그는 식으로 진행됐다.
34) 사티아그라하(satyagraha)는 간디가 자신의 투쟁형태를 설명하기 위해 고안한 개념이다. 문자 그대로의 의미는 '진리를 고수한다' 는 뜻이고, 통상 '수동적 저항'이나 '비폭력적 저항'으로 번역된다. 보통 사티아그라하가 전개되면 수십, 수백, 심지어 수천 명의 사람이 아무런 저항 없이 경찰의 폭력적 공격에 노출되고 체포되어 수감된다.
35) 잡지명 〈Bahishkrut Bharat〉 문자 그대로 해석하면 '소외된 인도' (the excluded India)이다. 불가촉민의 땅, 불가촉민의 인도 등의 뜻이 내포돼 있다.
36) 정화운동(Shuddhi Movement)이란 슈디(Shuddhi), 즉 정화의식을 통해 더럽다고 낙인찍힌 불가촉민이나 하층 카스트 사람을 정화시켜줌으로써 그들을 평등사회의 일원으로 만들어주고자 한 운동이다. 기독교의 세례의식과 비슷하다.
37) 〈인민〉 1927. 7. 29.
38) 〈소외된 인도〉 1927. 7. 29.
39) 참바르(Chambhar)는 푸네 지역에 있던 불가촉 카스트의 이름이다.
40) 라지보지(P. N. Rajbhoj, 1905~1984)는 푸네 출신의 불가촉민으로서 1929년 사원투쟁에 개입했고, 나중에 국민회의와 암베드카르의 운동 사이를 왔다 갔다 했다. 그는 1956년에 불교로 개종했다.
41) 인도 여자들은 목걸이, 귀걸이, 팔찌, 발찌, 발가락지 등으로 장식한다. 부유한

상층 카스트 여자는 금으로 주렁주렁 몸치장을 하지만, 가난한 하층 카스트 여자는 값싼 은으로 몸치장을 한다.
42) 라마사미 페리야르(E. V. Ramasamy Periyar)는 타밀나두에서 활동했던 유명한 사회개혁 운동가다. 그는 타밀나두에서 주로 페리야르로 알려졌다. 페리야르는 '존경하는 어른'이란 뜻이다.
43) 나시크 사티아그라하는 1930~1935년에 있었던 사티아그라하 운동이다. 이때 마하르들이 사원입장을 시도했다. 국민회의는 이 운동에 반대했다. 암베드카르는 이 운동이 끝난 뒤 "나는 힌두교도로 죽지 않겠다"는 선언을 했다. 이것이 유명한 예올라 선언이다.
44) 카스트의 기원에 관한 서구 학자들의 초기 이론은 아리아인들이 인도에 침략해 상층 카스트를 형성했으며, 따라서 상층 카스트는 인종적으로 하층 카스트와 다르다는 것이었다. 인도의 많은 역사학자들도 이 이론을 채택했다. 하층 카스트 편향의 몇몇 역사학자들은 이 이론을 거꾸로 적용해, 하층 카스트가 인도의 진정한 주인이고 상층 카스트는 배척돼야 할 외국인이라고 주장했다. 그런가 하면 상층 카스트들은 인도 문명은 힌두교 문명이고 힌두교 문명의 주체는 아리아인이므로 아리아인들이야말로 인도의 중심이 돼야 한다면서, 이슬람이나 기독교 등은 외국 종교이므로 몰아내야 한다고 주장했다. 후자가 힌두민족주의 역사관이다. 암베드카르는 하층 카스트 편향의 역사학자들의 주장과 상층 카스트들의 주장이 모두 인종이론에 기초한 것이라고 보고 둘 다 거부했다.
45) 투카람(Tukaram, 1599~1649)은 마하라슈트라에서 박티 운동을 한 유명한 성자다.
46) 드니아네스와르(Dnyaneswar)도 박티 운동을 한 성자다.
47) 헌신주의(devotionalism)는 박티 운동의 다른 이름이다. 박티는 헌신(devotion)이란 뜻이다. 카비르는 박티 운동의 한 분파를 형성한 사람이다. 박티 운동과 카비르에 대해서는 1장의 주 6)과 7)을 참고하라.
48) 평등사회모임은 '삼타 사마지 상(Samta Samaj Sangh)'을 가리킨다.
49) 사이먼위원회(Simon Commission)는 인도정부법(1919)의 재검토를 위해 조직된 위원회다. 이 위원회의 원래 이름은 인도법령위원회(India Statutory Commission)였지만, 위원장인 존 사이먼(John Simon)의 이름을 따서 흔히 사이먼위원회로 불렸다.
50) 봄베이 관구(Bombay Presidency)는 후에 봄베이 주(Bombay Province)로 개칭됐다.

3장 민족주의자들의 양면성에 대한 대응

1) 램지 맥도널드 결정(Ramsey MacDonald Award)은 달리트에게 분리 선거권을 부여한 결정이다.
2) 하리잔봉사회는 '하리잔 세박 상(Harijan Sevak Sangh)'을 가리킨다. 이는 '하리잔에게 봉사하는 조직'이란 뜻이다. 하리잔은 불가촉민을 뜻하며 간디가 처음 사용했다.
3) 여기서 통합선거구란 불가촉민과 여타 카스트가 하나의 선거구를 구성하는 것이고, 분리선거구란 불가촉민이 독자적인 선거구를 구성하여 자신의 대표를 선출하는 방식을 말한다. 암베드카르는 정치상황에 따라 때로는 통합선거구를, 때로는 분리선거구를 요구했다.
4) 페슈와(Peshwa)는 시바지에 이어 인도 서부지역을 장악한 브라만 통치자로서 브라만적 가치와 카스트 체제를 강력히 옹호했다.
5) 원탁회의는 내부에 많은 위원회를 두었다. 암베드카르는 연방건설위원회(Federal Structure Committee), 소수집단위원회(Minority Committee)를 포함한 대부분의 위원회에 참가했다.
6) Ambedkar 1982, 2:503~504.
7) 시크교(Sikhs)는 구루 나나크가 만든 종교로, 힌두교에서 파생된 종교이면서 카스트에 반대한다. 주로 펀자브 지역에서 번창했다.
8) 평등군단은 '삼타 사이니크 달(Samta Sainik Dal)'을 가리킨다. 이는 '평등을 위해 싸우는 군사단'이란 뜻이다. 이 조직은 암베드카르를 지지하는 전투적 청년 자원봉사단의 역할을 하게 된다.
9) 간디는 1930년 소금법을 공공연히 위반하는 방식의 대규모 시민불복종운동(Civil Disobedience Movement)을 전개했다. 간디는 원탁회의 후 별다른 양보를 얻어내지 못한 채 이 운동을 전격적으로 중지시켰다.
10) 1930년대 초반 이후 간디는 불가촉민을 '신의 아들'이라는 뜻의 하리잔(Harijan)이라고 불렀다.
11) Keer, 1990, 165~168.
12) 진나(Jinnah, 1876~1948)는 이슬람 정파의 대표적인 지도자로서, 1905년에 국민회의에 입당해 활동했고 한때는 힌두와 이슬람 간 단결을 주장했다. 후에 국민회의와 결별했으며, 파키스탄 건국의 주역이 됐다.
13) 인도에는 여러 종류의 공동체(community)가 서로 갈등하고 있다. 공동체 간 문제(communal problem)란 힌두, 이슬람 등 종교별 공동체 간 갈등 또는 불가

촉민 공동체와 다른 공동체 간 갈등의 문제를 가리킨다.
14) Ambedkar 1982, 2:661.
15) Ambedkar 1982, 2:661.
16) Ambedkar 1982, 2:663-64.
17) 원힌두운동(Adi-Hindu movement)은 반카스트 운동을 한 달리트 운동으로서 원래 힌두인들이 북인도 지역에 있었는데 그곳에 아리아인들이 침공해서 힌두인들을 하층 카스트로 편입시켰다고 주장한다. 주로 북인도 지역에서 영향력을 발휘했다. 아디힌두(Adi-Hindu)란 침입자 아리아인들과 대비되는 '원주민 인도인'이란 뜻이다.
18) 문제와 라자는 스스로 불가촉을 위해서 운동한다고 했지만, 끊임없이 암베드카르에 반대하면서 그의 발목을 잡았다. 암베드카르는 후에 이들의 행태에 대해 강력히 비판했다.
19) 불가촉민에 내한 분리선거구 인정 여부에 대해 인도 대표들 사이에 합의가 이루어지지 못했기 때문에 이 문제에 대한 결정권이 영국 정부의 손으로 넘어가게 됐다. 영국 정부는 결정을 내리기에 앞서 모든 인도 대표들에게 영국 정부의 결정에 따르겠다는 서명을 요구했고, 간디도 이에 서명했다. 이후 영국 정부는 불가촉민의 분리선거구를 인정하는 결정을 내렸다. 이것이 이른바 램지 맥도널드 결정(Ramsey MacDonald Award)이다. 그러나 간디는 이 결정을 받아들이기를 거부하고 무기한 단식에 돌입했다. 램지 맥도널드는 당시 원탁회의의 의장이었다.
20) 만약 당시에 간디가 단식으로 인해 죽으면 카스트힌두는 달리트들에게 그 책임을 물으면서 많은 사람을 죽이는 식의 폭동을 일으킬 가능성이 매우 컸다. 이렇게 되면 마을은 진짜로 적대적인 두 부분으로 양분될 게 뻔했다.
21) 당시 간디는 감옥에서 '목숨을 건 단식'을 하면서도 협상의 모든 진행과정을 보고받고 지휘했으며, 심지어 암베드카르를 감옥으로 불러, 주요 쟁점들에 대한 협상을 직접 하기도 했다. 암베드카르도 지지 않고 굳건하게 협상에 임했다. 협상이 끝난 뒤 암베드카르는 간디가 처음부터 협상을 하지 않고 일을 복잡하게 만든 뒤에야 협상을 한 점에 대해 불평했다.
22) 푸나협정에 따른 선거제도는 달리트에게 148석의 법정유보 의석을 주었지만 그 의석은 카스트힌두에 의해 지지를 받는 달리트가 차지하도록 돼 있었다. 왜냐하면 본선거를 지배하는 다수집단은 카스트힌두이기 때문이었다. 바로 이 점을 암베드카르는 우려한 것이었고, 그의 우려는 결국 현실로 드러났다.

23) Ajnat 1993.
24) 달리트는 카스트힌두의 집안일을 하는 하인이 될 수도 없었다.
25) 브라마, 시바, 비슈누 등 힌두교의 3대 신 가운데 비슈누를 믿는 사람을 바이슈나바이트(Vaishnavite)라고 부른다. 간디는 이 계열에 속했다.
26) [원저자 주] 간디는 어떤 불가촉민이 이 호칭을 제안했다고 나중에 주장했다.
27) 바르나 법은 바르나슈라마 다르마(Varnashrama Dharma)를 가리킨다. 이는 '카스트 제도'와 같은 의미이다.
28) 즉, 간디는 하리잔봉사회가 카스트 문제를 다루지 않기를 바랐다.
29) 달리트표범당(Dalit Panthers)은 미국 흑인의 급진적 정치조직인 흑표범당(Black Panthers)에 빗대어 만든 명칭이다.
30) 네루보고서(Nehru Report)는 1928년 자와할랄 네루의 아버지인 모틸랄 네루가 작성한 것으로, 완전한 독립이 아니라 자치령 지위를 옹호하는 내용을 담고 있었다. 암베드카르는 달리트의 입장에서 네루보고서를 비판했다.
31) 〈소외된 인도〉 1929. 1. 18.
32) 카디(khadi)는 가내수공업으로 만든 천이다. 간디는 자신을 포함해 인도인 모두가 매일 일정 시간 카디를 생산하는 운동을 대규모로 벌였다.
33) 간디를 '힌두민족주의자(Hindu nationalist)'로 분류할 수 있는가에 대한 논란이 있다. 이 책의 저자 게일 옴베트는 본문에서 보듯 간디를 '간디식 힌두민족주의자'라고 다소 조심스럽게 규정하고 있다. 그러나 '옮긴이의 머리말'에서 나(옮긴이)는 힌두민족주의를 좀더 좁게 정의했고, 간디를 힌두민족주의자에 포함시키지 않았다. 간디가 힌두교 부활에 결정적으로 기여했던 것은 사실이지만, 간디의 힌두교는 힌두민족주의자들처럼 배타적, 폭력적, 근본주의적이지 않을 뿐만 아니라 간디식 해법만이 힌두민족주의 문제에 대한 올바른 해법이라는 견해도 경청할 만하다고 생각하기 때문이다.
34) 라마는 기원전 8~7세기의 왕족으로, 비슈누 신의 현신으로 간주됐다. 라마는 12세기 이후 신성시되기 시작했고, 현대 인도에서도 열렬히 숭배되고 있다. 1992년에 인도의 우익은 그의 출생지로 여겨지던 아요디야의 이슬람 사원(Babri Mosque)을 파괴했다. 인도의 저명한 역사학자인 로밀라 타파는 라마는 역사적으로 실재했던 인물이 아니라고 주장한다. 간디는 이상화된 형태의 '라마의 통치(Ram raj)'를 복원하고자 했다.
35) 인도의 대표적인 고전 시가인 《바가바드 기타》를 가리킨다.
36) 간디의 비폭력주의는 적어도 이론적으로는 상대방에게 물리적 폭력뿐만 아니

라 심리적 위협도 가하지 않고 오로지 상대방의 양심만을 자극함으로써 상대방이 자발적으로 태도를 바꾸게 하는 방법이다. 그러나 푸나협정에 이르는 과정에서 암베드카르는 자기 양심 때문이 아니고 외압에 눌려 어쩔 수 없이 입장을 바꾸었다.

37) Ambedkar 1990, Vol. 9.
38) Kanshi Ram 1982.
39) 바후잔공동체당(the Bahujan Samaj Party)은 바후잔의 이익을 옹호하기 위해 1980년대에 설립된 정당이다. 바후잔은 달리트와 여타후진카스트(OBCs)을 통칭하는 용어이다. 여타후진카스트는 수드라계급에 속한 열악한 카스트들을 지칭한다.
40) 즉, 4명의 달리트 후보 중 한 명의 달리트 대표를 선출하는 2차 선거는 달리트를 포함한 모든 유권자가 투표하는 일반선거였다. 여기에서 어느 달리트를 선출할지를 결정하는 것은 소수집단인 달리트들이 아니라 다수집단인 카스트힌두들이었다. 통상적인 선거구의 경우 달리트는 20퍼센트 미만이고, 카스트힌두는 60퍼센트를 웃돌았기 때문이다. 암베드카르는 1차 선거에서 달리트들이 4명의 후보자를 선출하기 때문에 그 중에서 누가 최종적으로 달리트의 대표가 되더라도 그가 달리트의 이익을 제대로 대변할 것으로 기대했다. 그래서 그는 푸나협정에 합의했지만, 그 뒤에 자신의 이런 생각이 오류였다는 것을 누구보다 먼저 알아차리고 푸나협정을 신랄하게 비판했다.
41) 인도의 전통 마을에는 5명으로 구성된 위원회가 구성돼 마을의 주요 사안들에 대해 결정을 하고 집행했다. 이를 판차야트(panchayat, 5인 위원회란 의미)라고 한다. 암베드카르는 이것이 반근대적이고 친카스트적이라고 보았다. 반면 간디는 마을공화국(village republic)이 이상사회라고 보았다.
42) Ambedkar 1982, 2:106.

4장 개종 문제 및 간디와의 대결

1) 마누(Manu)는 기원전 800년경에《마누법전(Manusmriti)》을 만든 사람이다.
2) 사리(sari)는 인도 여성의 전통 의상으로, 바느질하지 않은 긴 천이다. 사리는 지금도 막노동하는 밑바닥 여성에서부터 돈 많은 귀부인에 이르기까지 대부분의 인도 여성들이 즐겨 입는 의상이다.
3) 다다사헤브 가이콰드(1875~1939)의 본명은 바우라오 크리슈나라오 가이콰드(Bhaurao Krishnarao Gaikwad)다. 그는 암베드카르의 충실한 보조자로서 나시

크 사티아그라하를 지도했다.
4) Ajnat 1993, 55~56.
5) Ajnat 1993, 55~56.
6) 알-힌드(Al-Hind)는 '인도'라는 뜻이다.
7) 베다(Veda)는 힌두교의 경전이다. 베다에 대한 해석은 크게 몇 가지 흐름으로 갈라지는데, 이런 흐름들을 베단타(Vedanta)라고 한다. 힌두민족주의는 베다를 정점으로 하고, 베단타로 갈라지며, 각각의 베단타에서 다시 군소 분파가 갈라진다.
8) 이들 협회는 모두 힌두교 부흥을 도모한 모임이다.
9) 힌두트바 이데올로기란 힌두교라는 종교가 인도 국가의 기초라는 생각으로, 극우 힌두민족주의의 핵심 사상이다. 이에 따르면 이슬람과 기독교 등은 외래사상으로 배척의 대상이다.
10) 기원전 326년에 알렉산더의 침공이 있었고, 이어 마우리아 왕조가 마가다(Magadha) 왕국을 중심으로 성장해 대제국으로 발전했다.
11) Gandhi 1973, 62:376.
12) Gandhi 1976, 63:267.
13) Gandhi 1977, 64:18.
14) 이 인용문은 간디가 앤드류스(C. F. Andrews)에게 보낸 편지의 내용이 아니고, 사실은 두 사람이 나눈 대화를 간디의 비서인 데사이가 정리한 것에 들어있다. 인용문은 선교사들의 활동에 대한 의견을 묻는 앤드류스에게 간디가 대답하면서 한 말이다. 대화의 맥락에 비추어 보면 간디는 하리잔도 제정신을 갖고 있기 때문에 벽돌처럼 취급해서는 안 된다고 주장하고 있다. 이 책의 저자인 게일 옴베트는 이 인용문으로 간디가 달리트를 무시했다고 해석하고 있는데, 이는 잘못된 해석이라고 생각된다. 오히려 간디는 여기서 하리잔을 제정신이 없는 사람으로 취급하는 선교사들을 비판하고 있다. 인용문의 맨 앞에 '그들의 생각에 따르면'이라는 문구를 집어넣었으면 이런 오해가 생기지 않았을 것이다.
15) Khairmode 1998a, 6:79.
16) 데바다스 관습(the devadas custom)이란 신(deva)을 즐겁게 하기 위해 신 앞에서 춤을 추는 전통을 가리킨다. 이 관습을 따른 사람들은 신이 아닌 왕이나 지주들 앞에서도 춤을 추었고, 매춘에도 가담했다.
17) 무랄리나 조그틴은 전통적으로 매춘을 해온 집단 또는 카스트의 이름이다.
18) Khairmode 1998a, 6:147.

19) Khairmode 1998a, 6:154.
20) 중세의 철학자인 스리 샹카라(Shree Shankara)의 추종자들 중에는 네 분파가 있는데, 각 분파를 이끄는 지도자를 샹카라차리아(Shankaracharya)라고 한다. 1936년 10월의 대힌두협회 회의는 샹카라차리아가 주재했다.
21) Khairmode 1998a, 6:160.
22) 칼사 대학(khalsa college)에서 '칼사'는 '신성한(sacred)'이라는 뜻이다. 칼사 대학은 시크교가 후원하는 대학을 가리킨다.
23) 참바르(Chambhar)는 불가촉 카스트의 이름이다.
24) 자트-파트-토다크 협회(the Jat-Pat-Todak Mandal)에서 자트, 파트, 토다크는 카스트 이름이다.
25) 타밀어, 구자라트어, 마라티어, 힌디어, 펀자브어, 말라얄람어는 순서대로 각각 타밀나두, 구자라트, 마하라슈트라, 북인도의 여러 주들, 펀자브, 케랄라 주에서 주로 사용되는 언어다. 이들 언어는 각 주의 공식 언어이기도 하다. 언어지도를 참고하라.
26) 찬드라굽타(Chandragupta)는 기원전 326년 알렉산더의 침공 이후 최초의 제국인 마우리아 왕조를 설립한 사람이다.
27) 나나크(Guru Nanak, 1469~1538)은 시크교의 창시자이다. 그는 우상숭배와 카스트에 반대하고 기도와 명상을 통한 신의 경배를 주장했다.
28) Ambedkar 1979, 1:44.
29) 라나데(M. G. Ranade, 1842~1901)는 인도의 사회개혁가이며 저술가이다. 인도국민회의 창설자 중의 한 사람이기도 하다.
30) 람다스(Ramdas)는 달리트 출신으로 박티(bhakti) 시인이다.
31) 코카멜라(Cokhamela)는 달리트 시인이다.
32) Ambedkar 1979, 1:69.
33) 힌두교에서는 인생을 학생기, 가장기, 수도기, 방랑기로 나누고, 각 단계별로 의무가 달라진다고 보았다. 이처럼 인생단계별 의무의 체계를 아슈라마(Ashrama) 또는 아슈라마다르마(Ashramadharma)라고 한다.
34) Ambedkar 1979, 1:83.
35) 암베드카르는 43살 때인 1934년에 봄베이의 다다르에 도서관을 갖춘 자기 집을 짓고, 그 당호를 '라자그리하(Rajagriha)'라고 지었다. 그는 자기 집을 갖게 된 것을 대단히 기뻐했다. 그는 건축 관련 책을 사서 읽고 연구하면서 이미 지어진 부분을 부수고 새로 짓는 등 자기 집의 건축에 깊이 개입했다.

36) Ambedkar 1979, 1:352.

5장 계급적 급진주의의 시기

1) 빌, 곤드, 드라비다는 아리안족이 침입해오기 전에 인도에 살았다는 원주민 종족들이다.
2) 콘칸(Konkan)은 마하라슈트라의 서쪽 해안지대이다. 마하라슈트라의 지도를 참조하라.
3) 비다르바(Vidarbha)는 마하라슈트라의 북동부 일대. 마하라슈트라의 지도를 참조하라.
4) 〈인민〉 1936. 8. 8.
5) 마탕(Matang), 홀라르(Holar), 카야스타(Kayastha), 마하르(Mahar)는 모두 카스트의 이름이다.
6) 남수드라(Namshudra)와 라그반시(Ragvanshi)는 모두 카스트 이름이다.
7) 시바군단은 시브세나(Shiv Sena)를 가리킨다. 이는 '시바 신의 군대'라는 뜻이다.
8) 망(Mangs)은 마탕(Matangs)이라고도 하며, 카스트 이름이다.
9) 가죽가공은 전통적으로 불가촉민의 직업이었다. 참바르(Chambars)와 차마르(Chamars)는 모두 가죽가공을 직업으로 해온 카스트다.
10) 지정카스트연맹(Scheduled Caste Federation)은 1942년 암베드카르가 독립노동당을 해체하고 대신 조직한 정치조직이다. 다음 장에 자세한 설명이 나온다.
11) 차마르(Chamars), 말라(Malas), 파라이야(Paraiyas)는 카스트 이름이다.
12) 추라(Chuhras), 망/마탕가(Mangs/Matangas), 마디가(Madigas)는 카스트 이름이다.
13) 달리트의 단결은 지금도 잘 이루어지지 않고 있다. 현재 인도에는 국민회의, BJP, 공산당 등 수많은 정당이 달리트의 이익을 옹호한다고 서로 주장하면서, 달리트 및 달리트의 조직을 분할해 장악하고 있다. 이런 사정으로 인해 달리트의 독자적인 정치세력화는 잘 이루어지지 않고 있다.
14) 료트와리 제도(ryotwari system)는 종전 지주에게 권리상실에 대한 보상을 해주고, 사실상의 보유자인 소작인에게 1879년의 토지세법에 따라 점유자의 지위를 부여하는 제도다. 이는 코티보다는 훨씬 근대적인 소유형태다.
15) 치트파반(Chitpavan)은 브라만 카스트 이름이다.
16) 쿤비(Kunbis)와 아그리(Agris)는 카스트 이름이다.
17) [원저자주] 부분적으로는 토지상황으로 인하여, 마라타와 쿤비 사이의 구분은

마하라슈트라의 내륙에서 보다 콘칸에서 더욱 뚜렷했다.
18) 셰트지, 바트지, 사우카르, 자민다르(shetjis, bhatjis, sawkars, zamindars)는 모두 지배계급을 지칭하는 말들이다. 예를 들어 셰트지는 상인 집단이고, 자민다르는 지주 집단이다.
19) 〈인민〉 1938. 1. 15.
20) 〈인민〉 1938. 1. 15.
21) Khairmode, 1998b, 7:88~90.
22) 여기서 계급은 생산수단의 소유관계에 따른 경제적 계급보다는 카스트와 같은 사회적 계급을 지칭한다.
23) Khairmode 1998b, 7:91.
24) Nehru 1975, 7:108-09.
25) Nehru 1975, 7:182.
26) 〈인민〉 1938. 6. 25.
27) '악법들(Black Acts)은' 노동계급을 탄압할 목적으로 제정된 법들을 지칭한다.
28) Ambedkar 1982, 2:232.
29) 로이주의자들(Royists)은 로이(M. N. Roy)를 따르는 사람들을 가리킨다. 로이는 마르크스주의자로서 레닌과도 친교가 있었다. 후에 로이는 간디주의자가 되면서 급진적 휴머니스트로 분류된다.
30) 평등군단은 '삼타 사이니크 달(the Samta Sainik Dal)'을 가리킨다. 이는 '평등을 위한 전사들의 조직'이란 뜻이다. 암베드카르를 지지하는 전투적 청년운동 조직이었다.
31) 타마샤(tamasha)는 불쇼, 마술쇼 등을 수반하는 대중적인 볼거리 행사를 의미한다.
32) 〈인민〉 1940. 3. 30.
33) Government of Maharashtra 1982, 252-53.
34) 자트(Jat)는 카스트 이름이다.
35) 진리운동은 '아드-다름 운동(Ad-Dharm Movement)'을 가리킨다. 이는 '순수한 원형의 진리를 지향하는 운동'이란 뜻이다. 이 운동을 주도한 망구 람은 달리트 출신이다.
36) 페리야르 자존운동(Self-Respect Movement of Periyar)은 타밀나두 지역의 라마사미(E. V. Ramasamy)가 만든 급진적 운동조직이다. 페리야르는 라마사미의 별칭이다.

37) 〈공화국〉은 〈쿠디 아라수(Kudi Arasu)〉를 가리킨다.
38) 공동체 결정(Communal Award)은 불가촉민들에게 분리선거권을 부여하는 결정으로, 앞에 나온 램지 맥도널드 결정과 동일한 것이다.
39) 타밀어를 쓰는 타밀나두 지역에서는 힌디어 사용지역의 확대, 다시 말해 힌디어 사용세력의 확대에 반대했다.
40) 다라비(Dharavi)는 봄베이의 빈민굴 이름이다. 봄베이는 마라티어를 쓰는 지역이지만, 이 빈민굴에는 타밀어를 쓰는 타밀나두 사람들이 모여살고 있다.
41) 자그지반 람(Jagjivan Ram)은 국민회의의 달리트 당원으로서 암베드카르와 대결한 사람이었다. 그는 국민회의의 달리트 정책을 대변했다.
42) 고칼레 정치경제연구소의 고칼레(1866~1915)는 인도의 자유주의 정치가였다. 그는 간디 자서전에도 자주 등장하는 인물이다.
43) 나르시 메타(Narsi Mehta)는 종교시인이다.
44) 간디는 비슈누 계열의 힌두교도다.
45) Ambedkar 1979, 1:281-353.
46) 수바스 찬드라 보스(Subhas Chandra Bose, 1897~1945)는 벵골 출신이고 국민회의 내의 좌파였다. 그는 낭만적 혁명주의자로 분류된다. 후에 국민회의를 떠났고, 독립운동의 연장선에서 일본의 지원을 받아 델리를 무장공격하기도 했다.
47) 국민회의 사회주의당은 CSP(Congress Socialist Party)를 가리킨다.
48) 정의자존연맹은 '사마다르마 자존연맹(Samadharma Self-Respect League)'을 가리킨다. 여기서 사마다르마는 '정의(Justice)'란 뜻이다.

6장 전쟁과 평화, 그리고 파키스탄 문제
1) Ambedkar 1990, Vol. 8로 재출간됐다.
2) 흔히 삼장법사로 알려진 현장(玄奘)은 중국 당나라 때의 승려로서, 불교의 원래 모습을 알고자 인도를 직접 방문했다.
3) 신드(Sindh)는 구자라트 위쪽 지역으로, 오늘날에는 인도가 아닌 파키스탄에 속한다. 독립 이전 지도를 참고하라.
4) Ambedkar 1990, 8:65.
5) Ambedkar 1990, 8:353.
6) Ambedkar 1990, 8:358.
7) 무굴제국은 인도사상 최대의 이슬람 왕조로 1526년부터 1858년까지 존속했다.
8) 라지푸트(Rajputs)는 굽타제국(319~467년) 이후 북인도에 정착한 정치세력으

로, 7세기 이후 북인도 지역에 오랫동안 정착했다. 이들이 대제국을 형성하지는 않았지만, 군인세력으로 강력하게 존속했다.
9) 수피(Sufis)는 이슬람 신비주의자들을 말한다.
10) 터키 무슬림의 인도 정복은 1000년경부터 시작됐다
11) 풀레 1991, 288.
12) Government of Maharashtra 1982, 31.
13) Omvedt, 2002.
14) 바트(Bhat)는 카스트 이름이다.
15) Phule 1982, 407.
16) Khairmode 1998c, 9:107.
17) 영국 정부는 1930년대 중반 이전에는 불가촉민을 억압받는 계급(depressed classes)이라고 부르다가 그 후에는 지정카스트(scheduled castes)라고 불렀다.
18) 빔(Bhim)은 암베드카르(Bhimrao Ramji Ambedkar)의 약칭이다.
19) 비다르바(Vidarbha)는 마하라슈트라의 동부에 있는 지역의 이름이다. 마하라슈트라 지도를 참고하라.
20) Khairmode 1998c, 9:122.
21) Khairmode 1998c, 9:124.

7장 독립 인도의 건설

1) 루이스 피셔가 쓴 간디 관련 서적이 우리나라에도 번역돼 있다.
2) Khairmode 1999, 8:17.
3) Khairmode 1999, 8:33.
4) Ambedkar 1990, Vol. 9로 재출간됐다.
5) Rattu 1997, 93.
6) 이 두 권의 책은 Ambedkar 1990, Vol. 7에서 합권으로 재출간됐다.
7) 이 시기에 관한 유일한 본격적인 연구인 Thorat 1998을 보라.
8) 바산트 문(Vasant Moon, 1932~)은 마하라슈트라의 달리트 출신으로서 암베드카르 전집 편찬 작업을 책임지고 있다. 전집은 현재까지 16권이 출판됐다.
9) Moon 2001.
10) Khairmode 1998c, 9:85.
11) Ambedkar 1979, 1:410-12.
12) 이때가 1946년 7월 19일이었다. 뒤에 보듯이 그는 다음해 7월 23일에 국민회의

의 지지를 받아 봄베이 하원의원에 당선되었다.
13) Khairmode 1998c, 9:219.
14) Khairmode 1998c, 9:221-22.
15) Rattu 1997, 204.
16) Brecher 1959.
17) 여타후진카스트(other backward castes, 흔히 OBCs로 씀)는 달리트 이외의 후진카스트로서 대개 종래의 수드라를 가리키는 개념이다.
18) Ambedkar 1994, 13:1201.
19) 토머스 제퍼슨(Thomas Jefferson, 1801~1809)은 미국 3대 대통령이자 미국 독립선언문을 기초한 사람이다.
20) Ambedkar 1994, Vol. 13.
21) Ambedkar 1994, 13:1216.
22) Ambedkar 1994, 13:1217-18.

8장 독립 이후의 시기

1) 인도독립은 인도-파키스탄의 분리와 함께 이루어졌다. 이 과정에서 민족대이동이 일어났고 수천 명이 살해됐다.
2) 힌디어와 우르두어는 매우 비슷한 언어다. 그래서 두 언어를 합쳐서 힌두스타니어(Hindustani)라고 부르기도 한다. 뒤의 언어지도에는 우르두어 지역이 별도로 표시돼 있지 않다.
3) 텔루구어는 오늘날 안드라프라데시에서 주로 사용되는 언어다. 부록의 언어지도를 참고하라.
4) 마디가(Madigas)는 카스트 이름이다.
5) 마라트와다(Marathwada)는 아우랑가바드, 파르바니, 난데드, 라투르 등을 포함하는 마하라슈트라의 중부지역 이름이다.
6) 니잠(Nizam)은 이슬람 왕정주의 왕을 말한다. 여기서 니잠은 하이데라바드 왕정주의 왕을 의미한다. 뒤의 독립 이전 지도를 참고하라.
7) 텔랑가나(Telangana)는 안드라프라데시 주에 있는 한 지역 이름이다. 부록의 지도에는 표시돼 있지 않다.
8) 이테하드 울 무슬리멘(Ittehad-ul-Muslimeen)은 이슬람 정당의 이름이다.
9) Government of Maharashtra 1982, 350.
10) 라자카르(Razakar)는 호전적인 무슬림 조직이다.

11) Ambedkar 1987, 3:1514-37에 수록됨.
12) 힌두 경전인《베다(Vedas)》는 4종류가 있는데,《리그 베다(Rig Veda)》는 그 중 가장 오래된 것이자 가장 권위 있는 것으로 간주된다.
13) Ambedkar 1990, 7:10.
14) 여기서 말하는 두 개의 인종집단은 아리아 인종과 드라비다 인종을 가리킨다.
15) Ambedkar 1979, 1:47.
16) 달리트의 문자 그대로의 의미는 '몰락한 사람들(broken men)' 또는 '억압받는 사람들(the oppressed)'이다. 그렇지만 '희망이 없는 사람들'을 의미하는 것은 아니고, '다시 제 위치를 되찾을 사람들'이라는 해방적인 의미를 갖고 있다. 바로 이런 의미가 있기 때문에 각성된 불가촉민들이 자신들을 달리트라고 부르는 것이다. 현대 인도에서 달리트라는 말은 달리트 운동, 달리트 문학 등으로도 폭넓게 사용된다.
17) Ambedkar 1990, 7:379.
18) 힌두법에 대한 가장 권위 있는 기록이면서 동시에 최고의 주식서로 인정받는 것은 11세기에 비지나네슈와르(Vijnaneshwar)가 쓴 것인데 이 책을 미타크샤라(Mitakshara)라고 부른다. 이 책에 기록된 법이 미타크샤라법이다. 이 법이 인도 전체에서 최고의 권위를 누리지만, 벵골과 봄베이에서는 각각 다야바가(Dayabhaga)와 마유카(Mayuka)가 권위를 더 인정받는다.
19) 다야바가(Dayabhaga)는 지무타바하나(Jimutavahana)가 쓴 힌두법의 요약서로서 벵골에서 최고의 권위를 인정받는 법서다.
20) Ambedkar 1995, 14, bk 2:891, 1002.
21) Interview, Shatabai Dani, 1976. 1. 3.
22) Ambedkar 1995, 14, bk 2:1161.
23) 라마와 시타는《라마야나》라는 인도 대서사시에 나오는 왕자와 왕자비다.《라마야나》에서 라마와 시타는 자신의 나라에서 추방당해 온갖 곤경을 겪고 결국에는 고향인 아요디야로 귀환한다.
24) [원저자주] 그가 당시에, 그리고 헌법논쟁 과정에서 '억압받는 계급', '여타후진계급' 등의 표현을 자주 사용한 데서 알 수 있듯이 여기서 암베드카르가 사용한 '계급'은 카스트를 지칭한다는 점을 지적해둔다. 독립 초기에 이처럼 용어가 애매하게 사용됐기에 나중에 이 점이 '여타후진계급'을 위한 법정유보가 경제적 기준을 포함해야 한다는 주장의 근거로 이용됐다.(Ambedkar 1995, 14, bk 1:1325)

25) Khairmode 2000a, 10:153.
26) 암베드카르는 농민의 개인적인 땀으로 황무지를 개간하는 방식에 반대하고, 대신 집단화와 기계화를 주장했다.
27) Khairmode 2000b, 11:103.
28) 라사는 티베트의 수도였다.
29) Ambedkar 1987, 3:441-62에 실려 있다.
30) 승가회는 '비쿠상(Bhikku Sangh)'을 가리킨다. 이는 '승려들의 모임'이란 뜻이다.
31) 《디가 니카야(Digha Nikaya)》는 초기 불교 팔리어 경전이다. 장부아함(長部阿含)이라고도 한다.
32) 초기불교 경전은 팔리어로 기록되어 스리랑카와 동남아시아의 남방불교에서 전해지고 있다. 팔리어는 지금은 사용하지 않는 언어이다.
33) Ambedkar 1987, 3:462.
34) 사뮤크타 마하라슈트라 사미티(Samyukta Maharashtra Samiti)는 연합마하라슈트라협회란 의미다.
35) Khairmode 2000a, 10:280.

9장 마지막 몇 년간

1) 신지학회(Theosophical Society)의 신지학은 신비주의적 종교체험을 강조하는 종교철학으로서 차별 없는 보편적 형제애를 강조한다.
2) 파라이야(Paraiyas)는 타밀나두 지역의 불가촉 카스트 이름이다.
3) Narasu 1993, 32.
4) 《부처와 불법(The Buddha and His Dhamma)》에서 담마(Dhamma)는 부처의 다르마(법도)를 힌두교의 다르마와 구분하기 위해 암베드카르가 쓴 용어다.
5) 부와, 바바, 사두(buwas, babas, sadus)는 모두 전통적으로 존경받는 사람들을 가리킨다.
6) Sangharakshita 1986, 71.
7) 인도불도회는 '바라티야 바우다 자나상(Bharatiya Bauddha Janasangh)'을 가리킨다.
8) 대인도불도회는 '바라티야 바우다 마하사바(Bharatiya Bauddha Mahasabha)'를 가리킨다.
9) Ambedkar 1992, 11:ii.

10) 자타카(Jatakas)는 토착 이야기 모음집이다. 대개 도덕적이고 교훈적인 내용을 담고 있다.
11) Ambedkar 1992, 11:57-58.
12) Amdedkar 1992, 11:234.
13) Ambedkar 1992, 11:130-31.
14) 테라바다(Theravada)는 스리랑카와 동남아시아에 전해오는 고대 불교 전통의 한 흐름으로 상좌부(上座部) 불교라고도 한다.
15) 큰깨달음회(Mahabodhi Society)는 19세기 실론(현재의 스리랑카)의 아나가리카 다르마팔라(Anagarika Dharmapala)가 설립한 불교단체로서 때로는 암베드카르의 운동에 호의적이었지만 불교를 힌두교의 한 종파로 이해하려 한다는 혐의를 받았다.
16) 불법서원(dhammadiksha) 의식은 불교에 입문하는 의식으로서 불법을 지키겠다는 약속을 하는 절차를 담고 있다. 담마(dhamma)는 '불법' 이란 뜻이고, 디크샤(diksha)는 '맹세한다' 는 뜻이다.
17) 바바사헤브(Babasaheb)는 암베드카르의 별칭이다.
18) 민초회는 '잔 상(Jan Sangh)' 을 가리킨다. 이는 '인민의 모임' 이란 뜻이다.
19) 불법승(佛法僧)의 3보는 불교도가 귀의 즉, 믿고 의지하는 부처(Buddha), 불법(Dhamma), 승단(Sangha)을 의미한다.
20) 신할라(Sinhala)는 실론(현재의 스리랑카) 지역의 언어 및 지역을 의미한다. 신할라 수도승은 실론의 수도승이다.
21) Sangharakshita 1986, 136-37.

10장 암베드카르와 달리트의 자유투쟁

1) 유기적 지식인(organic intellectuals)은 그람시의 개념으로서, 같은 계급이나 같은 공동체 출신의 지식인을 의미한다. 예컨대 노동계급출신 노동운동가나 불가촉민출신의 불가촉운동 지도자가 유기적 지식인에 해당한다.
2) 비슈누 헌신운동(Vaishnavite Bhakti movement)는 비슈누 신에 대한 헌신운동을 말한다.
3) 구자라트 발라바이 운동(the Gujarati Vallabhaite movement)는 구라라트 지방의 발라바이에 대한 헌신운동이다.
4) 샴북은 대서사시 《라마야나》에 등장하는 불가촉민으로서 주인공인 라마에게 죽임을 당한다.

본문에 인용된 참고문헌

Ajnat, Surendra, ed. 1993. *Letters of Ambedkar*. Jalandhar: Bheem Patrika Publications.
Ambedkar, B.R. 1979-95. *Dr. Babasaheb Ambedkar: Writings and Speeches*, 17 volumes. Edited by Vasant Moon. Mumbai: Government of Maharashtra. [Vol. 1, 1979; Vol. 2, 1982; Vol. 3, 1987; Vol. 6, 1989; Vol. 7, 1990; Vol. 8, 1990; Vol. 9, 1990; Vol. 11, 1992; Vol. 13, 1994; Vol. 14(parts 1 and 2), 1995.]
Brecher, Michael. 1959. *Nehru: A Political Biography*. London: Oxford University Press.
Gandhi, M.K. *The Collected Works of Mahatma Gandhi*. New Delhi: Government of India, Ministry of Information and Broadcasting, Publications Division. [Vol. 51: *September 1 — November 15, 1932*(published 1972); Vol. 62: *October 1 — May 31, 1936*(published 1973); Vol. 63: *June 1 — November 2, 1936*(published 1976); Vol. 64: *November 3, 1936 — March 14, 1937*(published 1997).]
Government of Maharashtra. 1982. *Source Material on Dr. Babasaheb Ambedkar and the Movement of Untouchables*. Bombay: Government of Maharashtra.
Kanshi Ram. 1982. *The Chamcha Age: Era of the Stooges*. New Delhi.
Keer, Dhananjay. 1990. *Dr. Ambedkar: Life and Mission*. Mumbai: Popular Prakashan.
Khairmode, C.B. 1968-2000. *Dr. Bhimrao Ambedkar Charitra*(in Marathi), 14 Volumes. [Vol. 1, 1968, Mumbai: Pratap Rele; Vol. 2, n.d.c. 1958, Mumbai: Bauddh Janpanchayat Samiti; Vol. 6, 1998a Pune: Sugawa Prakashan; Vol. 7, 1998b, Pune: Sugawa Prakashan; Vol. 8, Pune: Sugawa Prakashan, 1999; Vol. 9, 1998c, Pune: Sugawa Prakashan; Vol. 10, 2000a, Pune: Sugawa Prakashan; Vol. 11, 2000b, Pune: Sugawa Prakashan.]
Moon, Vasant. 2001. *Growing Up Untouchable in India: A Dalit Autobiography*.

Translated by Gail Omvedt. Boulder: Rowman and Littlefield.

Narasu, P. Laxmi, 1993. *The Essence of Buddhism*. New Delhi: Asian Educational Services.

Nehru, Jawaharlal. 1959. *The Discovery of India*. Edited by Robert Crane. Garden City, New York: Anchor Books.

———, 1975. *Selected Works* Vol. 7. Edited by S. Gopal. New Delhi: Orient Longman Sangam Books.

Omvedt, Gail. 2002. Ideologies of Brahmanism and the current crisis. Paper presented at preconference symposium on Challenging Caste: Ideologies, Violence, Creativity, 31st Annual Conference on South Asia. Madison, Wisconsin, 10 October.

Phule, Jotirao. 1982. *Samagra Wangmay* (in Marathi). Edited by Dhananjay Keer and G.T. Malshe. Mumbai: Government of Maharashtra.

———, 1991. *Mahatma Phule Samagra Wangmay*. Edited by Y.D. Phadke. Mumbai: Maharashtra Rajay Sahitya ani Sanskritik Mandal.

Rattu, N.C. 1997. *Last Few Years of Dr. Ambedkar*. New Delhi: Amrit Publishing House.

Sangharakshita. 1986. *Ambedkar and Buddhism*. Glasgow: Windhorse Publications.

관련 서적

Aloysius, G. 1997. *Nationalism without a Nation in India*. New Delhi: Oxford University Press.

Ambedkar, Savita. n.d. *Dr. Ambedkarancya Sahawasat*(In Companionship with Dr. Ambedkar). Mumbai: Dr. Babasaheb Ambedkar Foundation.

Ambirajan, S. 1999. Ambedkar's contributions to Indian economics. *Economic and Political Weekly* 20 November.

Bapat, Ram. 1998. Situating Ambedkar's *The Buddha and His Dhamma and Discovering His Own Saddhama Yana*. In *Reconstructing the World: Dr. Ambedkar's Understanding of Buddhism*, edited by Surendra Jondhale and Johannes Beltz. Oxford University Press.

Chatterjee, Partha. 2001. The nation in heterogeneous time. *Indian Economic and Social History Review* 38(4) 399-418.

Dhavare, Ramesh, ed. 1982. *Mangaon Parishad: Smruti Mahatsav Vishesh Ank* (in Marathi). Kolhapur.

Gaikwad, Pradip, ed. 2002. *Kamgar Calval: Dr. Babasaheb Ambedkaranci Nwadak Bhashane va Lekh* (in Marathi). Nagpur: Kshitij Publications.

Ganjare, M.P. ed. 1973-79. *Dr. Babasaheb Ambedkaranci Bhashane* (in Marathi), 6 volumes. Nagpur: Ashok Prakashan.

Ganvir, Ratnakar. 1981. *Mahad Samta Sangar* (in Marathi). Jalgaon: Ratnamitra Prakashan.

Gautam, M.B. 1976. The untouchables' movement in Andhra Pradesh. In Andra Pradesh State Harijan Conference Souvenir, Hyderabad, 10-12 April.

Geetha, V., and S.V. Rajadurai. 1998. *Towards a NonBrahman Millennium: From Iyothee Thass to Periyar*. Calcutta: Samya.

Jadhav, Narendra. 1991. Neglected economic thought of Babasaheb Ambedkar. *Economic and Political Weekly* 13 April.

Kamble, B.C. 1987. *Samagra Ambedkar Charitra* Part 7. Bombay: Author.

Kuber. W.N. 1973. *Ambedkar: A Critical Study*. New Delhi: People's Publishing House.

Kumar, Ravinder. 1987. Gandhi, Ambedkar and the Poona Pact, 1932. In *Struggling and Ruling: The Indian National Congress 1885-1985*, edited by Jim Masselos. Bangalore: Sterling Publishers.

Mathew, Thomas. 1991. *Ambedkar: Reform or Revolution*. New Delhi: Segment Books.

Maxwe, Prabhakar. n.d. *Shri Jagjivanram: Vyakti ani Vichar* (in Marathi). Mumbai: Somaiyya Publications.

O' Hanlon, Rosalind. 1985. *Caste, Conflict and Ideology: Mahatma Jotirao Phule and Low Caste Protest in Nineteenth-Century Western India*. New Delhi: Orient Longman.

Omvedt, Gail. 1976. *Cultural Revolt in a Colonial Society: The NonBrahman Movement in Western India, 1873 to 1930*. Poona: Scientific Socialist Education Trust.

_____, 1994. *Dalits and the Democratic Revolution: Dr. Ambedkar and the Dalit Movement in Colonial India*. New Delhi: Sage.

_____, 1999. Dalits and ecomomic policy: Contributions of Dr. Ambedkar. In *Dalits in Modern India: Vision and Values*, edited by S.M. Michael. New Delhi: Sage.

Queen, Christopher. 1998. Ambedkar and the rise of the fourth Yana. Paper presented at the international conference on 'Reconstructing the world: Dr. Babasaheb Ambedkar's understanding of Buddhism', organized by the Department of Political Science, University of Pune, 7-9 October.

Rege, Sharmila and Pravin Chavan. Forthcoming. *Caste, Identity and Public Sphere: Documenting Dalit Counterpublics*. New Delhi: Sage.

Rodrigues, Valerian, ed. 2002. *The Essential Writings of Dr. Ambedkar*. New Delhi: Oxford University Press.

Sarkar, Sumit. 2000. Identities and histories: Some lower-caste narratives from early 20th century Bengal. In *Fusing Modernity: Appropriation of History and Political Mobilization in South Asia*, edited by Hiroyuki Kotani et. al. Osaka: Japan Center for Area Studies.

Shourie, Arun. 1997. *Worshipping False Gods: Ambedkar, and the facts which have been erased*. New Delhi: ASA Publications.

Thorat, Sukhadeo. 1998. *Ambedkar's Role in Economic Planning and Water Policy*. Delhi: Shipra Publications.

Venkataswamy, P.R. 1955. *Our Struggle for Emancipation*, 2 volumes. Secunderabad: University Art Printers.

Zelliot, Eleanor, 1970. Learning the use of political means; The Mahars of Maharashtra. In *Caste in Indian Politics*, edited by Rajni Kothari. New Delhi: Allied.

_____, 1979. The Indian rediscovery of Buddhism. *In Studies in Pali and Buddhism: A Memorial Volume in Honour of Bhikku Jagdish Kashyap*, edited by A.K. Narain. Delhi: B.R. Publishing Corporation.

_____, 1986. The Political thought of Dr. B.R. Ambedkar. In *Contemporary Indian Political Thought*, edited by Thomas Pantham and Kenneth I. Deutsch. Delhi: Sage Publications.

_____, 1995. Chokhamela: Piety and protest. In *Bhakti Religion in North India*, edited by David Lorenzen. Albany, New York: SUNY Press.

_____, 2001. *From Untouchable to Dalit: Esseys on the Ambedkar Movement*. New Delhi: Manohar.

찾아보기

ㄱ
가바이 60, 89
개종 선언 113
개종식 228
계몽주의 81
공동체 결정 141
구자라트 39
국가사회주의 180, 238
국민회의 11, 59, 73, 90, 96, 106, 125, 142, 144, 145, 150, 160, 176-178
기도회 59

ㄴ
나가족 198
나그푸르 80, 162, 176, 220
나그푸르 대회 165
나르시 메타 143
나시크 71, 93, 104
남수드라 128
네루보고서 95, 106

ㄷ
다다사헤브 가이콰드 104, 164
다라비 142, 144
다르마 13, 16, 225
다모다르 강 175
다야바가 202
다폴리 36
달리트 18-22, 95, 108, 161-165, 173-179, 190-197, 215-220, 235-237
달리트표범당 19, 95
담마 225
당게 132, 212
대인도불도회 221
대힌두협회 10, 59, 89, 96, 113, 125
데바다스 관습 112
독립노동당 67, 125, 126, 128, 161, 215, 216
던카라오 자발카르 69

ㄹ
라그반시 128
라나데 118
라마 97
라비다스 236
라자 89, 164
라자카르 196
라지보지 70, 130, 164, 196
랄라 라지파트 라이 40, 41, 59
람다스 118
램지 맥도널드 결정 80, 89
로크마니아 틸라크 47, 59

료트와리 139
료트와리 제도 131
린리트고우 150

ㅁ

마누법전 119
마드라스정의당 73, 107
마디가 131, 194
마라트와다 194-196, 201
마르크스주의 127, 209, 238, 239
마탕 128
마탕가 131
마하드 67, 70
마하라슈트라 34, 58, 59, 215
마하르 18, 34, 59, 82, 128, 131
마하트마 간디 11, 21, 71, 80, 85,
　　　　　　　　86, 87, 90, 96, 97, 98,
　　　　　　　　109, 114, 119, 236, 237
만마드 134
말라 130, 194
말라비야 114, 115
망 129, 131
망구 람 235
모디 문자 37
모우 33
몬터규-챔스퍼드 개혁 58, 59
몰락한 사람들 19
무랄리 112
무슬림 84, 150, 152, 153
무슬림연맹 60, 74, 125, 173
문제 89, 113

미타크샤라 202
밀린드 대학 174, 175

ㅂ

바로다 39
바르나 12-17, 120
바르나 법 94, 120
바르마 218
바르카리 118, 133
바산트 문 176, 220
바이샤 13
바트지 132
바후잔 19
바후잔공동체당 20, 99
바히슈크루트 65
박티 72, 133, 236
반불가촉제연맹 93
발리바이 운동 236
법정유보 의석 74, 80, 90, 128
법정유보제도 18, 62
벤카트라오 164
볼레 38, 131
봄베이 피억압계급 대회 108
분리선거구 80, 84, 89, 90, 92, 187
불가촉 제도 15
불가촉민 14, 18, 59
불교 119, 215, 218, 226, 227
불법서원 의식 227
브라만 13
비다르바 127, 164
비브라만당 60, 107

비슈누 헌신운동 236
비폭력주의 98

ㅅ

사바르카르 10, 105, 237
사우스버러위원회 64
사우카르 132
사이먼위원회 73, 80
사타라 36, 53
사티아그라하 68, 93, 104, 108, 179
사하라스라부데 67
사하자난드 142
샤후 차트라파티 61-64
석가불도회 218
세속주의 12
셰트지 132
소수집단위원회 86
수드라 13
수렌드라나트 티프니스 67
수바스 찬드라 보스 143, 150
수비야 164
스리니바산 82
스와미 악추타난드 88, 164, 219, 235
시민불복종운동 85
시바지 61
시브라지 110, 162, 196
시브타르카르 82, 130
시암 순데르 195
시크교 113, 114, 115, 119
시크교도 84
신데 59, 62-64

싯다르타 예술대학 174

ㅇ

아그리 131
아난트라오 치트레 67
아르주나 97
아리안협회 11, 39
아슈라마 120
아우랑가바드 196
아콜라 65
야그니크 132
억압받는 계급 18
여타후진카스트 18, 187
연방건설위원회 82
연합마하라슈트라협회 211, 218
예올라 108
와벨 174, 178
와벨협정 174
와탄 66, 69, 70, 73, 139
원탁회의 73, 80, 82, 84
원힌두운동 88, 164, 218
유기적 지식인들 235
이요티 타스 235
이테하드 울 무슬리멘 195
인도 피억압계급 대회 80
인도공화당 216, 217, 218
인도불도회 221
인도인민당 11
인도정부법안 84
인민교육센터 174

ㅈ

자민다르 132
자와할랄 네루 12, 13, 135, 136, 158, 181, 206
자트 141
자티 12-16
전국자원봉사대 11
정의당 141
정의자존연맹 144
정화의식 68
제헌의회 180, 183
조겐드라나트 만달 163
조그틴 112
조시 67
조티라오 풀레 58, 81, 156, 158, 235
지정카스트 18
지정카스트연맹 130, 163, 165, 169-179, 182, 197, 208, 211, 215
진나 86, 151, 154, 155, 179
진리운동 141
진리탐구회 58, 60

ㅊ

차마르 130
참바르 70, 130
초다르 68
총선거 176
추라 130
치트레 131, 132
치트파반 131

ㅋ

카마티푸라 112
카비르 35, 72, 236
카비르판티 35, 133
카스트 12-19, 22
카스트힌두 13
카야스타 67, 128, 129, 132
칼사 대학 174
케샤브라오 제데 69
켈루스카르 38, 82
코레가온 82
코카멜라 118
코티 131, 132, 133
코티 체제 127
콘칸 66, 67, 127, 131, 132, 238
콜라바 93
콜라푸르 60, 61
쿤비 131, 133
크립스 1/8
크립스위원회 160, 165, 173
크샤트리아 13
큰깨달음회 227, 228

ㅌ

타마샤 139
타카르 바파 93
타케라이 129
타크레 129
탈루크타리 체제 127
텔랑가나 195
통합선거구 89, 90, 92

투카람 72, 118, 236

ㅍ

파라이야 130, 218
파룰레카르 132, 138
파키스탄 152, 153, 155, 157, 173, 193
판디트 이요티 타스 110, 218
페리야르 81, 142, 235
페리야르 자존운동 141
평등군단 84, 138, 162
평등사회모임 74
푸나협정 90, 99, 177, 178
피억압계급대회 162
피억압계급복지회 65, 73
피억압계급활동대 59, 62

ㅎ

하리잔 18, 94-96
하리잔봉사회 80, 94
하이데라바드 194, 195
헌법초안 작성위원회 183
헌신주의 72
홀라르 128
히라쿠드 댐 175
힌두가족법안 201-205
힌두민족주의 10, 22
힌두트바 이데올로기 10, 105

◎ **최근의 인도(2004)** 독립 인도는 전국을 언어별로 주를 편성하여 연방국가를 수립했다. 뒤의 언어지도를 보면 주의 경계가 사용되는 언어에 따라 그어져 있음을 알 수 있다.

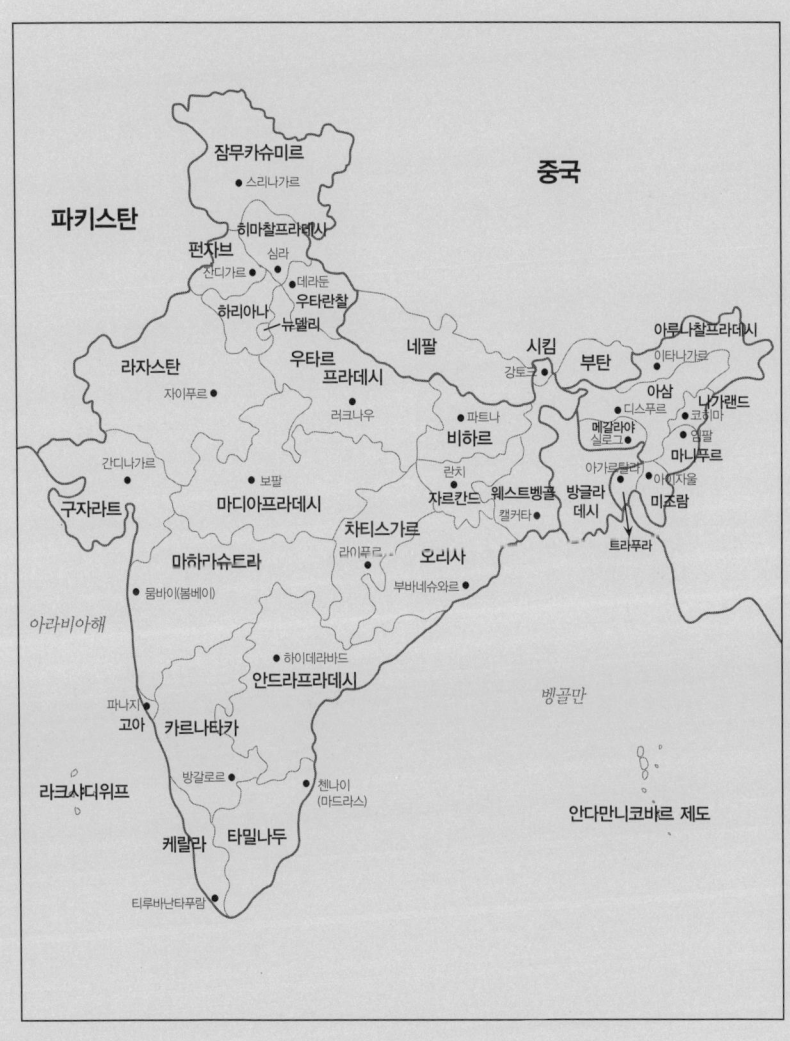

◎ **인도의 언어지도(1991)** 인도의 언어는 크게 인도-아리안계와 드라비다계로 나뉘고, 그 내부에 수백 개의 언어가 있다. 이 중 인도 정부가 인정하는 공식 언어는 20여 개다.

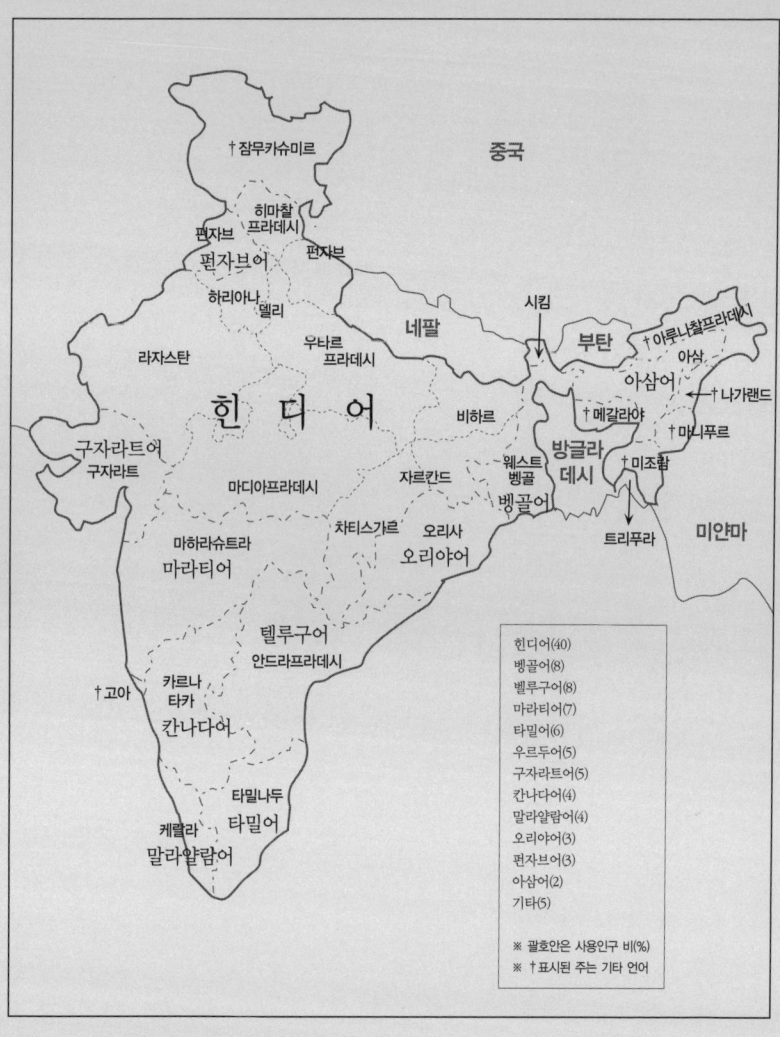

◎ **독립 이전 인도(1919–1947)** 당시 인도는 관구(presidency), 행정주(province), 왕정주(princely state)로 구성돼 있었다. 왕정주가 완전히 없어진 것은 1960년대 중반 이후다.

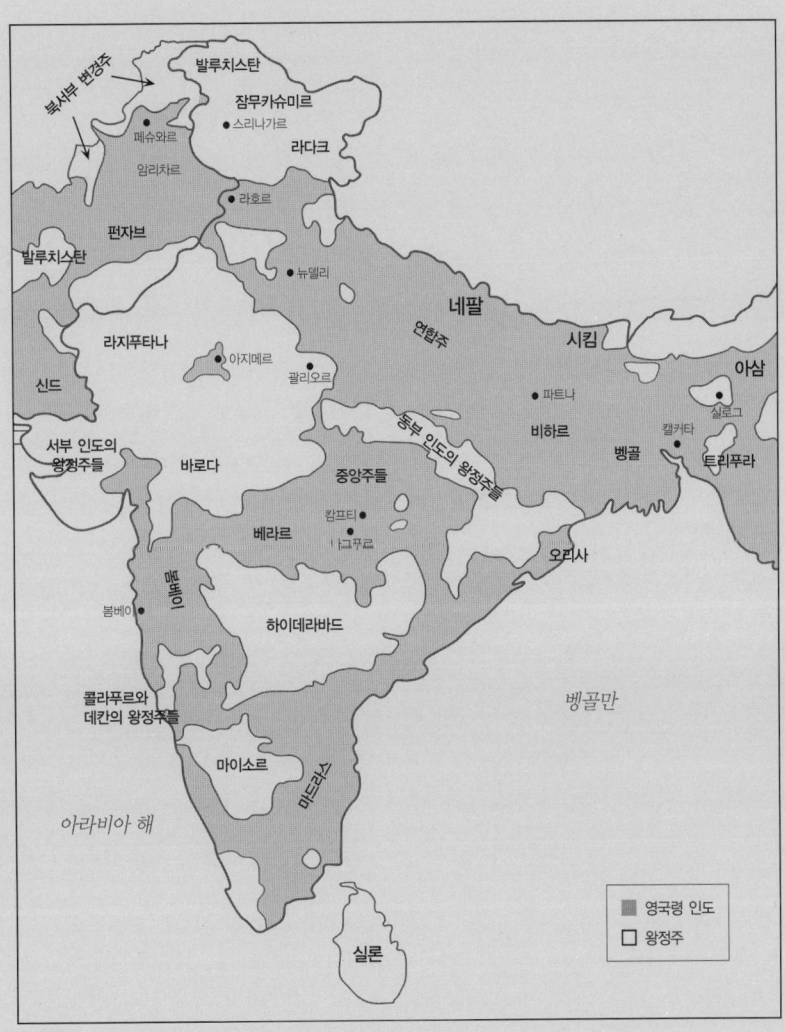

◎ **마하라슈트라** 암베드카르의 주요 활동 무대였던 마하라슈트라는 현재 인도에서 면적으로는 세 번째, 인구로는 두 번째로 큰 주이다. 중심도시는 뭄바이, 주의 지정언어는 마라티어이다.